U0541308

中国社会科学院创新工程学术出版资助项目

中国现代产业经济：
经验观察与理论总结
（1978—2010年前后）

周 勇 著

中国社会科学出版社

图书在版编目（CIP）数据

中国现代产业经济：经验观察与理论总结：1978—2010年前后/周勇著.—北京：中国社会科学出版社，2021.3
ISBN 978-7-5203-8099-7

Ⅰ.①中… Ⅱ.①周… Ⅲ.①产业经济—经济史—研究—中国—现代 Ⅳ.①F129.7

中国版本图书馆CIP数据核字(2021)第047040号

出版人	赵剑英
责任编辑	卢小生
责任校对	周晓东
责任印制	王　超

出　　版	中国社会科学出版社
社　　址	北京鼓楼西大街甲158号
邮　　编	100720
网　　址	http://www.csspw.cn
发 行 部	010-84083685
门 市 部	010-84029450
经　　销	新华书店及其他书店
印　　刷	北京明恒达印务有限公司
装　　订	廊坊市广阳区广增装订厂
版　　次	2021年3月第1版
印　　次	2021年3月第1次印刷
开　　本	710×1000　1/16
印　　张	17.75
插　　页	2
字　　数	300千字
定　　价	98.00元

凡购买中国社会科学出版社图书，如有质量问题请与本社营销中心联系调换
电话：010-84083683
版权所有　侵权必究

前　言

产业并不抽象，它非常具体。生产要素是产业发展的基础，我们很容易感知"炒"成产业的各类生产要素，比如劳动力、机器设备、厂房、土地，甚至像数字、技术、企业家才能、人力资源这样一些抽象的生产要素。还有近年来提得越来越多的无形资源——一种相对更有竞争力的资源（巴尼，1992），因为它们的作用被不断认识，所以，人们不能再认为它们可有可无了。我们也很容易感知一个企业，上述生产要素一组合，就形成了一个企业实体，看得见，摸得着。但是，对于产业，很多人以往观察不够，体会不多。这主要源于我们固有的经济观念更多的是企业观念。计划经济时代的企业"大而全、小而全"，一个企业囊括了一条产业链；在一个地域内，一个大工厂就是一个大产业，同时也是一个大社会，企业职能几乎无所不包，从经济到社会，从车间到幼儿园、学校、养老院、医院，甚至还有派出所、法庭等之类本不应属于企业的公共部门应有尽有。工厂有围墙，产业被封闭，所以，大家只见工厂，不见产业。随着改革开放几十年的发展，我国经济越来越呈现出产业、产业集群形态，从以往无所不包的大企业、中小企业中分离出无数的中间环节，衍生出众多的专业化业务，同时从事专门化生产和服务的企业越来越瘦身，关注所谓的核心竞争力。比如传统的银行，已经把大量非核心、劳动密集业务外包出去，同时又把一些关系到自身竞争力、长远发展的环节内化，比如金融产品策划和研发部门。一个产品，以前由一个企业完成，现在变成由众多企业协作来完成，产业链和产业是当前经济的最典型形态。

现代经济不再是简单以企业为主体进行运作，而是以产业为单位运行，这给政府调节和监管经济提出了新要求，给传统企业运营和角色定位带来了新挑战，给广大消费者和劳动者带来了新问题。传统的自由市场经济之所以在近些年越来越受到质疑，就是因为市场失灵现象屡屡发生，与经济发展更多地从单个私人企业向联盟产业模式转变不无关系。比如外部效应，本来是在研究市场失灵时，由企业运营观察而产生的一个概念，但现在，当谈到要对经济发展的无序进行修正、要促进企业做大做强时，无不谈及各种外部效应，比如范围经济和规模经济，这类正能量的外部效应几乎都是产业发展与生俱来的。传统经济由企业主导，而需要企业间协作的产业给政府干预、协调经济提供了更多依据，当然也带来了调控压力。在大产业背景下，一方面，企业发展不可能仅凭一己之力，而是要依靠众多同行，依靠上下游的协作；另一方面，企业家不得不花大量时间来思考同行之间的协作，甚至就"如何协作"，"如何取得大家的共识"诸如此类的产业问题，进行旷日持久的谈判。以前可有可无的行业协会，现在变成了企业家必须紧密依托的机构，企业之间既需要一起喝茶，共商发展大计，也不得不大动干戈，讨伐同行的种种失信、违规行为。对于劳动者而言，进入一个好的行业，一个朝阳产业，就等于职业生涯成功了一半，生活安稳了一大半。"男怕入错行"，在产业经济时代更是体现得淋漓尽致，个人越来越难以决定自己的职业道路，产业才是重要的决定者。不但职业由产业决定，甚至教育也由产业决定。

经济学科体系中，我对产业情有独钟，不仅是因为专业培养和研究，更是因为工作实践。我早年工作过的一些岗位，包括营销代表、门市部经理、公司业主、策划、营销经理、总经理，无不与产业紧密相关。我之所以学习产业知识、研究产业经济，就是因为实践中困扰过我的问题太多，我是因为要解决现实问题而学习产业知识、研究产业经济的。自从早年研究区域之间的产业竞争以来，我对产业的感受就越来越具体、有形、可微、生动，产业很鲜活，仿佛就是一个能说会道、能干活、有脾气的主体。

产业很多时候像一位客人，能不能迎进来，决定于地区的资源禀赋条件、热情和智慧。如果一个地区条件不够、要素缺乏，如原材料获取难、市场距离远、交易平台不具备，产业就不能在该地区生根发芽。如果产业在一个地区被预计没有发展前景，无论是因为宣传不够，还是事实如此，它就引不进来。即便勉强引进来了，如果发展得不好，它也会变成匆匆过客，在一个地区留不下来。或者一个地区有产业承接的条件，但商户不锐意进取，比如对产业的来去采取听之任之的态度，不主动承接，甚至设置障碍，产业还是发展不了。或者一个地区有产业承接条件，但不真诚对待来往客商，比如新来的产业还没有培育起来，就急着要对其杀鸡取卵；又比如对新来的产业，不能兑现招商引资时的承诺，把外来的商户当作地方财政的提款机，再好的产业在当地也会生存不下去。此外，一个地区有发展条件，也不乏热情，但缺乏智慧，产业同样留不住，即使勉强留住了，也会运作不好。外来商户的信心是产业地区转移成功与否的重要因素，营商环境构建需要当地政府、社会和民间的配合。比如一些地区不知道如何为外来产业构建一个发展平台，不知道采取哪些优惠和扶持政策，不知道该如何协调地方资源禀赋条件，不知道优先发展哪些产业，对外来项目"来者不拒，照单全收"，结果很可能使有发展潜力的资源禀赋条件变成了发展"瓶颈"。

产业像一位客人的想法，自从我研究产业开始时就持有。我长时间观察过中国承接海外产业转移，珠三角最初在中国的经济中无足轻重，尤其是自古以来被称为南蛮之地，可见经济之边缘，以及由经济之边缘而来的政治、军事和文化之边缘。直到改革开放之初，珠三角仍然没有显示过其强大的经济生命力。我有一个前辈，在成为企业家之前，大约在20世纪60年代，还是广东中山横栏的一位农夫。他和我说起过，当时身处珠三角的广东人还需要翻山越岭，挑着担子到邻近的湖南买鱼苗、购稻种，尤其粮食缺乏，以海产品换取湖南的粮食。但改革开放肇始，珠三角立即发挥了它承接产业转移的优势。各类产业纷纷从中国台湾、中国香港、韩国、新加坡、日本以及世界其他地方，来到珠三角落户，当地经济一片繁华，以致成为"世界工厂"。不过几十年后，随着中国的资源禀赋条件发生改变，特别是区域经济格局发生变动，如西部大开发、中部崛起，广东的产业不断地向内地转移。随着邻近的东南亚要素市场逐渐被激活，珠三角产业还在不断地向层次更低的越南等地转移。进入21世纪第二个十年时，我又到珠三角调研，走访了几十个企业，了解了十多个产业，深刻地感受到，对于一些传统产业，如鞋类、箱包等劳动密集型产业，珠三角即便想留也留不住了，这些客人在珠三角住了30多年后，又要走了。好客不强留，强留非好客。产业永远是漂着的，产业甚至是以集群、以航空母舰战斗群的形式漂移，产业的这种漂移也如同大陆板块的移动。

不过，从另一个角度来看，产业很多时候又像一个家人，家要富裕，不受外人欺负，不被人瞧不起，需要有自己人，这在家族观念根深蒂固的中国很容易理解。在区域和地方层面，自有的产业、原生性产业、与本地资源要素条件紧密联系的产业，就好比一个家人。这类产业别的地方难以复制，更不容易跑掉。它集本地人才、知识、历史、自然资源、区位等条件之大成，可谓之为本地产业，具有本地核心竞争优势的产业。需要强调的是，这个家人并不仅仅限于本地的"家人"，还包括外地的"家人"，比如说温州的产业，不仅仅是温州地区范围内温州人的产业，还包括遍布全国，乃至全世界的温州人的产业。这与国外所说的犹太人经济类似。很多产业具有区域和国家发展特征。比如门锁行业，核心优势掌握在以色列人手中，还有精密仪器和仪表，德国久负盛名。这些产业汇集了这些国家的看家本领，是它们各自产业体系中的"家人"。

刚才强调了产业像客人，现在又强调产业像家人。不是简单地一会儿反着说，一会儿又顺着说，这是因为，光有客人，没有家人，客人如何能留得住呢！外来的产业，往往是通过嵌入本地的经济土壤中，植根于本地的产业体系，才能够获得发展的营养。很多地方之所以徒有一些要素条件，不能引进想要的产业，就是因为相关产业的配套条件差。比如，很多内地偏远地区也希望有一些发达地区的企业去投资，但企业去了后，发现劳动力虽然多，人工成本虽然低，但相关的原材料采购成本高，物流成本高，相配合的上下游企业几乎没有，还有政府交易成本高，因此，整体投资成本反而高昂。在这个问题上，也不能责怪当地政府没有作为，当地老百姓不努力，关键还在于本地产业实力弱。我们现在看珠三角的很多公共基础设施，固然与政府大投入有关，但与产业投资关系更大，珠三角的很多高速公路都由民间资本投资兴建而成。因为珠三角的产业资本雄厚，做房地产的可以投资修路，做汽车的可以投资修路，而且要做房地产必须先修路，因此不等政府修路，有的企业就先把路修好了；要做汽车也必须修路，丰田有个广告语，有路必有丰田车，但前提是要有路。这些都反复说明，只有本地产业兴，外来产业兴旺才有更好的条件。

此外，没有家人，只有客人，客人如何给本地带来后续效应呢？客人毕竟是要走的，它利用完本地的资源要素条件，就会转向其他资源条件更好的地区，你不能怪它"有奶便是娘"，它也得生存，本地不能生存了，它要另谋出路，总不能让它死在当地。很多地方政府舍不得企业走，拼命挽留，实则无益，该留的会留，该走的会走。一个地区，更多想到的应该是，在为外来企业提供优厚的发展条件时，如何借助外来的和尚，念好本地的经。也就是说，培育本地核心优势企业。借外来的鸡，生本地的蛋，孵化本地的鸡，这才是承接外来产业转移的要旨。归根结底，本地经济的长远发展，还得依靠本地产业；本地经济核心竞争力的构建，还是需要本地资源禀赋，这是笔者研究资源禀赋、气候条件变动和国际形势大变化背景下世界产业未来分工格局这一课题时得到的重要结论。

上面列举产业既像客人，又像家人，只是想说明产业是多么可亲的、熟悉的、鲜明的经济形象。在多年的实际工作和产业经济研究中，我发现了很多产业经济的新现象，这要感谢中国改革开放的伟大实践，以及世界经济的巨大变局。本书记载、梳理、总结了多年来我在产业领域六个方面的研究工作。

第一章研究产业要素。第一节通过建构数理模型，从交易成本角度研究资产配置、治理机制与资产专用性之间的关系。第二节通过运用微观经济学的均衡分析框架，从教育和产业发展的双重角度研究大学生这一特定就业群体、特殊人力资源要素的经济利用问题。第三节从身份及其经济社会后果角度研究农民工这个劳动力要素的利用问题。第四节从多主体博弈角度研究中国农村土地要素的利用问题，同时建立了一个规范性框架，以利于后续研究。

第二章研究产业发展。非农发展是中国产业发展的重要主题。第一节从农村人口非农城镇转化视角研究中国非农产业发展问题。产业可分为外向型和内向型两类，产业发展有前向发展，也有后向发展，这些细分类都有相应的研究价值。第二节研究贸易政策对外向型产业后向化的影响。直至21世纪初，中国制造业走向全球，在一定程度上说，只是担当了一个加工者的角色。作为全球制造商，要有研发实力，要有市场能力，但两者中国都比较缺乏，中国只是一个区域性的加工制造企业集中地。中国企业要真正走向全球，必须具备研发实力和市场能力，这就是高端生产服务业的发展之所在。高端生产服务业发展的不足、落后，是中国制造走向全球的"瓶颈"。第三节研究中国生产服务业发展问题。产业是在活动中发展的，它从来都不是静止的，形形色色的产业活动构成了整个产业发展的动态系统。第四节研究产业活动的各种演化路径，为产业活动分析提供了一个系统框架。产业发展有其系统层级，高端产业的发展并非无中生有，产业可以加速发展，高起点发展，但发展的梯度却难以省略。一个地区的低端产业不会永远是低端产业，在低端产业中可以发展出高端产业。第五节基于珠三角的产业发展实践，分析劳动密集型产业向资本密集型产业升级的机理。

第三章研究产业技术创新。产业技术创新尽管不可或缺，是推动产业发展的决定因素，但有成本，有机遇期，需要权衡各类因素。第一节提供一个区域要不要搞某个产业技术创新的分析框架，是指导区域创新决策的一个分析框架。当前，产业技术体系不断向高级化、层级化、系统化方向发展，需要企业之间的协同，单个企业难以完成复杂性技术创新。第二节研究中国企业在国际化过程中的技术协同创新问题。提高产业中各类成员的组织化水平一直是中国产业发展的重要主题，本节从研发和"走出去"开拓市场角度对此问题进行解读。人才是产业技术创新过程中的关键因素之一，不能说中国不注意培养人才，但一直以来，一是人才培养出来没有用武之地，造成人才浪费；二是人才在培养，但培养结果不尽如人意，培养出了大量大学生，但真正工程技术领域中急需的人才有限；三是企业抱怨缺乏人才，但有人才却不会用。也就是说，企业家自己的人才能力决定员工的人才能力。高端产业的缺乏，导致高端人才的培养没有依托；高端人才即便有了，也会在低端产业中被埋没。第三节提出要发展中国的产业技术和智力人才，高端产业的发展既是目标，也是前提。只有在高端产业的引入、高技术的"干中学"中，实用型高技能劳动力才会涌现。

第四章研究产业分类。第一节从要素角度研究产业分类。产业属于经济系统中的一个中间环节，之所以要提出"产业"这个概念，初衷是要对各类经济事物做一个分门别类的处理，以方便研究和政策制定。分门别类一般需要依据属性，同时这种属性必须有重要的经济分析意义，或者对技术进步，或者对产业发展，或者对民生改善，或者对国家整体经济的影响，或者能够厘清生产体系，或者具有国际经济分析意义等。对产业分类，以后还会涌现出更多的维度。此外，产业分类之所以如此重要，还因为现代经济向精细化方向突破，现代经济研究向模型化和数据分析方向发展。要处理好各类数据变量，利用好能够表达关键和核心内容的数据，非常需要对产业进行分类。在一定程度上说，能否做好产业分类，是做好经济学研究的一个基本前提。对许多经济问题的深入研究，就建立在具体的产业分类基础之上。第二节对近年来在中国大力发展的资本密集型生活服务业进行分类，展示该产业发展的全貌，并指出大量有价值的研究领域。生产服务业是中国需要大力发展的产业，关系到中国制造业下一个阶段是否能够突破高端产业发展"瓶颈"。第三节从要素角度对生产服务业进行分类，要素本身有经济层级意义，由要素决定的生产服务业，便对经济层级产生相应的影响，本节对这种影响进行了细致的分析。进入 21 世纪以来，产业有不断由物质向精神、实用向文化不断演化的趋势。第四节对未来的物质产业和文化产业进行前瞻性分析，并从产业分类的角度对未来产业发展进行预测。

第五章研究产业环境经济。产业发展依托于一定的环境，同时，对环境也产生反馈影响，所以，产业既是对环境的利用者，也是对环境的影响者，营造一个健康的产业发展环境，不仅关系到产业发展，也关系到更广泛的民生、社会发展。自愿节能减排行动是产业界节能减排的一个重要方向，由于产业发展的阶段特殊性、地域特殊性和生产周期特殊性，产业环境政策难以通过命令式，以"一刀切"的方式制定和推行。为了避免"一保护环境，企业就死；不保护环境，企业也得死"的僵局，产业自愿节能减排模式应运而生。第一节从产业发展的阶段性角度分析中国制造业中心——广东的节能减排前景。第二节、第三节和第六节围绕产业自愿节能减排，分别从外部压力机制、抢先行动动机、信息披露等角度进行深入分析。第四节介绍荷兰节能减排的五项有效政策工具及其在中国的应用情况。

第六章研究产业经济的宏观理论。产业经济是整个经济体系的一个中介环节，知宏察微是经济学研究的一个基本功夫，但如果没有产业经济的"中介"研究，知宏察微则可遇不可求。从产业经济这个中介环节出发，能够很顺利地找到一些宏观经济问题的发展由来，甚至宏观经济的一些关键点；宏观经济运行中的一些老大难问题，在产业层次更能够显露出来，有效对策更容易被找到。就业是宏观经济的重要目标，第一节从创业从业角度把问题置于产业发展环境中，研究就业机会的创造。同时还建立了一个数理模型，并用图解法进行深入细致的分析，充分揭示了产业层次的创业从业影响宏观层次就业的机制。城镇化发展既是一个区域问题，也是一个产业问题，无产业的城镇不能成为城镇，最多是低层次的城镇，没有城镇的产业难以成为可持续发展的产业。城乡一体化是一个经济社会发展的全局问题，也是一个宏观经济问题。第二节分析小城镇在促进城乡一体化中的地位和作用，并对促进城乡一体的城镇化进行深入分析。第三节研究在政府主导经营的体制中，内需和外需如何关联和平衡。

最近六年多，我主要在西藏工作，研究西藏的经济。这段工作、生活经历一定能够对我今后的研究工作产生重要影响。之前我主要生活和工作在中国的东部地区和中部地区，对西部地区的了解很有限，是在西藏的经历，以及为往返西藏需要经过或者逗留很多西部省区，让我对中国的西部地区，特别是边疆少数民族地区，有了更多的、更深入的认识，由此，我在脑海里建立起了中国经济的全貌，从横截面上见证了产业的梯度、经济的演化。我认为，经济学作为一门社会科学，需要更多地从感性出发，感性是上天赐给人类认识世界的一种直观工具，一种低成本的工具、有效的工具，也是不可或缺，甚至很多时候很精准的工具，尽管在整个研究过程中，理性同样很重要，复杂的经济系统研究没有数理模型作支撑就难以严谨，深刻的经济结论没有数据来印证和刻画就难以让人信服。新奥地利学派认为，经济规律是通过对一些不言而喻的公理进行逻辑推论发现的。2019年年末，我回北京工作，此时中国经济社会发展的国内外环境已经发生了深刻的变化，我的下一个目标是对中国产业发展全貌、中国经济增长全貌得出更多的有价值的研究结论。本书既是对中国改革开放几十年来一些产业经济前沿问题的分析总结，也是下一阶段我继续研究的基础。主要整理工作在高寒缺氧环境下完成，一是自然条件，二是学识有限，疏漏在所难免，我衷心期待同行们能够不吝赐教。

周　勇
2021年1月8日于北京

目　录

第一章　产业要素前沿问题研究 …………………………………… 1
第一节　资产配置、治理机制与资产专用性 …………………… 2
第二节　大学生就业：教育和产业共同决定 …………………… 11
第三节　农民工身份困境及社会后果：基于珠三角的调研 …… 23
第四节　中国农村土地交易形式探析 …………………………… 33

第二章　产业发展前沿问题研究 …………………………………… 45
第一节　基于生态福利和经济收益的中国非农产业均衡调整 … 45
第二节　实转制对外向型产业后向化不利因素的化解 ………… 57
第三节　生产服务业推动中国中小制造企业"走出去"研究 … 66
第四节　国际产业活动路径演进分析 …………………………… 74
第五节　资本密集型产业升级的劳动密集型产业基础 ………… 84

第三章　产业技术创新前沿问题研究 ……………………………… 94
第一节　产业发展中创新的进入和退出选择 …………………… 95
第二节　中国企业国际化中的技术互补创新和市场共同开发 … 108
第三节　低层次产业对智力资源的"挤出效应" ……………… 118

第四章　产业分类前沿问题研究 …………………………………… 128
第一节　要素角度的产业分类研究 ……………………………… 129
第二节　中国资本密集型生活服务业分类研究 ………………… 137
第三节　中国劳动密集型生活服务业分类研究 ………………… 144
第四节　要素投入角度的中国生产服务业分类研究 …………… 154
第五节　从资源基础看物质产业和文化产业的分野 …………… 164

第五章　产业环境经济前沿问题研究 …… 175

第一节　中国沿海地区工业深化能带来节能减排吗？
——以广东为例 …… 176

第二节　产业自愿节能减排行动的外部压力源、作用机制及对我国的启示 …… 187

第三节　产业自愿节能减排模式的抢先行动动机研究 …… 196

第四节　荷兰节能减排的五项有效政策工具及其在中国的应用 …… 203

第五节　食品产业卫生安全的有效调控：从市场调节到政府监控和自愿模式 …… 211

第六节　产业自愿节能减排模式的有效性基础
——信息披露 …… 219

第六章　产业经济宏观前沿问题研究 …… 227

第一节　产业发展中创业从业影响就业研究 …… 228

第二节　小城镇促进城乡一体化的跳板理论研究 …… 236

第三节　政府经营主导下的内外需逆关联效应及其综合治理 …… 246

参考文献 …… 256

第一章 产业要素前沿问题研究

资源要素和经济世界的联系千丝万缕，经济学的重要任务之一就是要搞清楚这些联系，而且这些联系因时因地而变化，换言之，资源要素和经济的联系是经济学的一个基础性话题、永恒的话题，任何经济学家在这方面多花费精力、多找一些麻烦都非常必要。产业经济研究者同样如此。资源要素是一个繁杂的世界，但同时却又是一个有序的世界，当我们厘清它的体系结构、搞明白各种资源要素指向的经济意义时，资源要素的世界就是清晰有序的；当我们对客观存在的联系无知无觉，也因此对资源要素影响的经济现象不可理解时，资源要素的世界就是繁杂无序的。

微观经济学提供的资源要素分析框架，包括土地、劳动力、资本、技术和企业家才能等，在一定程度上说，过于概括、过于庞统，我们需要不断地对细分资源要素进行分析，对资源要素的复杂体系、层出不穷的层级进行条分缕析，甚至引进分类学的一些方法。我们的经济学者很多时候对资源要素的分析仅仅涉及上述几个笼统的方面，并没有深入资源要素的可微世界，由此错过了大量有价值的分析结论。可以说，打开资源要素的魔盒，经济世界的大量复杂疑问就有可能由此揭开。经济学有无数的分支，仅其中的产业经济学，如今也累积了众多的研究方向，但却较少有关资源要素的专门分析。

本章关于资源要素的研究，只是一个初步的尝试，要达到对上述资源要素专门研究的目标，还需要学界同行共同努力。本章研究的议题包括资源要素的配置，以及一些具体的产业要素，如大学生人力资源的培育和利用、农民工劳动力的利用、农村集体土地的流转利用等。

第一节　资产配置、治理机制与资产专用性

资产专用性是交易成本经济学中的一个核心概念，较为抽象，具体评价和刻画它，对于将威廉姆森交易成本经济学理论应用于实践及进一步理论探讨具有重要意义。本节在一个资产组合和治理选择匹配的框架内对资产专用性进行模型化分析，对专用性之于资产组合和治理选择的影响作深入探讨。资产的高度专用性导致投资者在签约时加入互相唯一锁定条款，以及由专用性投资合约方造成的违约损失或者专用性投资合约方违约收益决定的最大惩罚成本条款，这些条款将极大地降低专用性投资风险，保障专用性投资者的收益。

重要的社会经济目标常常需要通过重新配置经济资源来实现。有许多资产配置和治理模式匹配的例子，如开发新产业时，大企业让小企业先行，等到小企业技术开发出来后，大企业再将其收购，这体现了将新技术研发资产配置在特定治理模式（如小企业）中。还有男女婚姻问题，一方牺牲自己的事业，在家里做家务，照顾老人和小孩，支持另一方事业发展，这相当于前者为后者投入了专用性资本，如果没有婚约保障以及财产分割、离婚赡养等保障机制，很难想象前者会进行这种专用性投入。专用性投资很难在一般市场中获得，除非某种专门的治理机制。专用性投资的实质是其具有的转换成本和持有潜力。

如果不需要配置资产，资产的专用性就不会产生作用，就不会有因之而生的市场合约问题。那么，社会为何要配置资产及如何配置资产？造成资产配置机制不同的原因是什么呢？威廉姆森认为，第一个问题的答案是资产专用性，即在不牺牲其生产价值的前提下，某项资产被重新配置于其他用途的程度或者被替代用于其他用途，不牺牲其生产价值的程度。对于第一个问题，本书认为，要进行深入探讨，以揭示资产专用性所表达的更清晰的内涵。在回答第二个问题时，本书认为，定义的可操作性还不够。

一　资产组合和治理选择匹配的框架

为了探讨资产专用性概念，本节拟在资产组合和治理选择匹配的框架内进行解构。

(一) 社会为什么要配置资产

命题1：资产配置产生更大效益。

证明：假定社会由 x 资产和 y 资产组成，如各自单独使用，比如，封建时代的小农经济情形，其相应的效应函数分别为 f(x) 和 f(y)。劳动的分工协作可以看作资本的协同配置，即 f(x+y)。为什么分工协作可以看作资本的协同配置呢？因为不分工协作，资产以 x 和 y 的形式分开；当协作时，人们必须把资产配置在一起，即分开的资产变为以（x+y）的形式存在。而分工带来效率的提高，即 f(x+y) > f(x) + f(y)。证毕。

(二) 社会如何配置资产

假定某一产业活动需要 X 和 Y 两类资产的配置，实际经济活动中，如人力资源和技术资源的配置。其中，$X = x_i$，$i \in$（1，2，…，n）且为自然数；$Y = y_j$，$j \in$（1，2，…，m）且为自然数。资产的有效配置需要治理模式来保障（O. E. Williamson，2001），在同一治理模式 F 下，对于不同的资产组合，$f(x_i + y_j)$ 的效率是不同的，治理的目标是寻求优化的资产组合 $\max f(x_i + y_j)$。对于相同的资产组合（x，y），治理的目标是在不同治理模式 F_i（i = 1，2，…，n）下寻求优化的治理模式 $\max f_i(x_i + y_j)$。因此，对于整个国民经济来说，其改革任务：一是在不改变所有制形式和难以改变治理模式的情况下，寻求更有效的资产组合，假定此时最优选择的效率为 d_1。二是在不改变资产组合的情形下，寻求更有效的治理模式，假定此时最优选择的效率为 d_2。三是在无约束条件下，既调节资产组合，也调节治理方式，假定此时最优选择的效率为 d_3。应该说，第三种途径没有体制的束缚，更能适应市场的需要，能对经济环境形成快速反应。

为简化分析，假定社会总资产由 X 和 Y 两类资产构成：$X = \{x_i\}$，$i \in$（1，2，…，n）；$Y = \{y_j\}$，$j \in$（1，2，…，m）。社会总资产配置可概括为 n×m 矩阵形式，该矩阵体现了 X 和 Y 两类资产的配置情况。

$$C_1^{n \times m} = \begin{bmatrix} x_1 y_1 & x_1 y_2 & \cdots & x_1 y_m \\ x_2 y_1 & x_2 y_2 & \cdots & x_2 y_m \\ \vdots & \vdots & \vdots & \vdots \\ x_n y_1 & x_n y_2 & \cdots & x_n y_m \end{bmatrix} \quad (1.1)$$

又假定每种资产各属于一个企业，且每个企业只拥有一种资产，因此，上述资产分属于 n + m 个企业。资产组合和治理选择匹配有三种模式。

（1）假定对于各种资产组合形式，所有企业之间的合约形式均只有一种。这种合约代表一种治理模式 F。同时，这种治理模式又代表一种效益函数，效益函数以 f(x+y) 表示，因此，资产配置的效益矩阵为：

$$C_2^{n\times m}=\begin{bmatrix} f(x_1+y_1) & f(x_1+y_2) & \cdots & f(x_1+y_m) \\ f(x_2+y_1) & f(x_2+y_2) & \cdots & f(x_2+y_m) \\ \vdots & \vdots & \vdots & \vdots \\ f(x_n+y_1) & f(x_n+y_2) & \cdots & f(x_n+y_m) \end{bmatrix}$$

$$d_1 = \max f(x_i + y_j)$$

（2）假定对于某种资产组合形式，企业之间的合约形式有 n×m 种，那么资产配置的效益矩阵为：

$$C_3^{n\times m}=\begin{bmatrix} f_{11}(x+y) & f_{12}(x+y) & \cdots & f_{1m}(x+y) \\ f_{21}(x+y) & f_{22}(x+y) & \cdots & f_{2m}(x+y) \\ \vdots & \vdots & \vdots & \vdots \\ f_{n1}(x+y) & f_{n2}(x+y) & \cdots & f_{nm}(x+y) \end{bmatrix}$$

$$d_2 = \max f_{ij}(x+y)$$

（3）假定对于某一经济活动，所有的资产组合形式和所有的合约形式都可供选择，并为该经济活动服务，那么资产配置的效益矩阵为：

$$C_4^{n\times m}=\begin{bmatrix} f_{11}(x_1+y_1) & f_{12}(x_1+y_2) & \cdots & f_{1m}(x_1+y_m) \\ f_{21}(x_2+y_1) & f_{22}(x_2+y_2) & \cdots & f_{2m}(x_2+y_m) \\ \vdots & \vdots & \vdots & \vdots \\ f_{n1}(x_n+y_1) & f_{n2}(x_n+y_2) & \cdots & f_{nm}(x_n+y_m) \end{bmatrix}$$

$$d_3 = \max f_{ij}(x_i + y_j)$$

命题 2：资产配置及治理模式匹配不同，效益也不同。

证明：由 $d_1 = \max f(x_i+y_j)$，$d_2 = \max f_{ij}(x+y)$，$d_3 = \max f_{ij}(x_i+y_j)$，同时，$d_1 = \max f(x_i+y_j) \neq d_3 = \max f_{ij}(x_i+y_j)$，$d_2 = \max f_{ij}(x+y) \neq d_3 = \max f_{ij}(x_i+y_j)$，命题得证。证毕。

推论 1：资产完全配置，制度完全供给改革比单一进行资产配置改革或者制度供给改革更有效。

证明：因为 $\max f(x_i+y_j) \leq \max f_{ij}(x_i+y_j)$，$\max f_{ij}(x+y) \leq \max f_{ij}(x_i+y_j)$，所以 $d_3 \geq d_1$，$d_3 \geq d_2$。证毕。

评注 1：上述 d_1 和 d_2 都有其缺陷，能找到最优的资产组合，但最优的制度不能实现，资源不一定能够发挥出最优效率，或者能找到最优的制度供给，但却有资源配置的"瓶颈"，经济发展同样受到制约。因此，要达到威廉姆森交易成本论中所说的交易和治理的匹配，资源完全流通重要，制度适应性重要；制度越具有适应性，资源效率就越高。

二 资产专用性解析

资产专用性强调，如果改变原有资产配置和合约，双方或者单方将遭受合约前后正的违约损失（王国顺、周勇、汤捷，2005），具体而言，是指一项资产可调配用于其他用途的程度，或者由其他人使用而不损失生产价值的程度。这两个"程度"的具体内涵是什么，以及专用性更清晰、更有可操作性的定义是什么？本章试图用两个模型来解答。

（一）资产专用性与资产的适应范围

式（1.1）对资产配置的描述较为一般化和理想化。在经济活动中，技术上有效或者操作上有效的资产组合是有限的，而且视不同资产的特性而定。不同特性的资产所能配对的组合数目是不同的，即式（1.1）中有许多 0 元素。0 元素的多寡由资产专用性特征决定。0 元素越多的行说明其所在行的 x_i 资产越具有专用性，0 元素越多的列说明其所在列的 y_j 资产越具有专用性。专用性案例的共同特点是：能够与某种专用性资产有效配置的资产数目有限。专用性的这种适应范围特点可以通过本书模型进一步分析：随意抽取式（1.1）中任一行或者任一列，比方说第 1 行向量：

$$C^m = (x_1y_1 \quad x_1y_2 \quad \cdots \quad x_1y_m) \tag{1.2}$$

在式（1.2）中，假定 y_i 资产除配置给 x_1 外不存在其他用途，那么 y_i 资产具有高度专用性，因为其适应对象除 x_1 外，别无其他用途。而且 m 值越大，y_i 越是竞争性专用性供给。相对于 y_i 供应各类 m 的多少，x_1 有两种情况：①当 m 值很大时，x_1 成为通用性资产，它可以广泛地使用于 m 种 y_i 资产。②当 m 值是一个很小的数（比如 1 或者 2）时，x_1 的使用范围很窄，因此也是专用性资产。显然，适应范围越小的资产越专用，适应范围越广的资产越通用。因为式（1.2）为从式（1.1）中任意抽取的行，所以，以上结论对式（1.1）中任何行或列均成立。

一种资产之所以能够完成组合配置，并不完全是其物质本身，或者说物质本身仅有次要意义。我们可从有形资产扩展到无形资产，在这方面，威廉姆森显然注意到了，他认为，至少包括人力资本、地点等。矿山设施投资对矿山资源而言具有专用性，因为这些设施的适应对象仅限于矿山，离开矿山，这些设施将大幅度贬值。但设施的专用性并不体现在物质本身，这些物质是通用资源。矿山设施的专用性体现在地点上。又比如城市的道路设施，它和矿山设施用的建设材料一样，都是钢筋水泥之类的物质，但矿山设施属于专用性资产，城市设施属于通用性资产，因此，资产属性不同的原因绝不是物质本身。有什么不同呢？假定矿山设施用 x_1 表达，城市设施用 x_2 表达，根据式（1.2），它们的资产组合模式为：

$$C_1^m = (x_1y_1 \quad x_1y_2 \quad \cdots \quad x_1y_{m_1}) \tag{1.3}$$

$$C_2^m = (x_2y_1 \quad x_2y_2 \quad \cdots \quad x_2y_{m_2}) \tag{1.4}$$

不同的是：$m_1 = 1$，即矿山设施只能与一个对象组合，其适应范围为 1；$m_2 = +\infty$，即城市设施的使用对象众多，其适应范围广泛。显然，是适应范围决定了资产的专用性。这样，在我们考察资产专用性时，可以进一步抽象为考察属性的专用性，如时间、地点、知识、方位、人物、频率、确定性等。这样，对资产特性的考察就转化为对专用属性和适应范围的考察。

本节讨论专用性、配置、治理是以不同产权主体为基础的，比如前面提到的 n×m 个企业。考察资产专用性就是考察资产产权主体的专用性。资产专用性包括有形资产和无形资产的专用性。产权主体的专用性可表达为时间、地点、知识、方位、法规、习俗、人物、频率、确定性等与属性有关的专用性。

假定有两个产权主体 A、B 业余时间都从事家教，A 在晚上 8 点到 9 点有时间，B 仅在晚上 11 点到 12 点有时间，而且假定 A 和 B 在各自的时间段除非做家教，做其他任何事都不会有收益。A 因为时间段好，可以获得大量的生源，任何一个学生如果不找他辅导都不影响他的生源。而 B 因为时间段太晚，只有一个晚上下夜班后坚持自学的人来找他辅导，如果这个下夜班的人不找他，B 将得不到生源，从而没有收益。很显然，B 的资产组合模式完全类似于式（1.3），因为他只有一个适应对象，$m_1 = 1$；而 A 的资产组合模式完全类似于式（1.4），因为他有大量适应对象，$m_2 = +\infty$。因为适应对象的不同，具有同样知识水平和同样健壮身体的 A、

B分别属于不同的资产性质，A为通用性资产，B为专用性资产。B的专用性是因为其时间属性而导致的适应范围所决定的。

命题3：资产专用性与资产的适应范围密切相关。

证明：考察用向量表达的资产组合模式：$C^{1 \times m} = (x_1y_1 \quad x_1y_2 \quad \cdots \quad x_1y_m)$，根据本节定义，当 $m \to 1$ 时，资产 x_1 就越具有专用性；当 $m \to +\infty$ 时，资产 x_1 就越具有通用性。由 m 值的大小决定资产的专用属性。

（二）专用性资产与违约

在违约前专用性投资主体收益达到最大值，如果改变合约，其投资收益将会急剧下降，或者其投资将急剧贬值。对于通用性投资者而言，如果改变合约，其投资收益很可能会增加（按照理性原则，只有带来更优效益的合约，通用性投资者才会签订），即使减少，也不会像专用性投资那样急剧贬值，因为通用性投资者很容易在市场中找到合作方。对于合约双方而言，其投资收益互为对方投资的函数。设 x 的投资收益函数为 $f(x+y)$，y 的投资收益函数为 $g(x+y)$，因为收益由双方协作而得到，故收益函数的自变量为 $x+y$。显然，如果为专用性投资，其收益函数一定为某个最大值，该值为违约前的收益即 $\max f(x+y)$ 或 $g(x+y)$。而通用性投资的收益函数不确定，既可以大于专用性投资者的收益，也可以小于专用性投资者的收益，其收益值区间为 $[0, +\infty)$。

再考察下式：

$$C^m = (x_1y_1 \quad x_1y_2 \quad \cdots \quad x_1y_m)$$

假定 x_1 为专用性投资者，y_1 为其合约方，y_1 是 x_1 投入成本后的最佳合作对象，即 x_1 在合作中取得最大值 $f(x_1+y_1)$。但是，市场中因为存在违约风险，还存在其他合约形式，设各种合约形式给 x_1 和 y_j 带来的收益函数分别为 $f(x_1+y_j)$ 和 $g(x_1+y_j)$。以 $f(x_1+y_j)$ 为横坐标，$g(x_1+y_j)$ 为纵坐标作图1-1。

在图1-1中，$f(x_1+y_j)$ 在 $[g(x_1+y_1), f(x_1+y_1)]$ 点处取得极大值，在方框区域的右边不可能再取值，因为 $f(x_1+y_j) \leq f(x_1+y_1)$。在直线 $x = f(x_1+y_1)$ 处，除 $[g(x_1+y_1), f(x_1+y_1)]$ 点外，也不可能取其他点，因为只要合约签订点偏离 $[g(x_1+y_1), f(x_1+y_1)]$ 点，已经投入专用性资产（专为 y_1 投资者服务的资产）的 x_1 投资者的资产将急剧贬值，而收益与资产价值呈正相关关系，所以，x_1 投资者和其他方合作产生的效益不可能达到 $f(x_1+y_1)$ 的水平。于是考察方框内的 C 点和方框上的 D 点。在 D

点，y_j 投资者取得了更好的收益，但却给投资者 x_1 带来了专用性问题，后者在收益和成本方面都遭受了损失。又考察 C 点，y_j 投资者取得了较 y_1 投资者少的收益，而且也给 x_1 投资者带来了专用性问题，双方都遭受了投资损失。

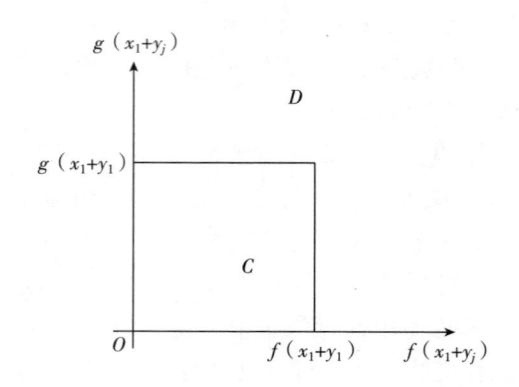

图 1-1　违约或毁约对专用性投资收益的影响

命题 4：违约给专用性资产投资者一方或者双方带来损失。

证明：在图 1-1 中，因为 $\max f(x_1+y_j) = f(x_1+y_1)$，$j \in (1, 2, \cdots, m)$；又因为 $f(x_1+y_j) < f(x_1+y_1)$，$j \in (2, \cdots, m)$，所以，违约给专用性投资者带来了损失。在 C 点，$g(x_1+y_j) < g(x_1+y_1)$，所以，违约也可能给专用性资产投资者的合作方带来损失。

三　专用性如何影响资产和治理的匹配

（一）专用性治理与惩罚

一旦专用性投资被投入，买卖关系就会发生根本性改变，因为专用性投资形成对投资关系的依赖，其退出成本高。专用性投资需要一种治理机制以使之免受机会主义侵害，比如可信的承诺。在合约签订点偏离点[$g(x_1+y_1)$，$f(x_1+y_1)$]时，收取保证金是一种典型的损害专用性投资惩罚机制。

合约偏离点是专用性投资受到损害的资产组合点，考察合约偏离点，假设 x_1 投资者的专用性投资损失为 Δf。如果在双方签约时规定违约的惩罚成本大于或者等于 Δf，则专用性投资者至少可以弥补专用性投资损失。或者，假设 y_j 投资者的违约收益为 Δg，如果在双方签约时规定违约的惩罚成本大于或者等于 Δg，则会使 y_j 投资者违约无利可图。综合 Δf 和 Δg，可以得到一种对专用性投资更有利的治理模式，即设定惩罚成本为 max(Δf, Δg)，该模式使违约后专用投资者不但获得补偿，还可能获利，使违约者不但无利可图，还招致损失。图 1-1 中，C 点也适应于双方都投入了专用性投资的违约行为。显然，无论是哪一方违约，都将招致损失，从而使合作机制趋于稳态。

命题 5：治理模式的选择与能对损害专用性投资实施有效惩罚有关。

证明：设 $\Delta f_{1j} = f(x_1 + y_1) - f(x_1 + y_j)$，$j \neq 1$，$\Delta g_{1j} = g(x_1 + y_j) - fg(x_1 + y_1)$，$j \neq 1$。设惩罚成本为 max($\Delta f$, Δg)。又考察图 1-1 中 C 点和 D 点，在 C 点，因为 $g(x_1 + y_j) < g(x_1 + y_1)$，虽然 $\Delta g_{1j} < 0$，但同时招致 $\Delta f_{1j} > 0$ 的惩罚，所以，y_j 投资者会选择与 x_1 投资者重新合作，或者不敢违约。在 D 点，因为 $g(x_1 + y_j) > g(x_1 + y_1)$，虽然 $\Delta g_{1j} < 0$，但同时会招致 max(Δf_{1j}, Δg_{1j}) - $\Delta f_{1j} > 0$ 的惩罚，因此，y_j 投资者不但无利可图，而且还可能招致额外的惩罚，所以会选择与 x_1 投资者重新合作，或者不敢违约。对于将 C 点和 D 点看作 y_1 违约后的其他投资组合收益，或者看作 x_1 投资者在 y_1 违约后与其他 y_j 的投资组合，都不影响本节的分析。证毕。

（二）专用性治理与资产适应范围调整

罗德尼·L. 斯坦普（Rodney L. Stump, 1995）研究发现，购买的集中性与专用性投资有关，具体表现为：①供应商数目减少；②采购数量在供应商之间不平均分配；③对固定供应商的合约条款更多。如果缩小专用性资产投入的合约方的资产适应范围，将其适应范围仅限于专用性投资者一方，治理结构将如何呢？在上述例子中，如果下夜班者的知识仅家教老师 B 拥有，比如某种民间工艺。按照式（1.2），下夜班者的知识具有专用性资产属性，此时其专业组合对象数 m = 1。当双方达到的组合数 m 都等于 1 且互相锁定双方时，有效的治理机制成立。

缩小合约方资产的适应范围可表述为取式（1.1）中合约方所在的列向量，如取 y_1 所在列向量（x_1y_1 x_2y_1 $\cdots$ x_ny_1），并令 n = 1，表示合约方将合作对象也锁定为唯一。当 m = n = 1 时，相对稳固的治理机制形成。

范围调整角度的治理机制可用模型表述如下：

(1) 据式（1.1）作下起始矩阵，考察与 x_1 相关的行和列，其中，行代表 x_1 对市场其他 y_j 资产的选择，列代表市场 y_j 资产对 x_1 的选择，表述如下：

$$C_4^{n \times m} = \begin{bmatrix} x_1y_1 & \cdots & x_1y_m \\ \vdots & \vdots & \vdots \\ x_ny_1 & \vdots & x_ny_n \end{bmatrix}$$

（2）x_1 在市场中选择拟专用性投入的资产 y_i，比如 y_1，即令第 1 行中除 x_1y_1 外的其他元素为 0，表述如下：

$$C_5^{n \times m} = \begin{bmatrix} x_1y_1 & \cdots & 0 \\ \vdots & \vdots & \vdots \\ 0 & \vdots & 0 \end{bmatrix}$$

（3）建立保障专用性投入的机制，即使 y_1 选择 x_1，令第 1 列中除 x_1y_1 外的其他元素为 0，表述如下：

$$C_6^{n \times m} = \begin{bmatrix} x_1y_1 & \cdots & 0 \\ \vdots & \vdots & \vdots \\ 0 & \vdots & 0 \end{bmatrix}$$

对于 n = m 的情形，经过资产配置，治理机制的有效建立，如果所有产权主体都达成了稳定的结构，式（1.1）应变为这样一个矩阵：每一个交叉行列只留有一个非零元素，该元素代表相应资产投资者的相互专用性配置。

命题 6：治理模式的选择与能缩小合约方资产的适应范围有关。

证明：当 m = n = 1 时，双方不再有其他投资组合，因此，相互投入的专用性资产收益均有保障。证毕。

评注 2：让专用性资产投资者的合约方也投入适应范围小的资产。最典型的是收取保证金，保证金之所以有保证作用，最重要的不在于其是金钱。按照式（1.2），保证金主要是适应范围小，m = 1。保证金不可能再配置给其他人，其专用属性为惩罚成本。另外，纵向一体化、特许权授予和部分整合是 m = n = 1 的典型形式。

四 结论和启示

资产组合和治理选择匹配是一个很大的课题，主要研究什么样的资产属性影响资产配置，对某种属性的资产如何采取有效的治理模式使资产效益发挥出来，以保护投资者的收益。关于资产性质的研究有很多，如产权经济学和威廉姆森交易成本经济学。产权经济学从资产的产权属性角度研究资产配置，认为对不同产权性质的资产应采取不同的资产组合及相应的治理模式。而威廉姆森主要从资产的专用属性角度研究资产配置，认为对不同专用性质的资产应采取不同的资产组合及相应的治理模式。不过，产权经济学更强调资产配置前产权的划分和界定，即事前的合约行为，认为一旦产权被界定清楚，并且确实获得保障，资源能够通过市场"无形的手"自动配置。而威廉姆森交易成本理论则强调由资产专用性决定的事后治理，正如他论述私有化时所强调的，要更多地对签约后的执行问题进行审慎考察，对不同的问题采取有差别的步骤。

资产可调配用于其他用途的程度或由其他人使用而不损失生产价值的程度这两种性质影响资产的配置及相应的治理模式。回到上文提出的资产组合和治理匹配的三种模式，$d_1 = \max f(x_i + y_j)$ 体现了专用性资产投资者最大化惩罚成本 $\max(\Delta f, \Delta g)$ 以及使 $m = n = 1$ 的资产组合；$d_2 = \max f_{ij}(x + y)$ 体现了专用性资产投资者最大化惩罚成本 $\max(\Delta f, \Delta g)$ 以及使 $m = n = 1$ 的治理模式；$d_3 = \max f_{ij}(x_i + y_j)$ 体现了整个社会投资者在进行资产配置时选择专用性投资或者选择通用性投资，以及选择相应的治理模式。

资产专用性研究较为基础，但深入理解它对管理实践很有意义。比如中国国有企业改革中的"拉郎配"现象，其失效的原因在于仅把资产组合在一起，而没有考虑到治理模式的相应匹配。单一进行制度供给而没有资产配置调整同样在中国国有企业改革中有所体现，在激励管理制度改革方面，从固定工资制到分红制，再到股权分配制，经历了一次次管理改革的失效。最后政府开始进行资产剥离和改变资产配置方式的改革，将不同的资产组合进行不同的治理匹配，才使这些国有企业脱困。

第二节 大学生就业：教育和产业共同决定

影响大学生就业的因素包括供给方的高等学校、大学生，以及需求方的产业界和企业，本节全面考察供求双方各种因素对大学生就业的影响，力图为中国大学生就业难问题建立起一个综合研究和分析框架。大学生就业受到其自身行为影响，为此，本节专门建立了大学生适应产业需要的五就业权宜模型。教育在固定资本投资、培养规模及培养模式方面对就业的影响深远，大学生在就业市场上的不适应性在很大程度上根源于教育对产业的不适应性；产业发展在层次和规模上影响大学生就业，大学生就业难与高层次产业（高技术产业）发展不足密切相关，正是高层次产业发展的不足导致大学生就业的不足。教育和产业共同促进就业，因为就业、教育和产业需要协同发展。

一 大学生失业问题回顾

大学生就业是一项复杂的系统工程，社会、高等学校、大学生都有不同的责任。国内文献在探讨大学生就业问题时，视角多集中在高等学校和大学生本身，即从人力资源供应的角度。如张强和赵万里（2007）认为，高等学校在人才培养模式方面应以社会需要为参照基准，首先要优化学校的专业总体结构；应面向市场改革专业设置和课程设置；应加强实践教育，建立实习基地，提升学生实践能力。在就业服务方面，应充分重视就业指导服务中心职能，对之予以财政支持；培养专业的就业指导队伍；做好信息网络工作，使学生尽快获得就业信息。在学生就业素质培养方面，应大力推进职业生涯规划指导，甚至开设职业生涯规划课程，给予学分；同时加强创业教育，鼓励学生自主创业。在校企合作方面，建立就业基地，探索就业工作合作新模式。借鉴美国大学校友俱乐部模式，利用校友关系向社会各企事业部门介绍本校毕业生情况，通过校友介绍或者直接被校友所在部门录用。他们（2007）认为，扩招应对大学生就业难负责，高等学校应采取订单式培养模式，对社会需求不大、毕业生就业率过低的专业，减少招生数量，相应减少教育经费投入，甚至停止招生。胡鞍钢等（2002）、刘丽（2007）、张强和赵万里（2007）概括了当前从高等学校角度解决大学生就业问题的主要思路。还有陈铭（2007）等认为，大学生自身应对就业难问题负责，大学生因为对自己认识不足，对就业环境认识不充分，存在只图眼前实惠、忽视自身专业发展和前途的不健康就业心理、攀高虚荣心理、从众心理而不能顺利就业。为提高就业率，大学生应培养人际交往能力，加强社会实践，提高个人素质，转变就业观念。

国内文献从微观层面对大学生失业难问题探讨较多，而且主要从供给方面探讨。其实，连接大学生就业的不仅有供给一方，更有需求一方，但从需求角度对大学生就业问题进行探讨的文献不多，探讨不够。大学生就业问题总体上看是一个宏观问题，因此，从微观视角看大学生就业难问题,并以此提供政策建议难免效果有限。

另外,从模型化角度研究大学生失业问题的文献也不多,这影响了对大学生就业问题的系统性探索,因为文字描述难以像数学结构那样有序,且易带来歧义。本节对大学生就业问题进行研究,希望为解决大学生就业、促进产业和经济发展提供有益的建议。

二 模型假定

为了就业,大学生在毕业前和毕业后都需要付出成本。假定大学生的成本由以下 5 个部分组成:(1)学费 b,即大学生在校学习基本理论知识需要付给学校的成本;(2)努力成本 c;(3)学习时自身付出努力的时间机会成本 d,比方说如果高中毕业后不到大学生念书,直接就业,通过同样的努力所能带来的收益;(4)生活费用,即就业时维持日常生活的基本费用 e;(5)培训成本 f,即大学生进入社会后接受如何将知识转化为技能的职业培训成本。上述成本中,学费 b、努力成本 c、机会成本剩余 d-c(以机会成本减去努力成本来衡量)和培训成本 f 相当于已经付出的固定成本或者沉没成本,需要大学生在找到工作后收回。假定每月的回收率(相当于折旧率)为 γ,则大学生每月需收回的固定成本为 $\gamma b + \gamma c + \gamma (d-c) + \gamma f$。生活费用 e 相当于变动成本。另外,收益盈余是每个人付出各项成本后的增值部分,每个人对自己的期望收益盈余有高有低,设期望收益盈余为 g,大学生的月工资 w 由成本和期望盈余构成,即:

$$w = \gamma b + \gamma c + \gamma(d-c) + \gamma f + e + g \quad (1.5)$$

大学生实现就业最大化的条件是:$w = e + g \quad (1.6)$

三 教育对大学生就业的决定

假定有一个社会管理者负责生产和提供劳动力资源,负责规划和提供劳动力的固定成本与变动成本,则社会管理者面临如图 1-2 所示的生产曲线。社会管理者在劳动力市场每提供一个劳动力即得到按劳动力价格计算的收益,因此,他提供劳动力所获得的收益水平就是工资水平。市场工资水平由产业层次决定,分为 w_1、w_2、w_3、w_4、w_5 五档。假定社会管理者参照 w_1 价格即参照高层次产业 w_1,首先培养了 Q_1 个大学生,培养成本的付出时间跨越了大学生入学—毕业—工作前培训—生活费用的调整(视收入情况在生活节俭或者宽裕之间调节)—就业或者失业整个过程。时间的长跨度使社会管理者能够不断地调整自己的成本结构。

因为这些大学生进入社会后面临着找工作的问题，社会管理者是针对某种工资水平在做"劳动力再生产计划"，一旦发现某种较高工资水平的劳动力需求量有限，社会管理者就需要重新调整成本结构，以便为剩余劳动力寻找就业机会。在每一个产业工资水平下，根据边际收益等于边际成本的原理，社会管理者都能够调整自己的"劳动力生产量"向市场提供劳动力。也就是说，社会管理者对产业高度（以产业工资表示）和产业规模（以劳动力需求量表，假定高层次产业劳动力需求量总是赶不上社会管理者的劳动力供给量）的适应是通过调整供给的成本结构和供给量来实现的。根据社会管理者收回成本和产业发展情况，可分出五种就业类型（见图1-2和图1-3）。

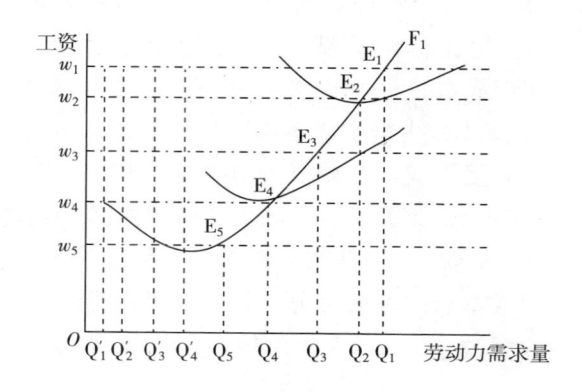

图1-2 就业类型（一）

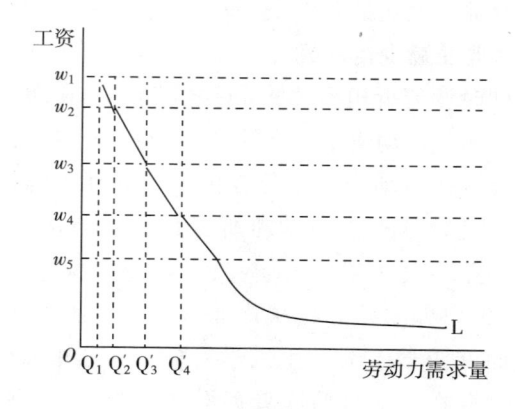

图1-3 就业类型（二）

（1）满意就业型。Q_1 个大学生进入劳动力市场后发现（见图 1-2），w_1 层次产业的劳动力需求量仅为 $Q'_1 < Q_1$，于是仅有 Q'_1 个大学生在 w_1 层次产业中找到了工作。Q'_1 个大学生的平均收益为 E_1Q_1，即 w_1，平均成本为 F_1Q_1，由于平均收益大于平均成本，每个大学生都获得了盈余。参照式（1.5）中的成本结构，这部分大学生获得了除 $\gamma b + \gamma c + \gamma(d-c) + \gamma f + e$ 外额外的期望收益盈余 g。

（2）一般就业型。余下的 $Q_1 - Q'_1$ 个大学生如果想就业，就必须接受低于 w_1 的工资 w_2。在一个始终假设高层次产业人劳动力供过于求的市场中，w_2 层次产业的劳动力需求量仅为 $Q'_2 < Q_1 - Q'_1$，于是仍然只有 Q'_2 个大学生在 w_2 层次产业找到了工作。Q'_2 个大学生的平均收益为 E_2Q_2，即 w_2，平均成本仍为 F_1Q_1，假定这部分大学生能够调节成本结构式（1.5）中的 f 和 e，如随着产业层次降低而减少培训成本 f，随着收入降低而减少生活费用 e，设调节值为 δ_2。因为在成本结构中加进了调节值，每个大学生能够勉强收支相等（E_2 为劳动力供给边际成本线和平均成本线交点）。参照式（1.5）中的成本结构，这部分大学生所得仅能弥补减少一个调节值后的固定成本和变动成本 $\gamma b + \gamma c + \gamma(d-c) + \gamma f + e - \delta_2$，不能获得盈余 g。

（3）补偿就业型。余下的 $Q_1 - Q'_1 - Q'_2$ 个大学生如果想就业，就必须接受低于 w_2 的工资 w_3（所依据的假设同上）。但很快发现 w_3 层次产业的劳动力需求量仅为 $Q'_3 < Q_1 - Q'_1 - Q'_2$，于是仍然只有 Q'_3 个大学生在 w_3 层次产业找到了工作。Q'_3 个大学生的平均收益为 E_3Q_3，即 w_3，平均成本仍为 F_1Q_1，假定这部分大学生调节成本结构式（1.1）中的 γ、f、e，如随着产业层次降低而减少培训成本 f，随着收入降低而减少生活费用 e，设调节值为 δ_3，同时调节折扣系数 γ，只要保证 $\gamma > 0$ 即可（相当于只要能够收回部分固定成本就值得就业）。通过成本调整新就业类型，能够尽可能地弥补固定成本（E_3 点处于劳动力供给边际成本线和平均成本线交点与边际成本线和变动成本线交点之间）。参照式（1.5）中的成本结构，这部分大学生所得除生活费用外，仅能部分地弥补固定成本，即 $\gamma b + \gamma c + \gamma(d-c) + \gamma f + e - \delta_3$。

（4）生存就业型。余下的 $Q_1 - Q'_1 - Q'_2 - Q'_3$ 个大学生如果想就业，就必须接受低于 w_3 的工资 w_4（所依据的假设同上）。但很快发现 w_4 层次产业的劳动力需求量仅为 $Q'_4 < Q_1 - Q'_1 - Q'_2 - Q'_3$，于是仍然只有 Q'_4 个

大学生在 w_4 层次产业找到了工作。Q'_4 个大学生的平均收益为 E_4Q_4，即 w_4，平均成本仍为 F_1Q_1，假定这部分大学生通过调节成本结构式（1.5）中的 γ、f、e，如随着产业层次降到很低程度而将培训成本 f 降为 0，随着收入降低而减少生活费用 e，同时将折扣系数 γ 调节为 0，相当于不能够收回任何固定成本，设调节值为 δ_4。这种就业类型不能使大学生弥补固定成本，但能够使大学生顺利就业，获得在社会生存的机会（E_4 为劳动力供给边际成本线和变动成本线交点）。参照式（1.5）中的成本结构，这部分大学生所得仅够维持生活，即 $e-\delta_4$。

（5）失业型。余下的 $Q_1-Q'_1-Q'_2-Q'_3-Q'_4$ 个大学生发现，劳动力市场上剩下的更低层次产业（低技术产业）所提供的岗位，其工资还不够每月的生活费，在生存都难以维持的情况下只能选择失业。但引起失业的原因除产业层次过低、高层次产业（高技术产业）所提供的就业岗位不足外，还因为一些大学生对就业的灵活性认识不够。如工作达不到满意的要求就不就业，坐在家里不出去工作即成为"啃老族"。这些大学生可能有较好的竞争力，但他们自己选择了失业。

以上五种就业类型所补偿的成本结构概括如表 1-1 所示。

表 1-1　　　　　　　　五种就业类型所补偿的成本结构

	学费	努力成本	机会成本	培训成本	补偿系数	生活成本	期望盈余	调整值
满意就业型	1	1	1	1	1	1	1	0
一般就业型	1	1	1	1	1	1	0	10
补偿就业型	10	10	10	10	10	1	0	10
生存就业型	0	0	0	0	0	1	0	10
失业型	0	0	0	0	0	0	0	0

注："1"包括全部成本，"10"为包括部分成本，"0"为不包括成本。

在劳动力供过于求的情况下，部分大学生能够改变就业目标层次，得以成功就业的秘密在于对 γ、f、e、g 的有效调整。对期望盈余 g 的调整很重要，希望大学一毕业就过上优越的生活，很可能即使在满意就业型岗位，部分大学生也不能够顺利就业。如果有艰苦奋斗、先苦后甜的就业思想就能促进就业，这相当于对生活成本 e 的调整。尤其是在生存就业型机会的把握中来自农村、家庭困难或者家庭背景一般的大学生比来自城市、家庭条件优越的大学生更有竞争力。对培训成本 f 的调整较为特别，在学历教育成本较难改变的情况下，大学生能够调节自己的培训成本，培训成本的适当付出能够增加就业机会。但不恰当的培训却只能增加就业成本，目前有些大学生为了找工作，除了学历证书，还拼命地去拿各种培训资格证，不仅学校的书没读好，社会上的培训也只是混个一知半解，从而徒增培训成本。对 γ 的调整也深刻地影响大学生的就业，有些大学生急于求成，一出校门就想获得高工资、高回报，如果将 γ 适当调低就能使自己尽快获得生存锻炼的机会。不少专家奉劝刚进入社会的大学生应多关注未来，少关注眼前得失；多关注机遇而不是多关注钞票，正说明了 γ 的设定值应是时间的恰当函数，比如说一条先平缓而后陡峭向上延伸的曲线。

四　产业对大学生就业的决定

（一）产业高度对大学生就业的影响

假设企业的资本量等要素资源条件一定，仅仅考虑人力资本对企业收益的影响。又假定企业处在一定的产业背景之中，产业按照要素密集来划分，可分为劳动密集型产业、资本密集型产业和技术密集型产业，这三类产业体现了技术角度的产业高度不同。另外，还可划分介于它们之间的更多微观产业层次。假定同层次产业中的企业提供的工资标准一致，通常而言，高层次产业工资高，低层次产业工资低。设企业的边际劳动收益为 dr，很明显，边际劳动收益体现了企业所处的产业高度，比如，在同样的资本量（假定为有效规模）条件下，一定的边际水平上，劳动密集型产业增加一个人创造的收益要低于资本密集型产业，技术密集型产业增加一个人创造的收益又高于资本密集型产业。又设边际劳动成本为 dc。企业实现利润最大化的条件是 dc = dr。而 dc = w，所以 dr = w，即工资水平等于利润最大化企业的边际利润，同时也可以用来衡量企业所处的产业高度，因为产业高度决定工资水平。由式（1.6）可知，只有当产业的边际劳动收益 dr 高于或者等于 e + g 时，大学生才可能实现就业，否则就会失业在家。当高技能劳动力资源严重供过于求（看作无限供给），且 dr≥e + g 时，劳动力供给曲线可假定为平坦。

在以图 1 - 4 体现 dr≤e + g 时，劳动力供给量为 0，即从原点到工资水平小于 e + g 的部分；当 dr≥e + g 时，劳动力供给曲线是一组平行于 x 轴的直线，对每一工资水平下的劳动力都无限供给。

假定整个经济的初始劳动力需求曲线由左上向右下倾斜（见图1-5），这符合产业经济发展规律。在产业发展初期，以低层次产业占绝对主导地位，高层次产业很少。低层次产业对低工资低技能劳动力有无限的需求（假定没有资本限制）。进入21世纪第一个十年的中国仍处于市场经济发展的初级阶段，这种劳动力需求曲线体现了中国劳动力市场的现实需要。从图1-5中可以看出，在高等教育发展和产业发展不平衡的情况下，高技能劳动力资源（假定高等教育培养出来的大学生都是合格的潜在高技能劳动力）的无限供给与高层次产业的有限需求之间的矛盾。图1-5中高技术产业可以满足的高技能劳动力就业需求仅为 $L'_D = Q'_1 + Q'_2 + Q'_3 + Q'_4$。

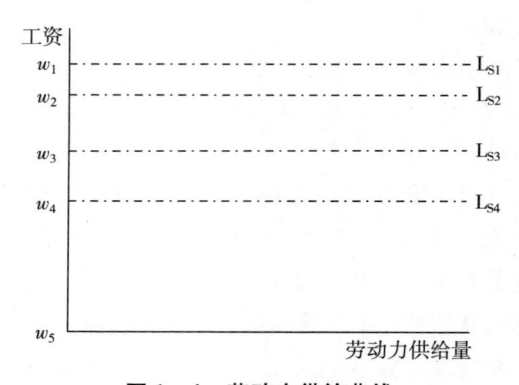

图1-4 劳动力供给曲线

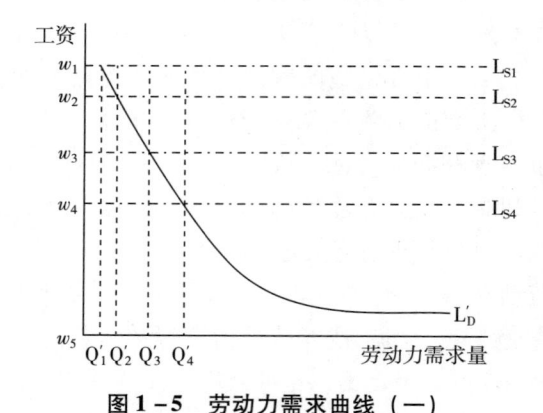

图1-5 劳动力需求曲线（一）

假如提高产业层次，相当于劳动力需求曲线顺时针旋转，曲线变得更加陡峭，如图1-6所示。

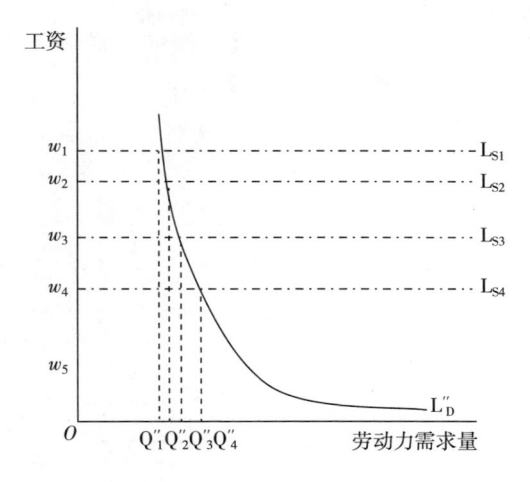

图 1-6　劳动力需求曲线（二）

因为 Q″$_1$ + Q″$_2$ + Q″$_3$ + Q″$_4$ > Q′$_1$ + Q′$_2$ + Q′$_3$ + Q′$_4$，所以 L″$_D$ ≥ L′$_D$。此时整个产业吸纳的劳动力不变，但是，因为高层次产业总量增加，产业对高技能劳动力的吸纳能力增强。

（二）产业规模对大学生就业的影响

假如下一步整个经济规模增加，不涉及产业结构变化，这相当于劳动力需求曲线将向右移动（见图 1-7），可得到新的劳动力需求为：

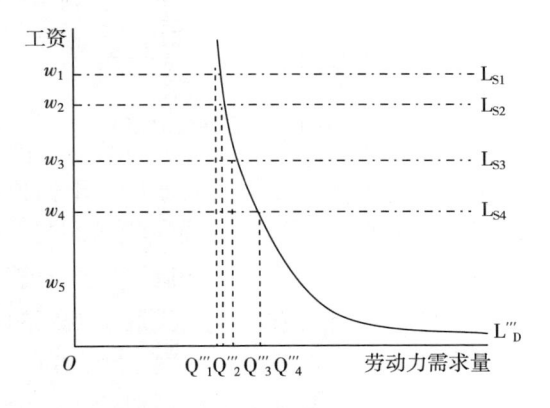

图 1-7　劳动力需求曲线（三）

$L'''_D = Q'''_1 + Q'''_2 + Q'''_3 + Q'''_4 > L''_D = Q''_1 + Q''_2 + Q''_3 + Q''_4$

可见，当整体经济规模增加时，对高技能劳动力的吸纳能力也将增强。又假如当整个经济规模增加时，低层次产业的扩张速度高于高层次产业的扩张速度，这相当于劳动力需求曲线向下倾斜得更多。曲线变化前后对比情况如图 1-8 和图 1-9 所示。

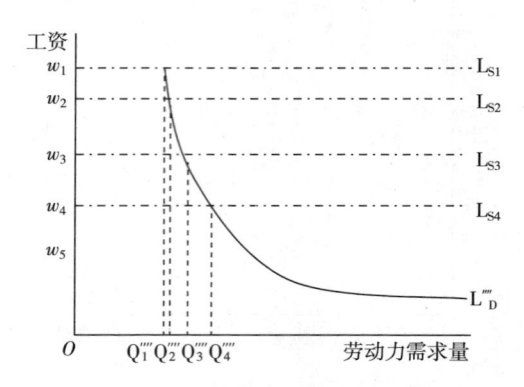

图 1-8 劳动力需求曲线（四）

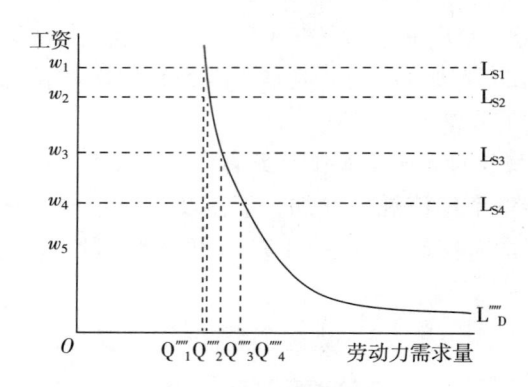

图 1-9 劳动力需求曲线（五）

新的高技能劳动力吸纳量虽有增加，但远远低于低技能劳动力的吸纳量。这适应于改革开放以来我国经济发展的状况，在人均受教育水平不高和大量农村劳动力需要转移的情况下，低层次产业扩张速度加快有利于中国就业的解决和整体经济的发展。但长期粗放式的发展不利于中国经济水平的进一步提高，随着沿海地区"民工荒"以及要素成本提高时代的到来，低技能劳动力不再是无限供给，因此，在中国沿海发达地区发展低层次劳动密集型产业的意义已经不大。同时，中国受教育水平不断增加，大学生就业难已经成为一个严重的社会问题。

反之，设想当整个经济规模增加时，高层次产业的扩张速度高于低层次产业的扩张速度（这里假定用于扩张的经济资本是稀缺而有限的），这相当于劳动力需求曲线向上倾斜得更多，新的高技能劳动力需求增加量远高于低技能劳动力需求增加量。这种产业扩张模式能够更有效地解决当今中国的就业问题，既缓解了沿海地区"民工荒"，又能促进高技能劳动力的就业。

五　结论：教育和产业共同决定就业均衡

影响大学生就业的因素包括供给方的高等学校、大学生和需求方的产业界与企业。本节说明教育在固定资本投资、培养规模和培养模式方面对就业的影响，大学生在就业市场上的不适应性很大程度上来源于教育对产业的不适应性，教育的先天不足导致大学生后天的就业摩擦。同时，产业发展不仅在层次上，而且在规模上影响大学生就业，以大学生为代表的高技能劳动力就业难就与高技术产业发展不足有着紧密联系，正是高技术产业发展不足导致大学生就业不足。因此，教育和产业协调发展对均衡就业的发展具有重要意义。本节全面考察了供求双方各种因素对大学生就业的影响，力图为解决中国大学生就业难问题建立起一个综合研究和分析框架，并得出了多方面启示。

高等学校对高技能劳动力的供给结构和供给量产生影响。博士生、研究生、本专科生、高职生的培养结构直接决定高技能劳动力的供给结构，各层次人才对应不同层次的产业劳动力，不恰当的教育供给结构将导致大学生结构性失业及就业的结构性错位。比如博士生培养出来后做硕士生的工作，硕士生培养出来后做大学生的工作，大学生培养出来后做一般劳动者的活，这种错位是就业中的无奈，同时也是教育资源的浪费。目前，我国需要改变高等学校人才培养模式的"一刀切"，努力避免结构雷同、没有鲜明办学特色的培养模式。此外，强国富民，教育先行，但高等教育规模过于超前和严重滞后都不利于高技能劳动力市场的发展。尽管教育总量严重滞后，满足不了产业发展的需要，将错失产业发展良机，成为国民经济和社会发展的"瓶颈"，但总量过于超前，超过了产业发展阶段，也会造成人才浪费，教育经费浪费，资源闲置。高等教育失误可能给国民带来沉重的经济负担，比如因为教育扩张规模大，贷款量大，势必使整个社会教育成本增加，家长学费负担增加，学生学习成本增加。而结构性失业又会使教育投入的收益减少，学生花费巨额学费却不能找到工作，从而使居民家庭教育投入多收入少，最终生活水平降低，而使整个社会福利减少。

大学生自身对高技能劳动力的供给行为产生重大影响。研究表明，能够灵活调整自己教育收益盈余，能够吃苦耐劳，树立先苦后甜的就业思想，能够规划好自己的职业生涯，选择恰当培训，能够关注长期发展目标，重视机会甚于重视钞票的大学生具备较强的就业竞争力。大学生的就业行为可分为满意就业型、一般就业型、补偿就业型和生存就业型，它们均是大学生就业时可能面临的有效选择。在高技能劳动力严重供过于求而高层次产业发展相对滞后的情况下，有效实施上述就业策略需要大学生的务实、灵活和机变。抱着一成不变就业思想的大学生只会在就业竞争中处于不利境地，本节研究的就业行为和策略分析模型可以为大学生就业提供一个良好的指导。

产业界和企业的发展直接影响高技能劳动力的需求结构及需求量。产业结构高度化给一个社会的高技能劳动力提供了更多的就业岗位，在产业结构没有升级的情况下，大学扩招后创造的教育成果不可能在生产中获得应用，因而要提升教育，必先提升产业技术水平，至少教育和产业发展应该同步规划。另外，只有产业结构高度化，而没有高技术产业的规模扩张，也不能吸纳更多的高技能劳动力，仍然不能满足大学扩招的就业需要。产业规模决定教育规模，中国人均受教育水平在全世界依然偏低，按理说应继续大规模发展教育，但为什么近年来很多人批评中国大学扩招？其中一个关键原因是，大学培养的学生不能够获得就业岗位，毕业即失业。

综上所述，对阻碍大学继续扩招、研究生培养层次进一步提高、科研继续发展的因素探讨离不开产业，是中国高技术产业发展的步伐过慢阻碍了中国高等教育和科研事业继续发展的步伐。同时，也是高等教育调整的步伐过慢影响了中国产业结构调整和高新技术产业发展。高等教育专业结构在很大程度上是经济结构在高等教育领域的反映，而经济结构特别是产业结构的优化又必然要求高等教育不断调整和优化教育结构、课程设置，改革教学内容和方法，使高等学校培养的人才更适应社会需要。所以，教育界和产业界双方要互相适应，才能最终解决大学生就业问题。教育要促进产业发展，同时带动大学毕业生就业，高等学校也就为自己的进一步发展创造了条件，营造了有利环境。产业也要促进教育发展，只有促进教育发展，产业界和企业才能带动自身人力资源的开发，促进人才开发，产业界和企业也就为自己的技术进步和市场竞争力提高创造了条件。可以说,教育和产业共同促进就业,因为就业、教育和产业需要共同发展。

第三节 农民工身份困境及社会后果:基于珠三角的调研

身份是一个社会对个人的定位,个人身份被决定了,个人在社会结构中所处的位置、所发挥的生产功能和作用,还包括待遇和生活模式也相应地在一定程度上被决定了。身份是一张无形的网,把个人罩在其中。身份是社会结构的产物,它可能独立于个人而产生,比如人一生下来就可能给予某种身份,也可能被个人能动地改变,比如个人通过教育和培训改变自己的命运。农民工处于流动之中。早在2007年,广东省就有2400万流动人口,其中1300万为省内流动人口,1100万为省外流动人口,流动人口总量占其人口总量的22%。自改革开放以来,我国农民工群体在流动中已经发生了显著的分化。流动性对农村及农民的改变是巨大的,当农民工实际生存状况发生了巨变而附着在他们身上的身份没有变化时,身份作为一种制度、一个社会结构的象征,必然与农民工的现实生活发生冲突,由此产生身份困境。我国农民工的实际身份已经变化多年,但名义身份,包括户籍、土地制度、财产权、福利、教育等一整套体系却没有变。到21世纪第二个十年时,我国有流动农民工1.4亿(据其他口径统计测算达2.2亿),他们进入城市,带来了医疗、住宿、工作、就医、治安,以及农村留守儿童、留守老人、夫妻分居等问题。我国农村留守儿童已经超过2000万,目前第一代农村留守儿童已经长大成人,在就业等方面出现了严重的社会不适应。我国农民工的身份改变和制度改革应该提上议事日程了。

一 农民工的身份困境和身份压力

自改革开放以来,中国的农民工在不断地流动,几十年的流动早已改变了他们的思维模式、工作方式和生活方式,他们中许多人几乎与城里人没有两样,但从身份尤其从户口本上看,他们仍旧是农民。正因为他们太不像农民了,所以,社会对他们的评价分歧很大。为对农民工的身份困境及身份压力作一个详细的了解,课题组成员从2008年1月开始到 2010 年 1 月止多次赴珠三角的多个城市调研，获得了大量的第一手材料。调查以问卷和访谈为主。改革开放以来，珠三角的农民工群体处于不断分化之中，既有熟练农民工，也有非熟练农民工；既有流水线上的农民工，也有写字楼里的农民工；既有打工型农民工，也有创业型农民工。我们在调查对象中充分区分了这些类别。以下是珠三角不同地区、不同阶层、不同群体给农民工贴上的身份标签。

(一) 将农民工仍看作农民

中国的许多城市政府和市民愿意持这种观点。比如，笔者对深圳市龙岗区人民政府召开的几次年终总结群众大会做过调研，三次是龙岗工商企业的群众文艺演出，两次是龙岗民营企业的联谊会，分别针对非龙岗户籍的工人阶层和企业经理阶层。每次参会时，我都能看到会场的类似醒目标语："外来劳务工汇报演出""欢迎外来农民工朋友"。农民工来龙岗都有好多年了，十多年、几十年的大有人在，但还是外来的，龙岗还在"欢迎"他们。当地政府是想慰问外来劳务工，但在不经意间把对外来农民工的歧视暴露无遗。笔者听到一位外来农民企业家感叹：我在这里有业有房有车，当地人还住在我家做保姆，对深圳的发展也做过贡献，但凭什么我就一定是外人。

在外来农民工商户和本地人之间，甚至还有对立情绪。本地人一般靠收租生活，并不是每个人的租金收入都高。此外，如果劳动技能差，收入可能反而赶不上外来商户。因此，他们对外来老板有一种仇视情绪，认为当地的钱被这些外地人赚了，当地的好房子也被外地人买走了，搞得他们要从世世代代居住的城市中心区搬到城市的外围。有时他们又仗着自己是本地人，想欺负外地人，或者有时既看不起外地人，但又有一种不如外地人的感觉，因为外来人在文化、技能和赚钱能力上都强于他们。

另外，他们自己的生活也是外地人来后才变得更好的，起码他们的租金来自外地人，每遇到房客要退房时，他们也紧张，他们的生活离不开外地人。

总之，不少本地人心态复杂，而外来的商户对当地人也有相当的看法。笔者认为，仍将农民工看作农民至少有三个地方值得商榷。

(1) 这种看法造成了基层群众之间的对立和社区发展的停滞。因为有本地人和外地人之分，本地人可以通过地利和政策保护而获益，坐享其成，从而削弱了社会的生产能力，也因为食利阶层的存在而造成社会不平等。许多本地人抗风险的能力差，因为长期不劳动，不学技术，教育水平低，当遇到类似金融风暴这样的经济危机时，他们可能束手无策。食利现象不仅影响一代人，更危害几代人。很多本地孩子在父母的牌桌边长大，根本没有动力和愿望去拼搏人生。而外地人拥有越来越多的财富，却没有社区事务发言权，对当地也没有归属感，因而带动不了当地社区的发展，对社会发展也不利。拥有资金、技术能力强的人因为没有本地身份而缺乏建设社会的积极性，不具备资金实力但拥有本地身份的人又没有能力建设社会，这势必造成中国基层社会发展的停滞。这也是中国当前社区工作乏力的重要原因之一。

（2）这种看法是无视中国经济社会发展的需要。中国经济发展需要产业结构的工业化，需要大批工人，不仅有量的需要，更有质的需要，如果始终将农民工看作农民，中国经济发展必定受到人力资源的限制。当然，这种看法也是无视中国社会发展的需要。中国社会发展主要是人口城镇化，人民群众生活水平的提高，需要完成大量农民的非农化。数据显示，早在2004年，我国城镇工人数量比例就在大幅减少，取而代之的是大量的农民工，农民工的数量已经超过了城镇工人。这说明农民工已经成为我国产业工人的主体。

（3）这种看法无视农民工为城市工商业作奉献及具体工作状态的事实。据官方公布的数据，早在2008年，深圳常住人口就有876.83万，其中户籍人口只有232.08万，暂住人口高达644.75万，全市居住满7天以上的非户籍人口为1037.22万。另据民间估算，同一时期，深圳的人口数实际上还要多。即使据官方数字，在深圳生活的人口中，每10个人中有7个人是外地人。支持深圳城市经济发展的人口主要是农民工。没有农民工，深圳乃至珠三角的工业总量马上就会萎缩。农民工过去、现在，即便将来很长一段时间，都会是广东经济发展的主要力量。在广东工作的农民工中有许多是熟练技工、拥有资本和具有现代经营头脑的投资者，这些人如果地方政策好，他们可能留下来，为广东经济的进一步发展提供坚实的人力资源基础；否则他们可能移向中国其他地区或者返回家乡创业，目前中国经济正努力朝向区域平衡发展，深圳和珠三角的政策优势已经不再明显。在广东具备的生存条件在其他地方同样具备，甚至更好，如果仍将农民工简单地看作农民，广东未来的劳动力资源将会出现短缺。

（二）将农民工简单地当作工人

整个社会、工商企业和其他用人单位只考虑对农民工人力的利用，没有看到农民工还缺乏作为一名现代工人应具备的技能素质、心理素质、未来取向，以及应获得的社会活动环境、社会保障支持等。

农民工需要稳定的工作，工商企业或者城市不能需要他们时呼之即来，不要他们时就遣散。农民工需要稳定的生活环境和相应的社会保障，否则在变动中，在不断的背井离乡中，他们永远不可能安身立命，从而成为社会不稳定因素。

农民工还缺乏现代产业工人应具备的未来取向。由于现在不确定，所以，农民工的未来也不确定。他们往往缺乏职业认同感，没有专业化的工作计划，短期效应明显。现代工商业发展需要职业化、专业化和有组织的工人队伍，但农民工充其量只是散兵游勇，难以担当中国工业化和科教兴国的重任。

农民工技能素质难以胜任现代产业工人的角色。自改革开放以来，珠三角工商企业很少对农民工付出培训成本，有的只是对他们进行简单劳动力的利用。因为只是对农民劳动力的简单使用，所以，企业自身的产业水平也裹足不前。从数量来看，目前企业大多数还是"三来一补"、简单的组装式劳动密集型。在一定程度上说，企业主简单地把农民工当作工人，就是简单地把自己当成小工厂或小作坊主，不能完成向现代企业家的转变。一个合格的现代企业家需要有社会责任、积极向上的精神，对农民工社会责任的缺乏，说明珠三角的许多经营者还要有更多的现代企业家历练。

社会和企业也忽视现代产业工人所应具备的社会活动环境。农民工从家乡来到人生地不熟的厂区，一下子与传统社会关系隔绝，成为孤立的一分子。只能靠老乡会联络，还没有脱离乡土社会的圈子，人在他乡，社会关系还在家乡；人在城市，交往的圈子还在农村。农民工社会关系的城市化、工业化远没有完成。社会关系的城市化是指农民工有自己的新社区组织。社会关系的工业化是指农民工有自己的工会组织。

农民工也不具备现代产业工人所应有的心理素质。调查中发现，他们在工厂经常感觉很累，甚至有农民工时常莫名其妙地厌烦、想家、生气，甚至和同事过不去，这说明农民工的心理压力很大。尤其是在遇到工作不顺和生活麻烦，特别是遭遇争端时，农民工往往采用不文明方式、极端方式和暴力形式来解决。许多农民工犯罪嫌疑人在老家时并没有道德问题和不良恶习，只是在打工地累积了新的心理和精神问题，他们的很多违法犯规行为大多是心理不健康所致。但是，至今中国没有实质上建立起为农民工服务的工会部门和社区组织，为农民工日常排忧解难的社会服务是空白，基层政府对农民工提供的社会支持也很有限或者流于形式。

（三）将农民工看作第三种人：流民

近些年来，农民工的身份认同出现了很多问题。

（1）家乡不再认可农民工为农民。农民工出来少则数月，多则几十年，他们的视野不再是家乡那个很窄很土的地方，观念和道德早已不同于以往的乡规民约，他们开始变得与家乡人有点儿不同，甚至有点儿格格不入。由于农民工长年不干农活，农艺荒疏，与土地越来越没有亲近感。尤其是新一代农民工，从小远离家乡，生长在城市，与农活无缘，他们的志向也不在农村，因而他们的生产方式不再属于农村。对于资源贫乏、经济发展条件差、仅留老弱病残、青壮农民集体外出打工的农村地区而言，乡土社会更多的只是对农业的鄙视、农村生活方式的自卑。随着农业发展缓慢，留守农民与外出农民工之间的经济地位相差悬殊，观念意识迥异，甚至外出农民工自己也不认为自己是农民了。结果家乡人和农民工不再相互认同。

（2）城市不认可农民工为工人。农民工缺乏一般城市工人所应有的城市物业、教养、社会关系网络，因而虽然同在一个城市工作，但身份归属总有本地人和外地人之别。又因为处于流动状态之中，以往的乡规民约和社会习俗的制约失效，所以，农民工的道德风险要大大高于一般的城市居民，有些城市社区犯罪率高也与农民工有一定的关系，这些都加剧了他们的身份认可危机。社会信任也由此向本地户籍人员倾斜，尤其是对一些特殊岗位和特定部门，比如以会计、出纳岗位为主的财务部门，农民工是无法进入的。即便在城市中有房有车，农民工在本地人中仍旧难以得到身份认同，很多时候，本地人仅凭口音就能把一个人排除在城市之外。

（3）农民工既非农村人也非城市人，成了"两栖人"。对于农民工群体来说，他们还没能达到城镇工人阶层的地位，但是，他们又是工人，而不再是农业劳动者，有越来越多的农民工没有务农经验，也不愿从事农业生产劳动，因为他们比农业劳动者有着更好的经济收入。在地域认同方面，很多农民工既不认同城市，觉得城市给了他们太多的苦难和困惑，他们在城市中工作条件差，工资低，工资被拖欠，甚至受到过歧视等不公正对待。但他们也不认同农村，因为农村落后，农村的大瓦房不如城市的一张床。有农民工反映，出来后刚开始很想回家，回到家乡后，走在家乡泥泞的小路上，还没到家就想返回城市了。

二 农民工身份模糊的后果

因为身份模糊，农民工往往处在社会管理的边缘地带，家乡管不了，打工地也管不了，极易影响社会稳定。任何社会问题的产生都是结构性的，农民工问题也不例外。同时，社会问题的影响也是结构性的，农民工问题对社会的多个方面和各个层次均产生了深远的影响。当然，这并不是中国的特有现象，在工业化早期，即使在目前西方工业发达国家，农业移民和农村地区居民对社会的影响也是多角度的。

（一）影响中国现代工商业的发展

中国工商业升级必须以"人"的升级为前提，最基础的工人队伍必须完成从"散兵游勇"式农民工到正规产业工人的转变。这支"正规军"队伍要稳定，就要具备较高的工商业素质，且积极进取。工商业素质是指工商业从业者在一定生理和心理条件基础上，通过教育培训、职业实践、自我修炼等途径形成和发展起来的，在职业活动中起决定性作用的、内在的、相对稳定的基本品质，如劳动纪律、协作精神、操作规范性、技术能力和素质、社会协调素质、心理能力等。因为相关政策不到位，中国现代产业工人队伍建设任务还远远没有完成。如果产业工人不具备工商业素质，中国制造就不可能有产品素质和服务素质；如果产业工人队伍不稳定，中国制造业就不可能稳定；如果产业工人不积极进取，中国就不可能从"中国制造"过渡到"中国智造"。

在调查中发现，珠三角各个产业领域一直以来都存在高级技工"荒"现象。熟练工、技术工人需求量大，但培养难、留人难。很多文献认为，中国企业很少付出培养成本，这与我们的实地调查情况不相符，企业不仅普遍投入了培训成本，而且人力资本投资亏损还挺大。农民工在农闲时临时到沿海发达地区工商企业打工，对自己的职业并没有长期规划，充其量只是短期行为，当然，他们入职时不会把自己的短期考虑告诉企业。而企业对工人的使用却是长期需求，为了维持生产，做出合格的产品，企业必须先对刚离开农田的农民工进行职业和技能培训。招工后的第一件事就是对员工进行操作培养,即使是一些并不复杂的工序,培训同样不可缺少。新手的工作效率极低,不仅动作慢,影响自身工作效率,还在协作中影响其他人的产能。工厂还要为新手付出很多的"试错"成本,比如,在制衣和鞋面的裁制工序中,新手只要操作失败,整个面料就可能报废。实际上,对许多工种而言,刚上岗的新手不能产生任何生产效益,但我国《劳动法》往往规定最低工资,导致工商企业除了支付培训费、承担生产损失,还要支付一般性的工资。成本还不止这些,为培训或者传帮带,工厂还需要安排师傅教,这自然影响了师傅的生产效益,因而师傅为完成自己的计件任务通常不愿意带徒弟,而且还经常出现徒弟挖师傅墙脚的情况出现,这使师傅更没有积极性带徒弟。从上述现象可以看出,培养农民工,造就一名合格的农民工技术人员的成本高,所需要的激励、面临的管理困难大。问题还不仅仅如此,培养一个操作熟练人员少则一两个月,多则一两年甚至数年,企业好不容易培养出的熟练农民工,而"使用"却让资方同样"伤脑筋"。农民工往往因为农村、农民、农业的"根"没有掉,还要尽城市之外的大量义务和责任。调查发现,小孩、老人生病,邻里纠纷,农忙,地方其他事务被列为农民工辞职理由的前四大项。还有很多其他原因如思乡、孤独等心理问题,在外惹是生非等治安问题,导致农民工离职。调查中发现,许多农民工因参与赌博,买地下六合彩,欠债太多,无力偿还,为逃避追债而被迫辞职。农民工的临时性、短期行为和不稳定性增加了经济运行的成本,损害了工商企业的稳定发展。现有的农民工制度也不太可能激励企业在人力资源培训上投入更多。

(二)影响中国现代农业的发展

发展现代农业,一要通过劳动力转移来腾出传统农业空间,二要通过精英人才培养来拓展现代农业空间。我国农村人口数量大,未来农村人口非农化形势还非常严峻,需要通过减少农业人口,提高农业边际生产率,来发展农业。也就是说,中国农村的土地有限,再加上不断发展的农业技术,农村所需要的劳动力数量将会减少,但农业对劳动力数量需求减少并不等于对高素质劳动力需求减少;相反,现代农业所需要的高素质劳动力会越来越多。也可以这么解释,如同现代工商业的发展,现代农业必须朝着新型农业、现代农业、特色农业的方向发展,创新是基本动力,新农村需要有人去建设,而且需要精英人才去建设,由此需要培育起一支有文化、讲道德、懂技术、会经营的新型职业农民队伍。

如果不能通过土地、户籍、福利、保障、教育制度改革来帮助农民工完成向现代产业工人的转变，农民工就既不能在城镇实现梦想，也不能在农村找到归宿，在这两个地方都不能安心工作、生活和投资置业，从而都失去发展机会。同时也会使农村人均收益仍旧处于较低水平，从而影响没有外出的农民安心农业。城市现代工商业和农村现代农业发展都会因为人力资源基础不稳而受阻。

此外，农民工如果不能完成城市化，就会出现"年轻时工作奉献在城市、年老后赡养在农村"的现象。也就是说，农民工为城市作贡献，但生老病死及其他社会保障还由农村负担；城市获取农民工的劳动成果，但不担负保障义务；农村在付出，城市在获取；农村将最主要最优秀的力量移向城市（农民工外出打工），将最大的包袱留在农村（如老弱病残幼）。农民工由此给农村增加负担，从而影响现代农业的积累，造成城市对农村的另一种形式的掠夺，不利于现代农业发展。

（三）影响农民工个人的发展

农民工身份困境不利于其作为良好社会公民的人格发展，亦农亦工甚至引致了农民工的投机行为，让他们不负责任，道德失范，唯利是图，缺乏积极向上的精神和奋斗目标。当城市有利可图时，农民工前往打工；当城市有压力或者无利可图时，他们往往采取短期行为，甚至不择手段。比如2008年我国《劳动合同法》实施时，一些农民工因为眼红相邻企业工人罢工让老板屈服所获得的巨额加班工资赔偿，在自己所在企业并不打算将他们辞退的情况下，想尽办法让企业主将他们辞掉，以获得巨额的赔偿金。他们采取的手段包括破坏机器、怠工、影响生产进度、人为制造摩擦、煽动不明真相工人闹事等。在整个劳动合同风波中，尽管确实存在企业违规问题，但农民工的短期行为也不容忽视。农民工的投机行为还体现在农村地区，由于农业政策不断向好，各种免税、种田补贴多，部分农民工在广种薄收的情况下也能过上不错的日子，于是辞工回到农村。在调查湖南北部一个农村时发现，一个小镇没有任何工业和其他实业，但消费水平却可赶上广东这样的发达地区。这里，有很多地下赌场，有放债人负责地下融资。除了明目张胆的赌博，还有不少人迷恋地下六合彩。现阶段，我国的正规工人主要在城市，如果不转换身份，农民工就不能成为正式工人。他们因为拥有土地，所以，自认为有后路，可以不用像城市工人那样进取，不严格要求自己。同时，农民工又厌恶农村，因为农村没有城市繁荣，进而产生许多不满，没想到城市的繁荣与进取和压力分不开。农民工就这样在患得患失中既生活艰苦，又不积极努力。他们需要成为纯粹的工人或者纯粹的农民，从而在清晰的身份和确定的职业生源中好好地规划自己的人生，否则农民工群体就很难做到工作、生活和人格的健康发展。

（四）影响社会的有序发展

农民工身份模糊也带来了严重的社会问题。当农民工既不属于农村也不属于城市时，他们需要属于一个组织。我国只有农村组织和城市组织，不可能再建立一个城乡组织。不解决农民工的身份问题，就不能解决农民工由谁管理的问题。目前，我国对农民工实行户籍地和工作居住地双重管辖的模式，但实践证明，哪头都管不好。相距千里之外的家乡的基层组织村委会本来管理力量就薄弱，连本地常住留守人口都管不好，何况农民工。调查中发现，某些偏远地区的村干部宁愿到发达地区当保安，也比在家里强，地方管理工作没有人干，从而严重削弱了地方组织的自治能力。即便有地方组织想管理外出人员，也很难管到农民工，因为农民工常年不在本地，"来无影，去无踪"，地方组织对在外农民工的情况一无所知。打工所在地的基层政府和社区也很难管好农民工，因为农民工流动性强，成分复杂，居住地居委会很难深入开展农民工管理工作。目前，一些地方对农民工的管理还停留在暂住证办理等工作上。调查中发现，有些基层组织明知外来人口有不法行为，但为地方经济利益考虑，不但不制止，反而助长。由于两头都不管，农民工实际上成了"治外遗民"，其对社会不稳定的影响不可小觑。农民工问题目前已经发展成为中国最大的社会问题之一，许多暴力事件和治安问题的发生均与农民工有关。当前，与农民工有关的社会问题和群体事件还有范围不断扩大、层次不断升级之势。在维护自己基本权利的过程中，农民工意识到，靠单个人解决不了问题，必须靠集体行动。当然，他们面临的问题往往也带有集体性，比如一个企业的农民工工资普遍过低，或者普遍被拖欠时，他们只能集体抗争。在实践中，农民工也意识到，仅仅停留在企业内部的抗争，对雇主造成不了压力，必须要把问题"外部化""社会化"和"严重化"，让社会关注，特别是让政府认识到问题的严重性，才有可能使农民工面临的问题得到解决。因而更多的农民工选择集体上访、越级上访、上街游行等方式，造成重大群体事件。

三 结语

我国许多重大社会问题的解决都与农民工身份、用工、居住制度有关。许多政策法规和制度的出台都受到农民工问题的制约。近年来，在《劳动合同法》实施过程中，珠三角爆发了多次局部规模的劳资冲突事件和社会黑恶势力参与的恶性案件，极大地破坏了珠三角的经济和社会秩序。有工商界人士和群众反映，《劳动合同法》本身并没有错误，资方在许多方面也表示欢迎，但它不幸成了导火索，引发了长期积累起来的社会矛盾和社会压力。与农民工有关的社会问题和深层次社会矛盾及压力才是珠三角经济出现失序的原因，而不是《劳动合同法》的实施。把与农民工相关的社会压力消除于萌发之中需要找到社会的综合减压途径。

进入21世纪以来，中国因为农民工迁移而带来的各种社会压力空前高涨，社会风险空前增加。这种压力和风险不仅体现在农民工的流入地——中心城市和经济发达地区，而且表现在流出地——农村地区。因此，需要以新的视角来解决农民工问题。从时态上看，目前对待农民工的身份问题解决存在三种看法：一是将农民工看作过去时，即乐观派。二是将农民工看作将来时，即悲观派。这一派看到了中国"三农"改革的艰巨性，首先是农村土地改革，至今找不到很好的突破口。其次是农村组织改革，目前停滞不前。最后是农业现代化发展，任重道远。三是将农民工看作现在时，即边搞边看。无论是哪一种看法，农民工作为中国特殊的群体和社会现象，对中国经济和社会发展的影响极为深远。在一定程度上说，理解了中国农民工问题，就理解了中国现代化改革的步伐；唯有先解决了中国农民工身份问题，中国城乡一体化发展、中国区域差距问题、中国社会层级问题解决才有可能获得实质性进展。

综上所述，自改革开放以来，随着中国劳动力市场的逐步开放以及居住制度松动，中国涌现出规模巨大的农民工群体。几十年来，随着工作地、思维模式、工作方式、生活方式的变化，许多农民工早已完成了身份认识上从农村到城市的转变。但是，制度对他们的身份认可却严重滞后。目前，农民工存在被看作农民、被看作工人、被看作非工非农等多种身份，身份压力由此产生，并酿成多种社会不良后果。现有农民工社会制度已经影响了中国现代工商业发展、现代农业发展、农民工个人发展和社会有序发展。同时，许多社会问题的产生均与农民工有关，许多重大政策的出台也受到农民工问题的制约，因而围绕农民工的相关制度改革宜早不宜迟。

第四节 中国农村土地交易形式探析[*]

本节考察农村土地流转的三个主体即农村、城市和政府，并对各主体进一步细分，得到有效的交易主体包括农民、农村社会组织、农业生产企业，还包括各地政府，如镇（街）、区县、地市、省区市、中央，更包括城市中的城市居民、城市工商企业、城市房地产企业、城市农业经营者。下面利用表格形式，将各种可行的农村土地流转模式进行分类总结，并结合我国的实践做出具体分析。只有促进农业土地在这些主体之间的流转，为每种流通模式打通管道，才能优化农村土地资源的社会配置，为提高农村经济效率创造必要的条件。此外，进一步探讨各种模式的功能和作用。

要素要发挥最大效用，实现最优配置，前提之一是要素完全流动。要素不流动，就不能发现其价值，就不能将其配置到最需要的地方，这是经济学的基本原理。土地要素流转也是如此。中国农村还有巨大的发展潜力，目前"三农"问题依旧没有解决，如果主导农业发展最重要的生产要素——土地不能流动，那么其利用效率就会成问题。土地问题不能解决，中国农村改革的效果依旧会十分有限。要让农地流转起来，并不是说新中国成立以来，乃至改革开放以来，我国的农村土地资源没有流动，而是流动量不够，流动范围还不够广泛。目前，我国有些农村土地流转模式要进行改革，还有些新土地流转模式从长远看也有必要，应该想办法破解制约其发展的难题。对我国现有的农村土地流转交易形式——一级市场、二级市场作一个全面总结，有利于明确我国农村土地利用的已有格局，从而为国家制定农村土地改革政策提供依据。

一 农村土地利用主体及其交易模式

农村土地要素市场的活跃程度是与其交易主体的广泛性和各类交易的频率分不开的。我国目前农村土地交易的三大主体为农村、政府和城市。农村拥有农业土地，政府控制农村土地的非农流转，也约束农村土

---

[*] 本节系国家社会科学基金项目（04BJL031）子研究项目和中南大学博士基金项目（06DJ08）子研究项目成果。

地的内部流转，城市作为最大的资金拥有者和先进生产力代表是农村土地流转的最重要动力。

实践中，我国农村土地交易存在六种形式，它们之间的交易关系可概括如表1-2所示。

表1-2　　　　　　　农村土地三大运作主体之间的交易

农村	政府	城市
（1）	（2）	（3）
	（4）	（5）
		（6）

（1）农村—农村式交易。即农村土地在农村内部流转，也相当于狭义的土地流转。如其中的农民—农民式交易，体现为农村土地在农民和农民之间的流转，这种流转方式又可细分为农户和农户之间的流转、农户家庭成员之间的流转（分家分地或者分家后再交换地）。狭义的土地流转主要是指土地承包经营权流转，其流转方式主要包括转让、转包、出租、互换、入股和抵押六种。

（2）农村—政府式交易。即农村土地由政府征收，或者农村将地卖给政府。

（3）农村—城市式交易。即农村土地直接转化为城市土地。最典型的是农村的小集镇和小城镇建设。原有农民直接转为城市居民，原有土地还保留了相当部分，继续耕作或者用作副业；还有一种是非公开方式，农民不经过政府而将土地直接转移给城市居民，如宅基地买卖和小产权房买卖。

（4）政府—政府式交易。即土地在各级政府之间的交易，各级政府都存在土地的利润分成，各方对土地买卖先要进行讨价还价，然后农村土地的非农流转才可能完成。在中国，正常的农村土地流转特别是城乡之间的土地流转必须经过政府这一中间环节，因而政府—政府式交易在中国现行农村土地流转中的作用和地位显著。对这类交易方式的探讨目前还没有形成热点，有待于进一步深入。

（5）政府—城市式交易。政府将征得的农村土地卖给城市的各类产业单位和工商企业，或者征收后再无偿划拨给行政和事业单位，后者如大学、科研院所、图书馆及其他公共服务机构。

（6）城市—城市式交易。这相当于农村土地交易的二级市场，城市工商企业及部分企事业单位从政府手中拿到土地后，再转卖给其他工商企业和单位，还包括农村土地在城市内各个主体之间的其他后续流动。

要厘清以上各类土地交易形式之间的区别，首先要从我国传统计划经济说起。中国长期实行的计划经济是城乡二元化管理体制，土地管理也不例外。城镇土地属于国家所有，农村土地属于集体所有。按现行法律规定，农村土地进入市场交易的前提首先是被收为国家所有，即先由国家征地，然后再由国家进行出让或转让。也就是说，农村土地国有化后才可能进行市场交易。或者说，在市场中交易、增值的只是国有土地，集体经济组织所占有的大量建设用地却难以交易。难以交易并不是说不能交易，特别是改革开放以来由禁止农村土地流转到允许农村土地流转。狭义的农村土地流转目前已成为农村土地小范围、不完全交易的代名词。按照我国法律规定，我国农村土地属于集体所有，农民拥有承包经营权。农村土地流转指的是农民拥有的土地使用权流转。土地使用权流转的含义，是指拥有农村土地承包经营权的农户将土地经营权（使用权）转让给其他农户或经济组织，即保留承包权和转让使用权。农村土地流转交易主要体现在表1－2中的农村—农村式交易和农村—城市式交易中。我国法律又规定，城镇土地属于国家所有，具有较为完整的产权权能，城镇土地可以买卖，因而狭义的土地交易是指国有土地即城镇土地交易，在表1－2中主要是指政府—城市式交易和城市—城市式交易。广义的土地交易包括城镇土地交易和农村土地流转。政策朝着允许农民流转土地承包权的方向改革，可以预计，未来农村土地交易将更加活跃。此外，政府征地相当于一种非市场交易，在表1－2中体现为农村—城市式交易和政府—政府式交易。

二 农村土地利用各细分主体及其交易形式

以上农村、政府和城市三方主体的划分及它们之间的交易方式划分仍显粗糙，有必要进一步细分，以便更深入地探讨其本质问题。农村一方可细分为如下主体：农民、农村社会组织（如合作社、村、生产队等是村民自治组织，具有农村社会保障功能）、农业生产企业（如养鸡场、农场是提高农业生产效率的主体）。政府一方可细分为各级各地政府，如镇（街）、区县、地市、省区市、中央。城市一方可细分为城市居民、城市工商企业（除房地产外的各类城市产业）、城市房地产企业（因为房地产开发在目前城乡土地流转中扮演着极其重要的角色，故单独列出）、城市农业经营者。再一次扩充表1-2，可得出农村土地流转的更加细分的类型（见表1-3）。

三 目前我国农村土地流转方式考察

表1-3详尽地刻画了表1-2提出的三大主体和农村土地流转的几大模式，具体情况介绍如下。

（一）农村—农村式交易

表1-3中属于农村土地内部流转的区域为表1-4。

表1-4中（1）体现农民—农民式土地交易。上文的分析已经提出，这种交易又可细分为农户—农户之间农地流转和农户内农村土地流转两种类型。（2）体现农民—农村社会组织式土地交易。由于分田到户长时间不变，所以，农民与合作社、村、生产队等自治组织之间的土地流转仅限于经营权转让、转包、出租、互换、入股和抵押。在实践中，实行家庭联产承包责任制后，自治组织由于仅限于社会协作功能，不再有实际生产组织的功能，因而与农民之间的土地交易并不多见。（3）体现农民—农业生产企业式土地交易。该类交易形式具有相当广泛的前景，党的十七届三中全会鼓励该类交易的发展。农民—农业生产企业式土地交易也是农业走向现代化的客观需求。只有将分散的小块农地集中起来，才能实现农业的规模经济，包括技术、生产资料、人力资源要素、企业家才能等生产要素投入的规模经济。农民—农业生产企业式土地交易还有利于农民摆脱土地的束缚，使农民获得土地收益，该类交易能够为农村人口非农化创造更为有利的条件。（13）体现农村社会组织与农村社会组织之间的土地交易。该类交易主要涉及行政区域的重新划分，如村与村之间范围的重新划定，因而涉及实际的土地流转内容较少。（14）体现农村社会组织与农业生产企业之间的土地交易。农村社会组织仅具有社会组织功能，虽然说农村土地归集体所有，但是，这个所有概念相当模糊，比如说谁代表集体，实践中村党支部书记、村委会主任、村民代表大会都可以代表，但有时谁也不能代表，因而农村社会组织没有实际的土地产权权能。政策强调在农村土地流转中农民的主体地位，因而在实践中农村社会组织只是协助农民与其他交易主体之间的交易，而不是作为土地交易的完全主体；或者说是代表农户集体谈判签约。要发挥农业生产企业在现代农业发展中的基础性作用，单个农户和小块农地无法支持

表1-3 农村土地各细分主体之间的交易

各主体	农民	农村社会组织	农业生产企业	镇(街)	区县	地市	省区市	中央	城市居民	城市工商企业	城市房地产企业	城市农业经营者
农民	(1)	(2)	(3)	(4)	(5)	(6)	(7)	(8)	(9)	(10)	(11)	(12)
农村社会组织		(13)	(14)	(15)	(16)	(17)	(18)	(19)	(20)	(21)	(22)	(23)
农业生产企业			(24)	(25)	(26)	(27)	(28)	(29)	(30)	(31)	(32)	(33)
镇(街)				(34)	(35)	(36)	(37)	(38)	(39)	(40)	(41)	(42)
区县					(43)	(44)	(45)	(46)	(47)	(48)	(49)	(50)
地市						(51)	(52)	(53)	(54)	(55)	(56)	(57)
省区市							(58)	(59)	(60)	(61)	(62)	(63)
中央								(64)	(65)	(66)	(67)	(68)
城市居民									(69)	(70)	(71)	(72)
城市工商企业										(73)	(74)	(75)
城市房地产企业											(76)	(77)
城市农业经营者												(78)

表1-4　　　　　　　　　农村—农村式交易

各主体	农民	农村社会组织	农业生产企业
农民	(1)	(2)	(3)
农村社会组织		(13)	(14)
农业生产企业			(24)

农业规模经济，农村社会组织发挥的作用好坏，影响农业生产企业运作的效率。所以，虽然农村社会组织与农业生产企业之间的土地交易并非完整的农村土地交易，但其保障性作用不容小觑。(24)体现农业生产企业与农业生产企业之间的土地交易。目前，由于农业生产企业还不能够完全拥有农村土地产权，产权的最终归属主要集中于国家、集体和农民，因而农业生产企业之间的土地交易的内容不多，可行性不强。但是，对于具有大流通特征的现代农业，企业之间的兼并、老企业退出、新企业进入、企业生产规模调整是其走向市场经济的必需，因而作为农业的重要生产要素——土地在企业之间的流转非常重要。假定一个农业生产企业 A 亏损了，需要退出市场，需要找一个企业 B 以便把附着在土地上的资产卖掉或者置换掉。假如土地不能流转，意味着企业 B 必须与企业 A 外的土地所有者讨价还价，而且农村地方复杂，企业 B 很可能害怕谈判签约成本而不敢接受企业 A 资产，最重要的是，因为没有土地产权保障，一旦引起农户之间的产权纷争，农业生产企业将成为纷争的牺牲品。

笔者曾在广东惠东调查过一个农业生产企业（以下简称远东），当地村庄居民由梁、刘两大姓组成，而且世代不和，历届村委会选举都出现了大打出手、抢夺选票的情况，选举现场每次都需要政府出面，公安局出动维持秩序。某姓村委会选出后一般会在上台后维护该姓村民的利益，对于上届异性村委会作的决定往往加以推翻。远东进入当地经营时，获得的土地是梁姓村委会转让的，5 年后远东在当地已经投资达到 8000 万元，经营已经走上良性轨道，但恰恰在此时刘姓村委会被选上了，因为当年土地转让时刘姓认为在土地款分成中吃了亏，因此，新上任的刘姓村委会推翻了以前的土地协议。失利一方要求收回土地，抱着"宁为玉碎，不为瓦全"的思想，该方村民纠集起来打砸远东厂，逼另一方村民就范。这是笔者农村调查时遇到的几桩因为土地产权不能流转而损害农业企业的案例之一。

如果企业 A 卖不掉产业,则意味着企业 A 必须亏损经营下去,否则因为别人土地上附着的资产带不走,企业 A 将随着业务退出而蒙受巨大损失。可见,农村土地不能流转将损害农业生产企业,影响农村经济发展的大局。

(二) 农村—城市式交易

表 1-3 中属于农村土地在农村与城市之间流转的区域,如表 1-5 所示。

表 1-5   农村—城市式交易

各主体	城市居民	城市工商企业	城市房地产企业	城市农业经营者
农民	(9)	(10)	(11)	(12)
农村社会组织	(20)	(21)	(22)	(23)
农业生产企业	(30)	(31)	(32)	(33)

表 1-5 中 (9) 体现农民与城市居民之间的土地交易。原则上讲,中国法律禁止城市居民拥有农村土地,但在私下里,农民与城市居民之间不规范的土地交易时有发生,最典型的是农民将宅基地卖给城市居民,或者城市居民购买"小产权房"。农民与城市居民之间土地的地下买卖行为对我国土地利用造成了极为不利的影响,但同时又是城市房价居高不下的背景下,一些低收入阶层的无奈选择。值得关注的是,并不是无房者才自购宅基地建房,在某些城乡接合部,因为看到了房地产升值的巨大潜力,一些高收入人群也加入了宅基地、小产权房购买大军,这对我国农村土地利用制度产生了巨大挑战。从目前购买宅基地建房的人群来看,除少数是真正低收入者外,其他大多数为高收入炒房者,往往城里有房,乡下有别墅。另外,宅基地私下买卖还成了贪官洗钱、逃避追赃的天堂,用宅基地建的房貌似合法而实质不合法。说其合法是因为登记的名字是农民,不合法是因为真正的主人并非合法的土地所有者农民。不合法的主人有时非常乐意自己不成为名正言顺的主人,因为在中国的任何一个信息系统中都查不到房子的主人是他,因而其灰色收入也就不会被发现。更有甚者把这样的房子当成养情人、囤积不法财富的场所,反正外界查不到。

表 1-5 中 (10) 体现农民与城市工商企业之间的土地交易。农业用地改为工业用地必须经过政府审批,而且国家也禁止农民与城市工商企业之间的土地直接交易。实践中,完全的土地所有权转移当然不可能,

但租赁现象却相当普遍。这类土地流转行为尽管能够起到搞活农村经济的作用，但容易破坏农村的生态环境。到偏远农村办厂的企业很多是一些因为环境保护不达标、在城市维持不下去的企业，或者是出于低廉劳动力需要的资源密集型和劳动密集型企业，它们只是把厂房搬到农村，对农村经济的带动作用有限，反而恶化了农村的生态条件。这些企业在农村的大力发展无疑不利于"三农"问题的解决。当然，也不能将城市工商企业办在农村看成完全是负面的，只要规划引导得当，城市工商企业仍能在社会主义新农村建设中发挥重要作用。比如一些环境保护型农产品加工企业，能够直接优化或者深化农业产业链，提高农业生产技术水平，促进农民增收。还有一些企业能够支撑农业发展生产服务业及生态旅游业。而要发展好这些产业，土地产权激励重要，因而发展农民与城市工商企业之间的土地交易有其必要，既可以采取直接的方式，也可以通过政府这个中间环节，采取间接的方式。具体如何操作有待于探索，需要突破的制度障碍还很多。

表1-5中（11）体现农民与城市房地产业之间的土地交易。农民与城市房地产企业之间的土地直接交易是非法的，但实践中却出现了不少这样的交易，最典型的是上文提到过的小产权房。城市房地产企业对农村城市化、盘活闲置土地资源当然起到了重要作用。但是，否允许农民与城市房地产企业之间的土地直接交易却值得商榷和探讨，其坏处大家都知道，但有没有好处呢，也值得探讨。

表1-5中（12）体现农民与城市农业经营者之间的土地交易。对于这类交易，笔者认为有其必要性，原因在于城市农业经营者同样能够在社会主义新农村中发挥重要作用，产权对城市农业经营者的激励作用等同于产权对农村农业经营者。

表1-5中（20）体现农村社会组织与城市居民之间的土地交易。其作用和前述（15）至（19）类似，农村社会组织起着代表集体谈判契约和协调大家行动的作用。

表1-5中（30）至（33）体现农业生产企业与城市居民、城市工商企业、城市房地产企业、城市农业经营者之间的土地交易。从长远来看，这类交易有发展的需要。但是在目前，农业生产企业和城市居民、城市工商企业、城市房地产企业、城市农业经营者都不具备实质拥有农村土地的产权地位，因而其直接交易实现还有很长的一段路要走。

(三) 农村—政府式交易

表1-3中属于农村土地农村与政府之间流转的区域，如表1-6所示。

表1-6 农村—政府式交易

各主体	镇（街）	区县	地市	省区市	中央
农民	(4)	(5)	(6)	(7)	(8)
农村社会组织	(15)	(16)	(17)	(18)	(19)
农业生产企业	(25)	(26)	(27)	(28)	(29)

表1-6中(4)至(8)体现农民与各级政府之间的土地交易，一般是通过政府征收的方式。因为政府征地涉及许多农户的土地，农户也不具备单独谈判签约的能力，所以，政府与农民之间的土地交易一般要通过农民自治组织如村委会。因此，体现农民与政府之间的土地交易的(4)至(8)必须与体现农村社会组织和各级政府之间的土地交易的(15)至(19)结合才能完成完整的土地流转。农村土地由集体所有，农民只是承包，所以，作为农村土地市场的供给方，农民处于完全竞争市场的位置，对土地价格形不成控制。又由于我国农村土地非农产权完全转化只能通过国家征收的形式，因而政府在农村土地市场需求方形成垄断。目前，我国农民、农村社会组织与政府之间的土地交易出现了很多问题，需要改革的地方很多。而且这类改革的成败直接关系到"三农"的稳定和发展，对于活跃农村以外的土地产权交易，农民、农村社会组织与政府之间的土地交易发挥着至关重要的作用。当前有关农村土地市场化、资本化的研究中，农民、农村社会组织与政府之间的土地交易模式改革是关注重点。

表1-6中(25)至(29)体现农业生产企业与各级政府之间的土地交易。因为农业生产企业并没有改变农村土地的用途，所以，目前农业生产企业与政府之间的土地产权交易的联系很少。但是，农业生产企业在盘活农业土地资源存量、提高农业生产力、发展现代农业等方面起着基础性作用。而土地要素的产权激励对于农业生产企业长期稳定发展、长期投入的增加起着不可或缺的作用。因此，未来农业生产企业与政府之间的土地交易模式和具体操作方法值得探讨，比如，是否可以考虑先由政府征收农村土地，再将农村土地转给农业生产企业；或者直接允许农民将土地卖给农业生产企业；或者由农民以土地入股设立农业股份公

司，使传统单个农户个体经营行为变成现代农业工人、合伙人和股东的企业化行为。

(四) 政府—政府式交易

表1-3中属于农村土地政府与政府之间流转的区域，如表1-7所示。

表1-7　　　　　　　　　政府—政府式交易

各主体	镇（街）	区县	地市	省区市	中央
镇（街）	(34)	(35)	(36)	(37)	(38)
区县		(43)	(44)	(45)	(46)
地市			(51)	(52)	(53)
省市区				(58)	(59)
中央					(64)

表1-7体现了各级政府对农村土地转让中土地收入分配进行的博弈和讨价还价。目前，房地产转让收入属于政府预算外收入，政府有很强的卖地冲动；房地产也是政府官员炫耀政绩的一个重要方面，很多地方政府也喜欢搞"面子工程"。因为政府目前主导农村土地流转，因而其内部的博弈过程及决策机制极大地影响农村土地流转的效率。当前，政府一家主导农村土地要素，既是农村土地要素市场的买方垄断（相对于农民），也是农村土地要素市场的卖方垄断（相对开发商和其他企业）。这种体制的合理性有待于进一步的理论探讨。

(五) 政府—城市式交易

表1-3中属于农村土地政府与城市之间流转的区域，如表1-8所示。

表1-8　　　　　　　　　政府—城市式交易

各主体	城市居民	城市工商企业	城市房地产企业	城市农业经营者
镇（街）	(39)	(40)	(41)	(42)
区县	(47)	(48)	(49)	(50)
地市	(54)	(55)	(56)	(57)
省市区	(60)	(61)	(62)	(63)
中央	(65)	(66)	(67)	(68)

表1-8体现了政府将征收来的农村土地卖给城市中各主体。实际操作中,政府一般把土地卖给企事业单位,很少卖给个人。目前,这类交易行为和前述表1-6和表1-7中的交易行为构成了农村土地买卖的主要通道。毫无疑问,政府在此类交易中处于垄断地位,它能够获取高额的垄断租金,具体方式主要是通过几级定价。如用拍卖的方式,把每块土地卖给出价最高的人和企业。当然,出现的问题也很多,其中主要是贪污、腐败,违背市场规律的"暗箱"操作。其弊端已经开始影响整个中国的国民经济发展,关于这类交易方式的理论探讨和改革应也已经成为当前农地流转研究中的重点。

(六)城市—城市式交易

表1-3中属于农村土地城市与城市之间流转的区域,如表1-9所示。

表1-9　　　　　　　　　城市—城市式交易

各主体	城市居民	城市工商企业	城市房地产企业	城市农业经营者
城市居民	(69)	(70)	(71)	(72)
城市工商企业		(73)	(74)	(75)
城市房地产企业			(76)	(77)
城市农业经营者				(78)

表1-9各类交易的实现有个前提,即城市各主体包括城市居民、城市工商企业、城市房地产企业和城市农业经营者具备了农村土地所有者的权能,但是,从目前情况来看,这类条件的实现在近期还无可能性。毫无疑问,作为资本聚集地和代表先进生产力的城市,一旦能够拥有农村土地产权,一定能对农村土地市场的发展、对农村土地资源的盘活发挥重要作用。这绝对不是现有单纯靠农村内部资源发展农业可比拟的。现在这类土地交易仅能在农村土地二级市场发挥作用,即农村土地被政府征收后,城市主体再从政府手里买到农村土地,之后这些农村土地在各城市主体之间流转。因而城市主体的土地交易积极性不高,交易范围十分狭窄。

四　结语

本节提出了一个考察中国现有农村土地流转模式的基本框架,从而为促进农村土地流转模式改革提供了一个全面的视角。要盘活农村土地资源，促进农村人口非农化，发展现代农业，这些土地流转模式的良性、健康运转非常重要。非常有必要就每种农村土地模式的功能、作用和有效运作机理展开更深入研究，本节希望为此起到一个抛砖引玉的作用。

促进农村土地资本化、市场化是一项巨大的工程，需要调动各类相关主体的积极性，既包括农村中的农民、农村社会组织、农业生产企业，又包括各地政府，如镇（街）、区县、地市、省区市、中央。更包括城市中的城市居民、城市工商企业、城市房地产企业、城市农业经营者。只有促进农村土地在这些主体之间的流转，才可能优化农村土地资源的社会配置，为提高农村经济效率创造必要条件。

我国目前的农村土地流转有些是公开的，有些是私下的；有些是合法的，有些是不合法的；有些能够促进效率提高，但有些又严重损害了经济效率。政府主导了农村土地的非农化，政府在农村土地流转中存在的问题很多，因此，如何定位政府在农村土地流转中的角色和作用值得关注。笔者认为，在农村土地流转中，打破政府垄断，实施好对政府的有效监督是农村土地流转改革的重中之重。

以上归纳总结的各类农村土地流转模式中，有些需要规范，有些需要促进，有些需要打击，有些需要探索，有些需要堵漏，有些需要慎重。比如对宅基地私下买卖应该予以堵漏，但对于城乡居民之间的恰当土地流转方式却值得探索。对于非法乱建应该坚决打击。对于农业生产企业和城市中以农业为基础的企业应该鼓励它们拥有农村土地产权，这是农业生产企业和农村经济长远发展所必需的，但实施与它们相关的农村土地流转模式目前还有诸多障碍因素，应该尽快探索，勇于改革，早日破除制度樊篱。

第二章 产业发展前沿问题研究

产业发展有水平发展和纵向发展，有规模发展和内涵发展，有向上的层级提高和向下或者水平相当的平面扩展；有向内陆腹地的本地发展和国内发展，有向海外国家和地区发展。在一定意义上说，研究产业就是为了促进产业发展，因此，当前的大量产业经济研究文献主要围绕产业发展来展开。研究产业发展的国内文献和国外文献可谓数不胜数，但缺乏专门研究产业发展、概括产业发展策略的典籍，连起码的体系化的研究都没有，这不能不说是一个遗憾。而且，正是因为没有概括之作、全面之作，大量的产业发展研究者，无论是新手还是资深人士都难以对产业发展的全貌作一个起码的介绍，也由此造成了大量的重复研究、浅尝辄止的研究，大家都在产业发展研究上挖一个小洞，不仅自己不管后续的深挖，后来人也不知道前人挖了些什么，有什么可以参照，什么议题已经有研究基础。

本章研究产业发展的几个议题，如产业发展中的海外国家和地区发展、向更高层次的产业升级。对于前文提出的概括性研究，本章只是尝试做了一个初步的产业发展分析框架，意在抛砖引玉，希望这个议题能够获得更多同行的注意。

第一节 基于生态福利和经济收益的中国非农产业均衡调整

本节从农村人口非农城镇转化视角研究中国城镇非农产业的调整，指出非农产业和人口的调整是生态福利与经济收益两方面均衡的结果。研究建立在一个差分模型的基础上。首先，分析了调整达到均衡的条件，印证了中国非农化渐进式改革的正确性，并说明在这种渐进的灵活调整过程中暂住证制度发挥了重要的历史作用。其次，中国户籍制度改革应充分考虑非农产业调整的自然生态资源和人文生态资源基础，并对现行各种入户政策和暂住证政策从生态资源角度做出具体分析。同时，有效的非农化入户政策措施不应该消耗现有城镇的生存空间，而应能够有效改善现有城镇的生存发展空间；中国的非农化过程是产业转化和人口转化的辩证统一；城镇进一步发展的根本出路在于非农产业由资源密集型向技术密集型和文化密集型转化。

一　引言

无论从一些发达国家和新兴工业国家的经济发展过程来看还是从理论角度来看，结构调整与优化始终是经济发展的本质要求（保罗·克鲁格曼，2000；杨建文等，2007）。据测算，当人均 GDP 在 300 美元左右时，农业占有较大比重，工业处于成长期；当人均 GDP 在 300—2000 美元时，农业比重有所下降，工业特别是制造业得到较快发展；当人均 GDP 在 2000 美元以上时，农业比重继续下降，工业内部的资金密集型产业和技术密集型产业比重不断提高，第三产业尤其是现代服务业发展快（钱纳里，2001）。

从经济发展的各个阶段来看，现代经济的发展过程就是非农产业调整过程。非农产业调整是通过非农产业要素调整来实现的。经济发展主要通过劳动力、资本、原料、技术、人力资本、信息等要素投入来实现。国民收入可以来自固定资产折旧、劳动者报酬、生产税净额和营业盈余四大项，它们是一个国家各种生产要素投入所取得的收入总和。本节对经济发展所需的投入以一种要素来代表，如劳动者人口，以集中考察非农产业调整和非农人口转化问题。

改革开放以来，农村剩余劳动力的转移推动了中国经济的高增长，劳动力的供给效应在中国 30 多年的经济发展中发挥了重要作用。早在 2001 年，中国人均 GDP 超过 1000 美元，经济突破了"贫困陷阱"（马尔萨斯陷阱），人口负担转化为"人口红利"（刘树成等，2007）。但一个值得注意的现象是，中国经济发展中的"临时工"短期效应严重，长期效应积累不够，即对劳动力资源过度粗放的使用已经没有继续维持的基础。我国主要通过正式入户和暂住证方式调整非农人口的城镇非农产业化，两种方式中又以暂住证方式调整为主。一定程度的人口稳定是一个城市产业核心竞争力累积的基础（彼得·尼茨坎普，2001），老工业城市上海的技术基础之所以在很长时间内得以保持，就得益于当地积累的大批技术工人。刘树成（2007）等的分析表明，通过建立农村劳动力转移和城市化一体化机制，将劳动力转移、城市化进程和"劳动力资源的二次开发"结合在一起，从而改变劳动力粗放开发机制，可以推进中国经济进入可持续发展轨道。政府应当建立进城打工者的身份转变机制，以此激励农村劳动力人力资本的累积和开发，逐步解决农民工进城打工仅拼体力，而无法进行经验和知识积累的劳动力"浪费开发"模式，完成农民向市民转变。这涉及城市劳动力培训体系、户籍制度和社会保障覆盖等一系列制度的调整和改革，而其中有关非农人口身份转化的改革是重中之重。

城镇非农产业调整尽管需要吸纳更多的非农生产要素，但生产要素投入却需要恰当，尤其是对于人口要素，它既在生产中消耗生产资源，同时又在自身生存维持中消耗生活资源。换言之，人口要素既可能生产大量的奢侈品和剩余产品，又可能消耗过多的物质资源和生态资源。正因为人们生产和生活需要消耗生态资源，更多的人生活和生产需要要消耗更多的生态资源，人口越多，人均生态福利就越少。因此，在非农产业调整中，需要选择合适的非农化人口数量以使新增的非农产业产量满足整个社会的需要，同时又不至于造成剩余积压，新增人口不至于使城镇的生活资源供应紧张，即城市能够养活新增的人口。从发展经济角度看，在一定的边界范围内，人力资源要素投入越多，经济收益越好；从保持生态福利的角度看，人力资源要素投入越少越好。因此，在进行非农人口转化时，需要权衡经济收益和生态福利。

本节从生态福利和经济收益均衡角度研究中国非农人口转化问题，所涉及的生态资源包括自然生态资源和社会生态资源。前者是为了维持自然环境的可持续发展，后者是为了维护社会环境的可持续发展，它们的总量都受到自然赋予或者前期积累限制。

从生态角度研究中国非农人口转化的意义在于：我国目前正处于工业化和城市化的加速发展时期，同时面临由水平经济（整体产业技术水平不高）向垂直经济（产业发展呈现梯度转移的趋势）发展的过渡（袁治平，2007）。为使经济可持续发展，产业结构向高度化顺利过渡，必须按照科学发展观的要求，统筹城乡经济发展，注重人与自然的和谐，把城市交通、城市人口、城市物流、城市生态等环境问题和非农产业发展问题结合起来考虑。

二　模型假设及一般讨论

（一）模型假设

（1）非农产业调整假设：提高非农产业比重主要是减少第一产业中农业的比重，提高第二、第三产业中工业和服务业的比重，对产业比重的衡量可以采用产业产值、投入的要素比重如产业从业人员比重等方法（杨建文等，2004），本节采用产业从业人员比重衡量方法。同时，对城镇非农产业从业人员的增加仅从农转非和农村人口城市化角度来考察。2001年，美国第一、第二、第三产业的比重为1.8%、18.2%和80%，同期，中国第一、第二、第三产业的比重为15.2%、51.4%和33.6%。中国经济要追赶发达国家水平，必须进一步调整非农产业结构，提高城镇人口比重。各级政府在制定经济发展规划时都要设置未来城镇人口目标，假定非农人口计划的目标数量为p_N。同时，农村人口非农化是一个逐步调整的过程，设某年的调整量为p_e。一个国家非农人口要调整到产业发展目标的要求需要一定的时间，时间的倒数c代表调整速度。时间长短、调整速度快慢既决定于经济发展水平，也决定于现有环境容纳量，以及环境保护技术和社会制度进步所增加的环境容纳空间。

（2）人口增加及一定边界范围内人均收入随人口递增假设：本节假定社会增加人口是为了增加人均收入，使人类自己的生活境况更好。如果从生态角度来考虑人口，人口数量越少，人均生态福利越好。对于某一个地区如某个城镇，因为存在规模效应、集聚效应和外部效应（波特，2000；王国顺等，2005；彼得·尼茨坎普，2001），其人均经济收益所带来的效应（以R表示）在一定的经济规模下是人口增长的增函数。

（3）生态福利效应假设：假定生态福利是可以度量的一个心理和生理综合值，是影响生态环境的变量如土地、水、空气、社会保障系统等资源基础的效用函数。生态福利往往需要放在一个很长的持续时间内来讨论，不仅涉及当下人类生活福利，而且包括子孙后代的生活福利，本节仅讨论生态环境对当前人类生活的影响，属于短期视角。本节假定生态福利来自自然赋予及人类自身创造，人类通过环境保护技术进步和制度改善能够增加这笔财富的利用效率（Williamson，1991，1998）。生态福利往往因为人类的经济和生活活动破坏而整体减少，因为人口增长而使人均减少，本章仅讨论因人口增长而引进的生态福利减少。生态福利人均拥有量或效用值以m度量。

（4）生态福利和经济收益均衡效应假设：良好的生态环境能够带给人们的生态福利，但生态福利受制于地球的资源和环境容量，其人均拥有量 m 是人口增长的减函数。同时，人均经济收益在一定边界范围内是人口增长的增函数。只有当生态福利效应值与经济收益效应值相等时，人与自然才达到均衡，即人们不会再通过增加人口来增加经济收益，否则将减少所得的生态福利效应；人们也不会通过减少人口来增加生态福利，因为减少人口虽然会增加生态福利，但却减少了经济福利。

（二）人口调整过程的一般讨论

人口调整过程体现了人均生态福利（如以新鲜空气代表）和人均经济收益（如以面包代表）的均衡。在经济发展水平的较低阶段，令 q_0 为初始的经济水平，此时，人口水平也较低。因为经济水平低，生产活动少，所以，对环境的破坏程度低；又因为人口少，生活活动少，所以，人均生态福利 E 高。此时，人们宁愿牺牲较高的环境福利（新鲜空气），而追求更多的经济收益（面包）。于是社会将人口规模扩展到 p_0 点，相应的人均经济收益 R 增加到 q_1。在人口规模扩展到 p_0、人均经济收益增加到 q_1 后，人们就会发现，虽然有了更多的面包，但新鲜空气减少。因为生产活动和生活活动增加过多，人均生态福利降低，生态环境不堪重负，所能承载的人口量只能在 p_1 点。假定人类是理性的，通过人口转移政策或者生育政策将人口降到生态系统所能承受的水平 p_1 点。在 p_1 点，因为生产活动减少，经济收益降到 q_2 点，同时因为生活活动和生产活动的减少，生态环境的压力得以缓解，人均生态福利得以提升。人口数减至 p_1 后，人们发现，自己的生态福利虽然提高了，但经济收益却有所下降，而且生态福利效应大于经济收益效应，所增加的生态福利不足以弥补经济收益的损失，因此，决定增加一定量的人口（上一阶段减少的生产活动和生活活动为人口增加提供了空间），重新放弃一部分生态福利以换取经济收益的提高。通过不断调整，当人们不愿意再增加（减少）经济收益或者增加（减少）生态福利，即不可能任何一方面增加而另一方面不减少时，基于生态福利和经济收益的非农产业调整达到了均衡，其调整过程如图 2 - 1 所示。

图 2 - 1 中人均生态福利线可用线性函数表达为：

$E = a + bp$

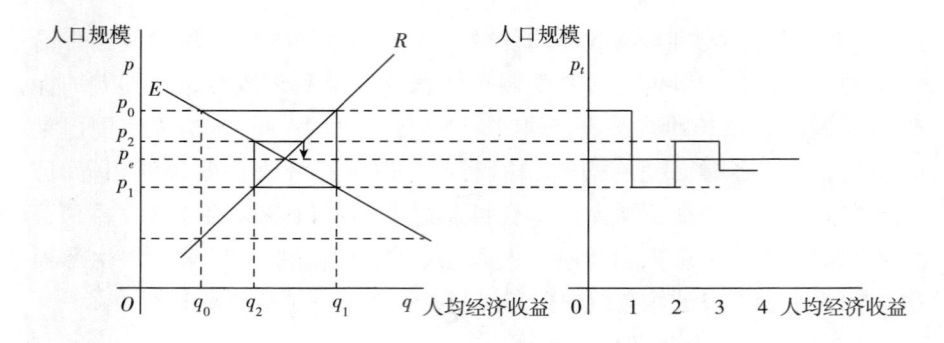

图 2-1 均衡调整

式中，E 取决于截距 a、系数 b 和人口数 p。其中，a 表示自然的原始环境福利积累，即当没有人时自然赋予的生态福利数。在有了人类后，人类开始建立自己的社会生态系统，从而在原有自然生态福利的基础上增加了社会生态福利；同时，人类通过改造自然促进人类与自然进一步和谐，从而也增加了生态福利。b 表示人类引致的生态福利数，取决于人类利用和改造环境的效率。截距 a 决定于自然界赋予，同时因为以效应函数表达，所以，也取决于人类对生态系统的重视和估值，取决于人类的环境保护意识。

图 2-1 人均经济收益线可用线性函数表达为：

$$R = a_1 + b_1 p$$

式中，R 取决于截距 a_1、系数 b_1 和人口数 p。系数 b_1 表示在一定的边界范围内，人口增加所带来的人均经济收益的增加，取决于人类技术进步、生产能力和经营水平的提高。

（三）渐进式调整和一步到位调整

农村人口非农化调整过程可用式（2.1）表达：

$$p_t^e = p_{t-1} + c(p_N - p_{t-1}) \quad (2.1)$$

式中，p_N 表示国民经济和社会发展调整的城镇非农产业人口目标，p_t^e 表示不同调整方式 c 下的近期政策设施目标。

如果调整过程为一步到位式，则 $c=0$，人口调整方程为：

$$p_t^e = p_{t-1} \quad (2.2)$$

如果调整过程为渐进式，则 c 为 0—1 之间的某个数，人口调整方程为：

$$p_t^e = p_{t-1} + c(p_N - p_{t-1}) \tag{2.3}$$

可对基于生态福利和经济收益的中国非农产业调整建立以下模型：

$$E_t = a + bp_t$$
$$R_t = a_1 + b_1 p_t^e$$
$$E_t = R_t \tag{2.4}$$

将式（2.2）代入式（2.4），可得：

$$bp_t - b_1 p_{t-1} = a_1 - a$$

其解为：$p_t = A\left[\dfrac{b_1}{b}\right] + p_e$。

其中，任意常数 $A = p_0 - p_e$，稳定性条件为：$|b_1| < |b|$。

又将式（2.3）代入式（2.4），其中，$p_N = p_e$，可得：

$$b_1(1-c)p_{t-1} - bp_t = a - a_1 - b_1 c p_e$$

其解为：$p_t = A\left[\dfrac{b_1(1-c)}{b}\right] + p_e \tag{2.5}$

稳定性条件为：$|b_1(1-c)| < |b|$。

因为 $0 < c < 1$，故 $0 < 1 - c < 1$。因此，在任何情况下均可得到：

$$\left|\dfrac{b_1(1-c)}{b}\right| < \left|\dfrac{b_1}{b}\right|。$$

这从总体上说明渐进式调整比一步到位式调整或者能够更快地达到均衡，或者能够更有可能达到均衡，同时，均衡调整过程中引起的波动性更小。

当 $|b_1| < |b|$ 时，$\left|\dfrac{b_1(1-c)}{b}\right| < \left|\dfrac{b_1}{b}\right| < 1$。

$\left|\dfrac{b_1(1-c)}{b}\right|^t$ 的绝对值比 $\left|\dfrac{b_1}{b}\right|^t$ 的绝对值更快地趋向于 0。

这表明在农村人口非农化过程中，渐进式调整比一步到位式调整能够更快地在生态福利和经济收益下达到人口均衡。

当 $|b_1| < |b|$ 时，$|b_1(1-c)| < |b|$。这表明非农化人口增幅的不正常震荡变成减幅。渐进式调整比一步到位式调整更有可能在生态福利和经济收益下达到人口均衡。

当 $|b_1| > |b|$ 时，因为 $0 < 1 - c < 1$，所以，$|b_1(1-c)| > |b|$ 仍有很大的可能性，这再一次说明渐进式调整比一步到位式调整更有可能达到生态福利和经济收益下的人口均衡。

三 影响非农产业转移的生态福利资源基础及非农化政策

（一）影响非农产业转移的生态福利资源基础

在资源基础理论（Wernerfelt，1985；Barney，1986，1991，2001）中，资源及其利用方式影响核心竞争力的形成，在人口非农化的中国城镇非农产业调整中，生态资源及其利用方式是竞争力形成的重要资源基础。本节将生态资源基础分为四类，其中属于"资源"的有纯自然资源和人文基础设施资源，属于"利用方式"的有产业资源和社会制度资源。

（1）纯自然资源：主要包括土地、水、空气等。纯自然资源主要对生态福利总量产生影响，在式（2.4）中主要决定截距 a 的值。显然，a 与人均生态福利 E 成正比例关系，在图 2-1 中，生态福利曲线如果上移，将引起均衡人口数量的增加，即城镇土地面积增加，水源改善，空气质量改进能够使城镇容纳更多的人口。

（2）产业资源：从资源利用角度看，产业可以定义为资源及其利用的经济组织模式（Barney，2001）。产业可分为更多利用自然物质资源的产业和更多利用文化资源的产业。资源耗竭型产业具有自然资源密集型特征，产业发展过程中需要消耗大量的环境资源，如化工产业。资源耗竭型产业自然资源利用效率低，同样的自然资源利用，资源耗竭型产业相比技术密集型产业产出更少，污染更多，能够解决的就业人口更少。在式（2.4）中，产业资源特征主要决定斜率 b。b 与人均生态福利 E 成正比例关系，在图 2-1 中，生态福利曲线的斜率越大，均衡人口数量就越多，即突破自然资源的限制，增加资源利用水平高的产业能够使城市容纳更多的人口。由此可见，城镇进一步发展的根本出路在于非农产业由资源密集型产业向技术密集型产业和文化密集型产业转化。

（3）人文基础设施资源：包括城市道路交通、供水供电、社会保障设施、公共安全设施、文化娱乐设施、教育设施、卫生设施等。人文基础设施资源需要政府和社会的公共投入，而地方和私人投入有限，而且大多数要依靠以往城市居民的积累，因此，难以大规模扩张。而非农化的大幅度增加将影响人文基础设施资源的可支付能力。在式（2.4）中，人文基础设施资源主要决定截距 a 的值。因为 a 与人均生态福利 E 成正比例关系，在图 2-1 中，人文基础设施资源的增加将使生态福利曲线向上平移，从而增加均衡人口数量，使城镇能够吸纳更多的非农化人员。

（4）社会制度资源：从资源利用角度看，制度可以定义为人文基础设施资源及其利用模式。制度可分为公法中的国家和政府制度以及私法中的社会制度和世俗文化制度。制度影响人文基础设施资源的积累及利用（Williamson，1991，1998），更有效的制度能够使有限的人文基础设施资源发挥更高的效率。在式（2.4）中，社会制度资源影响斜率 b，因为 b 与人均生态福利 E 成正比例关系，在图 2 - 1 中，生态福利曲线的斜率越大，均衡人口量就越多，即更好的制度建设能带来更有效的中国非农产业调整。

（二）中国现阶段人口非农化政策措施的生态资源基础

中国现阶段人口非农化政策措施主要包括非农化入户式调整和临时暂住证式调整。非农化入户式调整包括购房入户、技工人才入户、高学历高职称人才入户、投资入户、拆迁入户、社会荣誉入户等。有效的非农化入户政策措施不应该是消耗现有城镇的生存空间，而是有效改善现有城镇的生存发展空间。新进人员不应是边际福利效率递减，而应是边际福利效率递增（突破上述模型的限制，由递减转为递增。事实上，通过均衡点的移动，无论是数学推导还是经验事实都可以实现边际福利递增）；不应是消耗现有就业机会，而是创造新的就业机会；不应是给环境带来负担，而是有效提高环境资源的利用效率。如果新进人员整体提升了城镇原有经济水平，同时又没有使生态福利水平下降，那么这样的非农化入户政策措施应是有效的。目前，中国的非农化入户政策主要包括以下六种类型。

（1）购房入户：购房入户能够推动城镇基础设施建设，因而能够化解非农化过程中基础设施不足的"瓶颈"问题。在式（2.4）中，购房入户推动生态福利线上移，从而扩大均衡人口数量，推动非农产业转化。

（2）技工人才入户：技工人才的引进优化了城镇的产业结构，推进了城镇的产业升级，从而使城镇能够在原有产业水平基础上提高产业资源利用效率，能够突破资源"瓶颈"，提高产业容量，相应地扩大人口容量。在式（2.4）中，技工人才入户能够使生态福利线向右上方旋转，从而扩大均衡人口数量，推动非农产业转化。

（3）高学历高职称人才入户：高学历高职称人才能够优化产业资源基础，有利于改进人文基础设施资源和社会制度资源，从而有利于中国非农产业的调整。在式（2.4）中，高学历高职称人才不仅有利于生态福利线上移，而且有利于生态福利线向右上方旋转，从而扩大了均衡人口数量，推动非农产业转化。

（4）投资入户：投入资本，建立企业，能够直接为城镇创造就业机会，提升城镇经济总量，增加税收，改善基础设施。在式（2.4）中，投资入户者能够使生态福利线上移，从而引起均衡人口数量上升，有利于非农产业转化。

（5）拆迁入户：拆迁使城镇区域面积扩大，直接增加了纯自然资源，如土地等，因而是中国非农产业均衡调整的重要措施。在式（2.4）中，拆迁入户者能够使生态福利线上移，均衡人口数量上升，推动非农产业转化。

（6）社会荣誉入户：对见义勇为者或者对社会做出重大贡献者户口准入，以彰显入户人员的社会责任感和社会价值。如深圳多次对见义勇为者提供入户指标。社会荣誉入户能够改进城镇的世俗文化制度，有利人文基础设施资源建设，因而是一种优化非农产业调整的有效模式。在式（2.4）中，社会荣誉入户者能够使生态福利线上移，从而推动均衡人口数量上升，对非农产业发展有利。

中国改革开放以来的非农化人口调整主要不是采取固定户籍调整，而是采取暂住式调整。流动农村劳动力数量从1997年的3890万人迅速扩大到2004年的1.03亿人；在这期间，大约40%的农村外出劳动力跨越了省界。他们目前占据了52.6%的餐饮业和服务业岗位、57.6%的第二产业岗位、68.2%的制造业岗位，以及79.8%的建筑业岗位（蔡昉，2007）。农村劳动力的非户籍式流动是20世纪80年代初期普遍推行的农村家庭联产承包责任制及80年代中期开始的城市国有企业改制的结果。如用工合同制的推行，以及其他经济成分的迅速发展，为农村劳动力向城市流动提供了条件。正如发展经济学经济模型所预言的那样，在低成本剩余劳动力源源不断地流入第二、第三产业过程中，较之于传统农村，现代城市部门的受益更大（刘树成等，2007）。非户籍式调整可以看作中国城镇非农产业调整的推进器和稳定器，通过农村人口在城乡之间自由流动，达到中国基于生态福利和经济收益的非农产业的均衡调整。劳动力从农村向城市转移及劳动力低成本带来了物价的低水平稳定，非农转移后城市居住人口增加没有带来拥挤后的要素价格飞涨。暂住证式调整作为一项较好的社会制度资源，对改善城市基础设施有利。上述数据说明，城市的道路和房屋基本上是非农化人员的贡献，城市的日常生活服务设施也主要由非农化人员提供。

四 启示

非农产业渐进式调整比一步到位式调整更有效。这从一个新的角度印证了现有非农产业调整和非农人口调整政策的可取之处。农民工体现了农村居民由农民向工人的转化和非农化人员由农村向城市的转化，在中国改革开放以来的非农产业调整过程中，农民工起到了至关重要的作用。他们既满足了城镇非农产业发展的人力资源需求，同时又担当了基于生态福利和经济收益的中国非农产业调整的均衡稳定器角色。当城市产业需要他们时，他们进城务工；当城市环境压力大增时，他们又回家务农，从而既保证了中国经济几十年来的高速增长，同时又保持了物价水平稳定，社会安定。应该说暂住证式的非农人口身份转化制度在一定的历史时期是有其重要作用的。

通过改善资源基础能够推进中国城镇非农人口转化和非农产业建设。增加纯自然资源能够增加均衡人口数量，比如进一步扩大绿化面积，或者绿化从平面向立体扩展，能够改善城市空气质量。另外，增加人文基础设施资源能够增加均衡人口数量。还有，发展技术密集型产业和文化密集型产业能够突破自然资源"瓶颈"，增加更多的非农产业人口。在实践中，服务业对就业人口的吸纳能力强，而技术密集型产业能够使人均消耗的资源少，产值高，从而能够减少城市资源压力。我国"十一五"规划明确提出，要"营造有利于服务业发展的环境"，进一步厘清不利于服务业发展的各项规定，规范政府对服务业的管理，加强服务业的政策导向。目前，我国沿海地区和中心城市的城区都已经达到一定规模，再发展资源密集型产业和劳动密集型产业必将影响城市的进一步发展，应充分发挥已经具备相当经济集聚能力和辐射能力强的优势，提升城市综合服务功能，率先加快服务业发展。同时，许多城市已经具备相当的制造业基础，应加快推进产业升级，通过引入先进技术以有限的资源和空间创造更多的产值。

此外，加强制度建设，提高人文基础设施资源的利用效率，同样能够提高或者加快非农产业人口转化。制约城市人口发展的一个重要因素是交通拥挤，能耗高。世界上许多特大城市如中国香港，通过采取有效措施，缓解交通流、人流、物流，从而更大范围地挖掘了人类在城市的生存空间。调整运输结构，优化交通运输方式，加快建设公交化、大容量、立体式的综合运输体系，严格运输管理，加强运输筹划，能够更有效地利用城市空间，有利于非农产业和非农人口的转化。

非农化是产业转化和人口转化的统一。实践中，人口转化适应了产业转化的要求。如深圳每年都颁布新人才引进目录，并特别规定了技工人才和产业急需人才的引进。这体现了非农化中产业转化和人口转化的统一。同时，产业转化也适应了人口转化的要求。在改革开放的几十年中，中国低技术产业发展迅猛，一举奠定了"世界工厂"的地位，这主要适应了低技术农村劳动力转移的需要。但是，随着中国九年义务教育的普及和高等教育的大众化，农村劳动力的城市转移体现了越来越明显的智力成分。农村非农化人员不再单纯拼体力，可以预计，在不久的将来，只有更高层次的产业，才可能满足非农人员的就业需求。

除了提高资源利用效率、减少环境污染，杜绝环境破坏也是改善城市人居环境、提高城镇资源利用效率的重要途径。比如清洁环境、新鲜空气是人类生活和生产的生态福利。随着经济高速发展，汽车数量激增，大气污染严重。由石化燃料燃烧所产生的大气污染物质主要有氮氧化物、二氧化硫及颗粒物。其中，交通运输部门占整个氮氧化物排放的40%，占二氧化硫的9%，占颗粒物的20%。交通运输部门大气污染物的90%来自汽车。据广东省第三产业分析报告，交通运输部门的能耗占第三产业的54%。因此，汽车尾气的污染巨大。另外，造成全球气候变暖的二氧化碳的排放，交通运输部门也占20%，其中大部分来自汽车尾气。目前世界上不少国家在采取措施，减少汽车尾气，如日本相当重视对汽车数量及其尾气排放量的控制。保护好环境，减少环境污染，增强环境保护意识无疑有益于中国非农人口的城市转化及非农产业调整。

社会生态系统和自然生态系统建设需要双管齐下，才能真正解决人类的生态问题和可持续发展问题。自然生态系统的维护和建设需要人类自觉行动起来，但是，如果没有好的基础设施、科学的产业导向和制度基础，自然生态系统保护的良好愿望将难以实现。在农村人口非农化过程中，进城人员首先需要满足生存需求和安全需求，这有赖于城市基础设施和制度保障。只有解决生存问题后，居民的环境保护意识才可能被激发出来。因此，社会生态系统建设是自然生态系统维护的基础。

中国暂住证式非农化人口调整虽然在特定时期发挥了重要作用，但正如本章开头所言，其"短期性""浪费式"开发不利于中国可持续发展，因此，非常需要进行非农化入户制度改革。未来中国户籍制度改革应充分考虑非农产业调整的生态资源基础。各地经济和社会发展的资源基础不同，对于不同的资源"瓶颈"，应采取不同的入户政策，以有效弥补资源的不足。本节提供了一个包括自然生态资源和人文生态资源的分析框架，对现行各种入户政策从生态资源基础角度做出具体分析，但进一步的可操作性方案还有待于后续研究做出。

第二节 实转制对外向型产业后向化不利因素的化解

实转制因为针对的是原材料和中间产品进口环节，因而与探讨原材料和中间产品当地供应的外向型产业后向化理论能够建立起联系。本节对阻碍跨国公司在东道国采购和当地企业对外向型产业难以形成供应关系的因素进行探讨，提出潜在后向化的四种形式，即本地可供外资企业愿意采购的潜在后向化、本地可供外资企业不愿意采购的潜在后向化、本地不可供外资企业愿意采购的潜在后向化和本地不可供外资企业不愿意采购的潜在后向化。重点剖析实转制通过对不利因素的化解，可能将潜在后向化转为现实后向化。本节还综合评估了实转制的政策效果，并提出了相应的政策建议。

一 引言

后向联系是近年来产业经济学产业关联理论研究中的热点问题之一。后向化是指每一个非初始的经济活动所引致当地企业试图提供该项活动所需要的输入（Hirschman，1958）。后向联系有助于本土企业的产业升级并使跨国公司扎根于东道国经济。从国外来看，赫希曼（Hirschman，1958）、雷德尔（Reidel，1976）、波特（Porter，1990）都曾先后对影响外向型产业后向化因素做过重点讨论。赫希曼（1958）提出，正是因为外向型产业的规模达到一定程度，才使其原料和零部件的本地产业化供应成为可能。赫希曼（1958）识别出产业后向化的规模基础条件。雷德尔（1976）认为，发展中国家仅具备廉价劳动力或者自然资源优势，而外向型产业后向化环节一般都是资本密集型产业和技术密集型产业，所以，要解决外向型产业的本土后向化供应，必须过资本、技术和人才关。

波特（1990）从商学院角度看待后向化问题，认为外向型产业的本土后向化有利于外向型企业加快市场响应的速度，缩短交货时间，同时有利于促进技术创新，因此，外向型产业的本土后向化满足企业主产业优化的偏好，本土后向化具备区位优势。继他们三人之后，还有 Rodriguez - Clare（1996）建立了一个包括两个国家和三种产品（两种最终产品和一种中间产品）的一般均衡理论模型，分析了跨国公司和本土企业之间的联系，认为后向联系主要取决于东道国各企业之间在采购过程中对供应商的最优选择，跨国公司可以通过与东道国的最优供应商建立后向联系来促进东道国的经济增长。Markusen 和 Venables（1996）建立了一个包括两种产品（最终产品和中间产品）和三类企业（东道国生产中间产品和最终产品的企业以及仅生产最终产品的跨国公司）的局部均衡模型。在模型中，他们分析了垂直溢出效应，认为跨国公司创造了对国内生产的中间产品的需求，一方面增加了国内供应企业的利润，另一方面促使新的国内供应企业进入上游环节，从而增强了下游最终产品企业的竞争力。这两个方面都对专门生产中间产品的国内供应企业的整体生产能力具有正的效应，即后向联系效应。Blomstr 和 Okko（1996）在研究企业之间联系的情形时也指出，本土企业可以通过与跨国公司建立前向联系或后向联系或通过模仿来增强自己的生产能力。Ren Ebelderbos、Giovanni Capannelli（2004）等从跨国公司角度对影响外向型产业后向化的因素进行了研究，Thomas Rimmler（2005）从本土产业角度讨论了影响产业后向化的因素，Junning Cai（2006）从产业政策角度研究了产业后向化。

　　产业后向化主要涉及产业关联，因此，研究产业关联的投入产出法在文献中应用得也较为普遍。国外的产业后向化研究多于产业前向化研究，而产业前向化研究又多于产业横向化研究。国外的研究虽然在所依据的静态环境上可能与中国不同，但仍然有助于本节在中国沿海地区进行外向型产业后向化的研究。国内在外向型产业的本土后向化研究方面也有不少。如彭敬（2004）通过实地调研外国子公司与当地配套企业联系的具体情况，分析了两者后向联系中存在的现实问题，提出本国供应企业的可得性、成本与质量是决定有效联系的基本要素。喻春娇等（2004）对后向产业联系与外商直接投资技术外溢进行了研究。相比国外的成果，国内笼统地研究产业关联的较多，实证不多，深入不够。笔者还翻阅过一些国内产业经济学专著，发现在讨论产业关联时都没有深入下去。在目前新贸易格局和中国外贸新政出台的背景下，有针对性地研究外向型产业后向化问题有其现实必要性。

后向化理论主要研究中间产品输入问题，这一理论目前在跨国公司的本土后向化研究方面取得了积极进展（Bruce M. Owen，2003）。2007年7月23日，商务部、海关总署联合公布了新的《加工贸易限制类商品目录》，主要涉及塑料原料及制品、纺织纱线、布匹、家具、金属粗加工产品等劳动密集型产业，共有2247个十位海关商品税号，其中，394个海关商品税号是2007年之前发布的，1853个海关商品税号是新增的，占全部海关商品税号的15%。新目录于8月23日起执行，政策调整存在一个月过渡期。对"限制类"商品，实行银行保证金台账"实转"，在进口料件时，由海关收取和应征关税、进口环节税等值的保证金。实转制占压了企业的一部分流动资金，提高了流动资金的财务成本，从而大幅增加了外向型企业的资金周转压力（黄清燕，2007）。实转制在操作方面针对中间产品供应，后向化理论强调中间产品供应，因此，将后向化理论和实转制联系起来有意义，而且后向化理论可以作为实转制政策设计和操作的重要理论依据。本地供应或者采购的方式可以是：①外资企业在中国沿海地区建立自己的中间产品供应基地，即从海外搬来或者重新建立配套企业；②外资企业邀请海外的供应企业在中国沿海地区建中间产品基地，即从海外搬来或者重新建立配套企业；③外资企业直接从中国本土供应企业采购；④外资企业扶持中国本土供应企业建立配套基地；⑤外资企业和中国本土供应企业合资或者合作建立中间产品供应基地。上述任一种情形都能带来中间产品的本地生产，而中间产品特别是零配件生产，主要是含有特殊性能和需要特殊配方的原材料及原料的生产供应，大多数是资本密集型产业或者技术密集型产业，是中国需要发展的产业类型。

实转制能够促进产业后向化，但促进的程度有多大？这是本节需要回答的问题。在回答此问题之前，需要先探讨影响后向化的因素，或者从负的方面探讨，看哪些因素阻碍外向型产业后向化的实现。然后考察实转制对破解这些不利因素有没有意义。最后对实转制破解这些不利因素不力的问题提出政策建议，以更有效地用好实转制这一政策工具，使实转制更好地为外向型产业后向化服务。

二 阻碍外向型产业后向化的因素

国内外有关文献对阻碍跨国公司投资东道国产业后向化的因素识别

如下：

（1）成本考虑。经济活动首先需要考虑成本，价格是经济活动的自动调节器。尤其是对外向型劳动密集型产业而言，决定产业竞争地位的不是产业技术优势，因为技术优势在这一行业进展缓慢，或者多年没有进展，或者新技术的代价高昂，决定其产业竞争地位的主要是成本（Beata K. Smarzynska，2002）。

（2）保密需要。为防止技术和其他方面的泄密，许多跨国公司不愿意发展与本土供应企业的合作关系（S. Lall，1995；Chie I. Guchi，2003；P. N. O'Farrell and B. O'Loughlin，1981；Nola Reinhardt，2000）。

（3）当地已有供应能力，包括技术能力、品质控制能力、交货时间、生产规模等。在品质控制方面，如日本企业常常对产品的要求非常严格，例如一个合格的纸箱要经过飞机起落、轮船防潮等全面检测，用大约两个月的时间来检验纸箱的可靠性。在交货时间方面，跨国公司技术更新换代的速度太快，本地供应企业无法跟上其步伐，如2002年摩托罗拉推出22款新机型，2003年上半年又推出16款新机型。摩托罗拉每个机型的销售周期平均为1.5年，7—8个月达到市场高峰期，如此迅速的机型更迭使本地供应企业无法满足其需要。当地更次级中间产品配套不全。当地供应企业生产规模小且工艺设备简陋，无法采购到重要的零部件（Nola Reinhardt，2000；Bruce M. Owen，2003；Rene Belderbos，2001；Larry Willmore，1995；彭敬，2004）。

（4）跨国公司和本土企业的文化相容性。因文化偏见和不适应性，阻碍了不同文化背景人员的沟通和交流，反映在产业后向化中，即使东道国具备和国外产品一样的供应能力和成本，跨国公司也不一定愿意在本地采购。国外供应企业与委托企业之间在语言、文化、民族等方面的认同感，使具有同等或者更优条件的国内供应企业无法替代或者补充国外供应企业的地位（Larry Willmore，1995；Roverta Rarellotti，1995；Xinshen Diao，2006）。

（5）有无沟通平台。由于缺乏当地产业信息，而不能与可能的供应企业建立联系，或者即使知道有关信息也没有沟通交流机会。当地政府及相关外资促进机构应当经常为当地供应企业与跨国公司举办各种配套信息交流会和见面会，建立、更新有关双方信息的专门网站，经常发放宣传册、组织到厂参观等，以增进双方的了解（Mohamad S. Iman and

Akiya Nagata, 2005; David J. Telfer and Geoffrey Wall, 1996)。

(6) 有无足够的交流接触时间。时间与产业后向化合作的深度和范围成正比，实证研究表明，先进入东道国的跨国公司比后进入东道国的跨国公司更多地实行产业后向化。跨国公司与中国零部件供应企业建立稳定的后向联系有一个认识过程，尤其是对那些刚刚进入中国的外资企业（彭敬，2004）。跨国公司获得当地知识、当地供应企业的资质和信誉等需要一定时间，所以，不能期望在短期内取代外资供应企业。内外资供应企业之间的竞争，既需要凭借各自的实力，也需要一定的时间（Gordon H. Hanson, 1998; Murall Patibandla and Bent Petersen, 2002）。

(7) 有无合作经验。先前跨国公司在母国就与东道国供应企业建立过合作关系，这有助于其进入产业后向化，如印度尼西亚。只有经过长期合作，关系稳定下来，当地供应企业才有可能替代原有的海外供应企业。Castellam 和 Zanfe（2002）根据市场进入理论，考察了电子行业的跨国公司与上下游产业中的本土企业进行合作的可能性，研究表明，随着跨国公司在国外市场上获得更多的经验，将会与本土企业建立越来越多的联系。

(8) 供货商转换成本。这在日本企业中发生得相当普遍，日本企业往往与其供货企业结成长期同盟，通过学习效应，不断互相促进，双方都会为合作投入成本（Lall S., 1995; Chie I. Guchi, 2003; Mohamad S. Iman and Akiya Nagata, 2005）。

(9) 留学生或者回国人员。许多留学生在跨国公司的母公司工作过，熟悉外资企业的运行模式和技术标准，回国后通过自己创业或者在国内公司任职，发展与跨国公司的业务联系。如印度软件业的发展得益于大量留学归国人员（Murall Patibandla and Bent Petersen, 2002; Bruce M. Owen, 2003; Rene Belderbos, 2001; Larry Willmore, 1995）。

(10) 跨国公司母公司因素。中国沿海地区现有外资劳动密集型产业基本上由跨国公司主导或者控制。跨国公司如大型商贸公司或者品牌企业，不仅垄断了劳动密集型产品的营销权，主导了劳动密集型产品的研发和设计环节，还控制了劳动密集型产品的中间产品供应环节。国外贸易公司向中国的代工厂下单时，不仅考察最终产品代工厂，还要考察主要中间产品生产厂，从而在确定最终产品代工厂的同时确定中间产品的代工厂（Larry Willmore, 1995; Lall S., 1995）。

（11）东道国子公司有无采购权。外资企业大多数是跨国公司在华的分支机构，有无决策权决定其能否当地采购（Gordon H. Hanson，1998）。

（12）创业能力。从跨国公司中出来的技术骨干或者生产骨干有可能自己创业，成立生产中间产品生产企业，利用熟悉的业务网络和技术网络与外资企业建立配套关系（David J. Telfer，Geoffrey Wall，1996；Gordon H. Hanson，1998；Murall Patibandla and Bent Petersen，2002）。

本节又将阻碍产业后向化的因素分为文化主观因素和能力客观因素，从而根据跨国公司的采购意愿和东道国本地可供应能力将以上因素作以下归类，具体情况如图2-2所示。

	外资企业不愿意采购	外资企业愿意采购	
	战略需要、技术及其他保密需要，供货转换成本，文化相容	当地成本高，沟通平台，时间，合作经验，分支机构无权限	本地可供
	其他因素	本地供应能力不足，创业能力缺乏，留学回国人员创业少	本地不可供

图2-2　阻碍劳动密集型产业后向化的因素

根据以上四方格中的阻碍因素归类，本节又将潜在后向化分为本地可供外资企业愿意采购的潜在后向化、本地可供外资企业不愿意采购的潜在后向化、本地不可供外资企业愿意采购的潜在后向化和本地不可供外资企业不愿意采购的潜在后向化四种形式。这里，潜在是指因阻碍因素而没有达到但可能达到的值，即最大可能值和已达值之间的差值，既可指现在，也可指未来，还可以同时指现在和将来。潜在指现在时，强调现在没有达到的可能性；潜在指将来时，强调将来不能达到的可能性；潜在同时指现在和将来时，表示现在没有达到，而将来也不能达到的可能性。

三　实转制对阻碍因素的破解

（一）本地可供外资企业不愿意采购的潜在后向化：实转制促进外资企业在当地购买的意愿

从技术保密角度来看，实转制对劳动密集型产业的调整效果显著高于对资本密集型产业和技术密集型产业的调整效果。对一些外资资本密集型产业或者技术密集型产业而言，因为保密的需要，保持自己的技术标准需要，保持自己的技术路径和研究能力的需要，或者垄断的需要，即使成本低，跨国公司也不一定从本地采购。劳动密集型外资企业主要为简单加工和装配业，技术基本上是公开的秘密，不会从保密角度拒绝本地供应。因此，从技术保密的阻碍性上可以看出，实转制对劳动密集型产业的影响效果要显著高于资本密集型产业和技术密集型产业。对资本密集型企业和技术密集型企业而言，使用实转制一类的政策对其本土后向化作用有限。当然，也不能因此否定实转制对技术保密阻碍效果的破解意义。事实上，许多跨国公司为绕过高关税壁垒，将技术密集型部门以独资的形式转移到东道国，因此，实转制可能促使跨国公司采取本节开头提到的（1）（2）种后向化方式在本土后向化，这同样符合中国的引资政策，有利于当地经济发展。

从战略需要角度来看，实转制能够影响外资的布局，使之有可能将海外的中间产品生产基地转移到中国，或者在中国再建供应基地，甚至有可能直接从本地采购，或者以组建合资企业的方式在本土实现其后向化，即本节开头所说的后向化方式中的任何一种布局都可能形成。这当然有赖于中国要素优势的吸引力，如果要素优势带来的收益远远大于其战略调整的成本，或者长期收益大于短期成本，这种调整更可能实现。这个规律也适用于因供货转换成本带来的外资企业后向化的不利情况，不过，这种情形更可能的调整结果是现有外资企业动员其供应企业迁往中国，复制以往在母国或者其他地区的合作，在本地建立起供应。

从文化相容角度来看，实转制也有利于强化外资企业本地接触的意愿，使外资企业更好地融入当地社会。长期以来，不少外资企业被形容为身处东道国的"孤岛"，打破"孤岛"，让外资企业在东道国的本地接触中获益是实转制有可能取得的效果。

（二）本地可供外资企业愿意采购的潜在后向化：实转制促进外资企业和当地企业之间的交流

从时间来看，实转制可能加速外资企业的本土化适应过程，在因实转制而发生的高额成本下，外资企业可能被迫加速与本土产业的融合。对于作为分支机构无权限的外资企业，实转制可能使母公司下放当地采购权。假如外资企业具有劳动密集型产业特征，外资企业与本土中间产品生产企业的合作形式可能多种（见图2-3）。

A 外资企业母公司技术强且本土企业技术强。强强型合作，双方有可能建立起合资企业，本土企业既能提高技术水平，又能获得稳定的市场；外资企业获得中间产品的就近供应，并能获得因相互邻近而带来的学习效应和竞争优势，同时分享本土产业链的外部正效应。外资企业还可能购买技术强的本土企业的中间产品，以建立自己全资的中间产品供应基地。

外资企业母公司技术强	外资企业母公司技术弱	
A	B	本土企业技术强（可供）
C	D	本土企业技术弱（不可供）

图 2-3　外资劳动密集型企业与本土中间产品生产企业的合作形式

B 外资企业母公司技术弱但本土企业技术强。弱强型合作，双方可能建立合资企业，外资企业提供市场，本土企业供应技术，外资企业能够绕过实转制的不利影响，分享本土产业链的外部正效应和竞争优势，本土企业因规模效应而带来技术的快速进步。

（三）本地不可供外资企业愿意采购的潜在后向化：实转制促进本土企业不断技术进步，或者外资企业支持本土企业

外资企业对本土企业的支持建立在对自身有利的基础之上，并非出自其本意，而是由于降低采购成本和减少不确定性的需要。实转制促进外资企业对与本土企业之间的合作关系投入更多的成本。产业后向化本来能够促进外资企业竞争力的形成，在实转制的强化下，外资企业可能更多地对本土地企业提供扶助和支持，优先当地供货。

C 外资企业母公司技术强但本土企业技术弱。强弱型合作，双方可能建立起合资企业，或者单纯由外资企业母公司提供技术指导，或者外资企业母公司提供技术专利，本土企业以许可证形式生产。这种情形使本土企业获得技术支持，同时获得市场，而外资企业获得中间产品的本土供应，消除实转制成本，分享本土产业链的正外部性。另一种情形使本土企业有动力加快自身技术的发展，同时也有市场能力为自己的技术发展提供支持，从而通过提高自身技术与外资企业由强弱型合作转变为强强型合作。

D 外资企业母公司技术弱且本土企业技术弱。双方的合作需要借助第三方的支持，如科研院所和高等学校，或者通过购买技术专利成立合

资企业。本土企业和外资企业均获得技术，外资企业获得中间产品当地供应，免除实转制带来的成本，本土企业得以发展壮大。

四 实转制政策效应综合评估及建议

应该说本节讨论的对阻碍因素的破解只是实转制给中国沿海外向型产业后向化的间接影响，且集中在对外资企业本土产业后向化意愿加强方面，对于本土企业供应能力的加强没有直接影响。实转制对中国沿海地区外向型产业后向化的直接影响应该是增加原材料和中间产品进口成本后促使外向型产业本地采购数量增加和水平提升。数量增加是指单纯从数量方面增加当地供应；水平提升是指从技术水平方面提升当地供应。但这种直接数量增加和水平提升效应是有限的，目前发展中国家中间产品供应市场大量存在"价同质低、价高质低"现象。换言之，发展中国家包括中国在内的本土企业技术能力、供应能力不足是制约发达国家外资企业本土采购的"瓶颈"，这也是实转制难以在短期内对外向型产业后向化发挥显著作用的原因所在。另外，实转制效果有限还因为一些产业所用原料在产值中占有相当大的比例，而我国并不具备这些原料的资源要素禀赋，这是技术等人为因素以外的原因造成的。所以，在这类产业中，实转制对其后向化意义不大。比如制鞋的运动鞋底行业，取材主要是橡胶、EV、TPR，这类原料的生产在我国均不占优势，这是由自然因素形成的。对实转制后向化效应的评估可能要依据不同的产业而定，这也给出一个启示：实转制政策的制定和实施可能需要考虑不同产业的特点，将政策依产业进行细化可能效果更好。

同时实转制可能带来的负面效果也不容忽视。21世纪头十年，中国外向型产业主要以劳动密集型产业为主和少量中低技术型产业为辅。沿海地区的"民工荒"建立在已有劳动密集型外资企业基础之上。换言之，现有沿海地区劳动密集型外资企业是一个巨大的劳动力蓄水池，虽然往池中加入增量已经不大可行，但是，毁掉这个蓄水池仍旧可能给社会溢出大量劳动力增量。2008年，我国的加工贸易直接从业人员有3000万—4000万人，约占我国第二产业就业人数的20%。这是一个不小的群体。同时，我国绝大部分加工贸易企业分布在东部沿海地区，尤其是以广东、福建、江苏三省为主，这些企业吸纳了大量的农民工。现在，加工贸易新政的实施，不可避免地会影响这一劳动力市场和就业群体。外资企业对中国经济的促进效益众所周知，一项政策出台应尽可能减少负面效应，减小震荡。因此,类似实转制的外向型产业调整政策应如同中国对利率调整,不可能一步到位。同样,在 21 世纪头十年,沿海地区各地政府出于产业升级的需要必须关掉一些劳动密集型企业,但又担心产业"空洞化"及高新技术产业难以一步到位而带来的地方经济衰退。因此,深圳及许多沿海城市提出了总部经济发展战略及谨慎地去加工工业化。这体现了地方政府对实转制等贸易新政的一些担心。为避免激烈震荡,类似实转制这样的政策调整应采取微调。总之,既要加快跨国公司本土采购的步伐,又要使跨国公司本土采购能有收益,同时零部件和中间产品的本土供应又要有足够的时间建立和调整。

在中国劳动密集型加工产品出口势头因为贸易平衡需要而有所收缩的情况下,通过提高本土采购能够使中国外贸出口净值不至于降低,因此,实转制通过外向型产业后向化对中国外贸调整的意义不可忽视。我们已经可以看到,随着中国市场的成熟,跨国公司子公司将越来越多的业务安排在中国,国内配套企业的管理与技术水平正在逐步提高,并且可以预计,跨国公司及其子公司将更深入地融入中国的经济发展之中,其后向化深度和广度将更加提高。后向化在发展,但问题是如何抓紧时间发展、如何实现跨越式发展,在这方面,实转制无疑是一个较好的尝试。尽管调整的短期效果有限,还可能存在负面效果,但因为实转制对外向型产业后向化的长期间接效应潜力巨大,而且实转制还有其他一些效果,如促进产业转移,加快中西部发展;促进产业升级,让现有的外资企业从事更高技术含量的产业,带动本土产业化水平;防止恶意偷逃拖欠等方面,因此,可能达到的整体预期效果应使实转制具备理论上的实施依据。

第三节 生产服务业推动中国中小制造企业"走出去"研究

中国的外需增长乏力,以及中小制造企业难以走出国门开展对外直接投资,与中国本土的国际生产服务业发展严重不足有着紧密联系。生产服务业能够扩大中国中小制造企业对外直接投资的地理区域,提高中国中小制造企业对外直接投资的产品层次,壮大中国中小制造企业对外直接投资的经营规模,提升中国中小制造企业对外直接投资的技术水平,改善中国中小制造企业对外直接投资的社会环境。一个时期以来，广东中小企业对东盟的直接投资在加速，这与广东各级政府和社会各界普遍关注的相关国际型生产服务业发展有很大的关系。中国—东盟自由贸易区的框架协议本身就是国际生产服务业的成功范例。

生产服务业通过帮助中国制造业"走出去"，能够更广泛深入地推动中国外需市场的发展。在内需不振、外需增长乏力的背景下，有必要研究生产服务业如何推动中国制造企业，特别是中小制造企业的海外直接投资。据《2005年世界投资报告》，早在2004年，中国对外直接投资就达到55亿美元，同比增长93%。我国对外投资的发展速度引起了国际上的广泛关注，被列为主要的对外直接投资来源国。但中国的对外投资与对外引资相比，"短板"效应相当明显。中国制造业"走出去"的"短腿"不在生产环节，而在服务环节。同样一件产品，打不打国外的品牌标签，有没有国外的相关服务，其价值完全不同。西方工业发达国家对产品市场的垄断也主要在服务环节，因此，中国制造业要突破国际大鳄的重重包围，关键在于生产服务业的发展。中国本土生产服务业对于中国制造企业"走出去"发挥着先导作用，在市场调查、投资咨询、广告推广、品牌塑造、人才服务方面，既有国际背景，又有中国经验的本土生产服务业是中国企业，特别是制造企业国际化的重要配套支撑力量。在加工组装型制造业中，服务中间投入占制造企业中间投入成本的70%以上，产品价格中直接制造成本仅占1/3左右，价值链的增值过程大部分发生在服务环节。中国需要通过发展强大的生产服务业去争取这块大蛋糕。同时也可以看出，中国最多实现了制造业国际化的1/3，其他部分，特别是服务部分并没有国际化。生产服务业对中国制造业"走出去"将起着举足轻重的作用。

一 世界和中国生产服务业发展概况

改革开放以来，我国生产服务业取得了一些进步（见表2-1）。1981—2000年，生产服务业占服务业的比重增加了11.1个百分点。生产服务业对经济发展产生了一定的积极作用。通过对1998年和2002年我国各省份生产服务业的发展数据进行分析，发现各地生产服务业与其经济增长之间存在显著的因果联系。我国生产服务业的进步是随着服务业价值的重新认识及服务业地位的提升而产生的，也与"大而全、小而全"的制造企业解体、生产服务的市场化程度提高有着紧密关系。

表2-1　　　　　我国生产服务业的增长及份额变化

年份	1981	1983	1987	1990	1992	1995	1997	2000
总量（亿元）	1408.9	1712.9	3880.2	3578.9	9545.4	17547.0	25116.0	31310.6
增长率（%）	—	10.3	22.7	-2.7	63.3	22.5	12.2	12.3
占总产出比重（%）	8.2	8.2	10.9	8.5	13.9	11.2	11.1	12.2
占服务业总产出比重(%)	42.8	40.7	47.5	47.2	56.3	56.8	52.1	53.9

资料来源：根据陈宪、程大中（2005）相关资料整理。

生产服务业对于满足经济需求，无论是满足内需还是外需，均有重要意义。随着服务经济时代的到来，服务业在整个国民经济的比重，尤其是生产服务业在服务业中的比重，越来越成为衡量一个国家经济发展水平的重要指标。从表2-2可知，当今西方工业发达国家各个产业中生产服务投入的比重高。而我国服务业的比重严重偏低，尤其是生产服务业的发展严重滞后，目前已经形成了制约中国经济和中国制造业发展的"短腿效应"。从表2-1中还可看出，在1981—2000年间，随着中国经济的高速发展，我国生产服务业的相对进步速度却并不显著。阻碍我国生产服务业发展的因素还很多，对市场开放而言，无论是对内资开放还是外资开放，目前虽然已经取得很大进步，但改革还有待于深入，服务业市场结构扭曲严重。

表2-2　　国际生产服务投入结构与三次产业生产服务投入率的比较　　单位:%

国别		法国	德国	日本	英国	美国	中国
年份		1995	1995	1995—1997	1998	1997	2000
生产服务投入结构（各产业占用生产服务的比重）	第一产业	1.9	1.8	1.4	1.4	3.1	7.3
	第二产业	34.4	30.9	43.1	21.5	28.7	54.7
	服务业	63.6	67.3	55.5	77.1	68.2	37.9
三次产业的生产服务投入率	第一产业	11.0	22.8	14.6	15.2	19.8	6.5
	第二产业	18.4	18.9	18.2	19.5	16.6	10.4
	服务业	24.1	30.2	20.5	35.2	23.1	20.4

资料来源：根据徐学军（2008）相关资料整理。

中国需要大力发展面向中小制造企业的国际生产服务业。比如，来自资本市场的支持是中小制造企业国际化发展的一个重要方面。在中国当前的经济结构中，大型国有企业和上市公司的发展被摆在一个相当重要的位置。在推动中国制造业"走出去"的政策措施中，也主要向大企业倾斜。大企业往往借海外投资能够得到大量国家补贴和政策性贷款，而大量中小企业虽然也有相应的融资政策出台，但基本上需要依靠自有资金进行海外投资。中国亟须通过改善金融服务，加快建设中小制造企业"走出去"融资平台。

二 生产服务业推动中国中小制造企业"走出去"的机理

中小制造企业由于其先天的功能不足，一直都是世界各国经济政策扶持的重点对象。经验表明，对中小制造企业的支持包括多个方面：一是直接支持，如给予财政补贴和优惠政策、便利措施；二是发展针对中小制造企业的生产服务业，通过第三方机构服务促其成长，而且后者的意义要远远大于前者。生产服务业能够从多方面促进中小制造企业的对外投资。

（一）生产服务业能够扩大中国中小制造企业对外投资的地理区域

目前，中国中小制造企业对外投资主要局限于一些亚非拉发展中国家的某些地区，投资的产业在也相当狭窄，需要进一步扩大投资的地理区域和领域，在此过程中，生产服务业能够发挥积极作用。比如发展针对中国企业的国际投资公司是帮助中国企业，特别是中小制造企业"走出去"的一个重要方面。许多中国中小制造企业有自己独特的产品，这些产品的特色建立在民族文化、独有技术和特有资源基础之上。根据美国哈佛大学研究跨国公司著名教授刘易斯·威尔斯在1983年出版的《第三世界跨国企业》一书中提出的小规模技术理论，在民族产品、与小规模技术相联系的非名牌产品以及发展中国家市场上，与工业发达国家的企业相比，发展中国家的企业是可能具有竞争优势的。但目前在中国中小制造企业"走出去"时，一是缺乏投资辅导，二是缺乏资金支持。而资本支持和延伸服务正是投资公司的强项。我国在本土投资发展过程中已经出现了一大批有一定服务水平的生产服务企业，它们中既有外资背景，更有内资背景。目前需要把它们的经营导向由内调外，更多地推动中国中小制造企业"走出去"。

（二）生产服务业能够提高中国中小制造企业对外投资的产品层次

随着越南、印度等其他第三世界国家的兴起，中国在低端产品对外投资方面面临挑战，因而近年来，海外的中国中小制造企业的产品层次提升速度在加快。其外向型产品层次的提高与中国外向型生产服务业的发展紧密相关。随着中国制造业的外移，中国生产服务企业也跟着外移。这颇类似于当年外资制造企业进入中国时，同时也带来了外资服务企业。至今在高端制造业领域，因为中国生产服务业能力有限，还有大量外资制造企业自带生产服务企业，往往在一些外向型制造企业周围，聚集了大批外资生产服务企业。以珠三角为例，目前在外向型产业区附近的中心城市，如广州和深圳，高级商务楼中布满了大量外向型生产服务企业。即使对于劳动密集型产品，也同样存在一个产品档次不断提高的问题。在许多年以前，许多消费者反映在中国内地买一双皮鞋（内资内贸企业生产），与在中国沿海地区买一双价位相同的鞋（外资外贸企业生产），其质量和档次差别很大。导致我国广大内地内资内贸企业产品层次上不去的原因是缺乏生产服务业的支持。以鞋业为例，相关的鞋样设计、打板、模具制造、市场调研、消费者调查在沿海地区外向型产业区已经具备成熟的服务业集群，而中国内地内贸型鞋类生产企业却很难获得这种支持。

（三）生产服务业能够扩大中国中小制造企业对外投资的经营规模

目前企业经营规模的扩大不再是通过"大而全、小而全"的方式，发展范围优势，而是通过专业化发展，发展分工优势。随着全球化和分工的发展，整个生产过程日益碎片化。一方面，专注于专业化生产是一国产业做强的基础；另一方面，产业链的整合能力又是一国产业做大的前提。无论是在某一生产环节做强，还是在某一产业做大，都需要生产服务业。生产服务业提高生产环节的技术水平，同时它又被许多经济学家看作一种黏结剂，具有将不同生产环节联合起来形成整体实力的功效。通过生产服务业，中国海外中小企业不仅提高了分工经济的规模，更提高了合作经济的规模。前者来自自身经营规模的扩大，后者来自联盟网络，或者产业规模的扩大。此外，又如国别市场有其文化和政策性特点，消费偏好有国别差异性。中国的国际制造只有适应东道国的政策环境，满足东道国消费者的偏好，才能在当地获得发展。还有，售前规划、售中经营和售后服务一般也是东道国的"软肋"。比如，西方制造企业最初进入中国市场时，由于在中国本土没有这些服务支持，跨国服务成本昂贵，国外工业品无论是工业中间产品还是最终消费品，一度很难在中国推广开。只有中国国际生产服务业获得发展，无论是工业中间产品还是消费类产品的国际制造，才能很好地适应东道国市场的需要。

（四）生产服务业能够提升中国中小制造企业对外投资的技术水平

目前，中国本土生产服务业无论是在本土的中小制造企业中，还是在海外的中国中小制造企业中所扮演的角色都越来越重要。在关键制造技术获取、人力资源培训、售后服务和应用开发方面，中国企业已经向西方学习了几十年，目前在各个领域的中低层次生产服务方面中国企业已经开始担纲，与此相应的是，中国企业所需要的外籍服务人员在这个层次的比例，包括中层管理干部，都在下降。生产服务业对制造业的更全面覆盖，更广泛地推动了中国海外中小制造企业在东道国市场中低层次的各个领域发展，从而为世界提供的产品品类和服务越来越多。过去，中国海外投资中只有农产品和鞋子之类的轻工业产品有国际竞争力，目前家用电器、汽车和电子通信设备逐步具备竞争力。过去，中国海外中小制造企业是在利用本国和东道国廉价的劳动力提升其国际竞争力，目前，它们在加紧利用本国和东道国廉价的智力资源优势及生产服务。

（五）生产服务业能够改善中国中小制造企业对外投资的社会环境

生产服务业不仅包括对生产过程、机器和产品的服务，还包括对生产过程中人的服务。工业发达国家企业很早就引入了对人的服务工作，被称为企业社会工作。19世纪末，美国企业界发生了一场旨在减少工业社会生活问题的福利运动。企业开发了各种计划和服务来帮助工作领域的员工解决个人与家庭问题，而由此产生的新岗位——社会福利秘书便成了工业社会工作的先驱。19世纪末20世纪初，美国企业为应对劳资关系危机，发展私人福利资本主义，即由工商企业，而不是政府或者工会，自愿为工人提供不属于工资的福利。社会工作方案在20世纪20年代被美国大多数企业采用，从而开始了一场有影响的福利资本主义运动。从20世纪40年代起，企业社会工作专业服务在美国开始发展。早期的企业社会工作重点是处理员工酗酒问题，在经历了工业咨询服务、员工咨询服务、整合性服务、员工关系顾问、咨询沟通中心、职业辅导方案等阶段后，发展出人们所熟悉的"员工协助方案"。目前，美国的世界500强企业中大多数成立了社会工作服务或者类似的部门。随着中国中小制造企业海外投资的发展，发展中东道国国家的工业化速度必将加快。依据世界各国的工业化经验，工业化不可避免地将给所在国带来社会结构的巨大影响。在给东道国国民经济带来巨大收益并使之经济保持高增长的同时，也会带来严重的社会问题。为此，中国海外中小制造企业需要注意履行社会责任，遵守社会公德，处理好员工的生活和社会问题，与社区结成友好关系。而这同样需要生产服务业的支撑。

三 生产服务业推动广东中小制造企业走向东盟的经验

生产服务业包括所有与生产相关的服务业，如与生产相关的公共服务、商业服务、社会服务、生活服务等。2010年1—8月，广东的主要贸易伙伴依次为中国香港、美国、欧盟、东盟、日本和中国台湾。东盟作为广东的第四大贸易伙伴，进出口金额为510.1亿美元，同比增长36.2%。其中，出口202.9亿美元，同比增长27.7%；进口307.1亿美元，同比增长42.6%。广东省和东盟的经济合作与联系日益加强。以越南为例，广东省是中国对越南直接投资额最大的省份。近年来，中国对越南投资稳定发展。据越南计划投资部外国投资局统计，2009年，中国对越南直接投资额为2.1亿美元，同比虽有下降，但因为处在国际金融危机的背景之下，在当年对越南投资的43个国家和地区中，中国大陆排在第11位，较2008年上升4位。2009年，中国新增对越南投资项目48个，合同额1.8亿美元，5个原有项目增资2880万美元。至2010年年底，中国在越南投资项目达到720多个，总投资额达到30多亿美元。越南的许多加工贸易企业都是从珠三角直接迁移过去的，其中以电子、纺织、造纸、制鞋和家具行业居多，而且近年来这种定向的"广东—越南转移"趋势还在加速。广东省中小制造企业近年来大举走向越南等东盟国家与我国相关生产服务业的发展分不开。

1. 基础设施服务拉近了中国与东盟的距离

为鼓励更多中国企业去越南投资，中国和东盟均加强了基础设施建设。中国的高速铁路技术是世界上最先进的，行车时速在2010年已经达到416千米。如果用高速铁路网把中国和越南连接起来，不仅会促进中越贸易和旅游，更会发挥越南作为东盟面向中国的桥头堡作用，对于广东中小制造企业走向越南，再走向东盟也会起到巨大的促进作用。在广州—南宁、南宁—凭祥的高速铁路修建后，如果更延伸至河内，广州—河内全程800—900千米，3个小时即可到达。

2. 基于边境经济区的公共服务为广东中小制造企业"走出去"提供孵化基地

边境地区是中国与东盟友好相邻的纽带，也是经济相连的桥梁。目前双方正在推进边境合作区的建设，其中"中越两廊一圈"合作取得了重大进展。中国在边境的东兴、凭祥、河口已经划出一定的面积建设跨经济合作区。与中国相对应，越南在芒街、谅山、老街也划出一定的面积建设跨境经济合作区。只要两国把东兴—芒街、凭祥—谅山、河口—老街连起来，成为两国一城，或者两国一区，促进人员、货物、车辆、货币自由往来，必将大大促进广东乃至中国中小制造企业走向东盟。

3. 中央与地方的公共服务促进了广东企业向东盟的直接投资

国务院通过的《珠江三角洲地区改革发展规划纲要（2008—2020年）》明确要求广东珠三角要在"中国—东盟自由贸易区"框架协议下，加强与东盟等国际经济区域的合作。为此，2010年5月，广东省委、省政府发布了《关于深化与东盟合作的指导意见》，决定在东盟建立广东自主品牌生产基地；建立广东商品营销中心并提供跨境物流服务；参股开发东盟矿产资源；打造中国和新加坡知识城；建立中国与东盟合作的创新中心。而珠三角各城市正在利用中国—东盟自由贸易区框架协议重新布局亚洲乃至全球的产业链。基层政府和行业协会正在完善支持企业"走出去"的总体协调机制，在资金筹措、外汇审核、人员进出、货物通关、检验检疫、项目管理等方面建立便捷高效的境内支撑体系，在领事保护、风险防范、信息沟通、政府协调等方面建立境外服务体系。

4. 通过发展商务服务推动中国中小制造企业"走出去"

深圳实施"走出去"战略的力度很大。一方面，积极培育本土国际企业，选择优势企业重点扶持，通过制定个性化政策，提供个性化服务，引领企业的国际化发展；另一方面，结合当前对外直接投资特点，研究境外投资的新类型和新方式，关注服务型制造业的发展和商务服务业的发展。深圳重点发展境外研发型、国际营销网络型、境外加工贸易型、海外服务贸易型、资源获取和开发利用型国际公司。深圳还抓住"中国—东盟自由贸易区"全面建成的机遇，加强对"10+1"的宣讲，邀请专家详细讲解自由贸易区政策及相关协议内容、自贸区建设情况、发展方向及前景，鼓励包括中小制造企业在内的所有企业更好地了解和掌握自贸区政策。在2010年3月底以前已经召开了4场宣讲会。同时结合东盟市场需求，积极组织深圳优势企业加大对东盟市场的拓展力度，并计划在马来西亚举办中国商品暨投资洽谈会。而东莞则利用华侨新一代知识水平高的优势，招募东南亚等新兴市场中的华侨子弟来东莞进行培训，让他们毕业后回到原住地做东莞企业的代理或者雇员，并利用人脉关系推动东莞企业在当地的直接投资。

值得注意的是，尽管近年来中国对越南投资在逐年加快，但规模还不是很大，在对越南投资的国家和地区中排在第10名之后。另据统计，2009年，在加工制造业领域，对越南直接投资增长较快的国家和地区是中国香港、韩国、开普曼群岛、日本和美国。其中有3个是亚洲国家和地区。作为越南最大邻国，我国对越南的直接投资潜力巨大。有必要进一步发展生产服务业，推动广东乃至中国制造业中小企业走向东盟。比如在金融服务方面，在后金融危机时代，广东中小制造企业遭遇到的融资困难在进一步加剧。在调查中，据出口企业和对外直接投资企业反映，国外进口企业订单短期化现象越来越明显。由于西方工业发达国家经济遭遇金融危机，进口企业贸易融资困难，出口企业收账期延长，欠账、呆账和死账风险上升；而国内金融机构的"慎贷""惜贷"现象普遍存在，令广东中小制造企业近年来"走出去"的步伐相对艰难。面向对外直接投资型中小制造企业的金融服务和财政支持还有待于增强。

第四节 国际产业活动路径演进分析

对产业活动路径的系统分析有利于从产业活动全过程把握产业特性，从而有利于实施有效的产业协调和管理。本节从产业基础培育和产业发展两个方面展开讨论，先对产业升级、产业转移、产业死亡、产业维持和产业替代分别作论述。在前人研究的基础上，本节提出了一个产业演进分析模型，为产业活动过程分析提供一个辅助系统框架。

一 前言

对产业活动路径的分析散见于有关产业研究的许多文献中。在整个产业分析体系中，产业活动路径的研究属于产业发展范畴。全球产业活动在一国或者地区体现为产业兴衰，即产业兴起，由小到大发展起来，然后衰退，由大到小衰落下去的过程（史忠良、何维达等，2004）。同时，大多数产业活动在一国体现为兴衰但在全球却体现为产业活动的转化，即在全球不同国家或者地区新旧主导产业呈现更迭和轮换，比如世界鞋业先由英国发端，英国衰退后转往北美洲；在20世纪中期传入日本，再由日本转入"亚洲四小龙"；20 世纪 90 年代以来，鞋业在中国大陆方兴未艾。在有关产业活动路径的研究中，国内外关注较多的专题包括产业引进、产业升级、产业转移、产业消化和吸收与产业创新。对产业衰败和死亡的研究国外在 90 年代末多了起来，进入 21 世纪后，中国在这方面的研究也有不少，较有分量的著作有史忠良、何维达（2004）等有关产业兴衰与转化规律的研究、朱欣民和戴维·肖（David Shaw，2004）有关欧盟产业衰落区域的综合治理——英国默西郡案例的研究和刘志彪、陆国庆（2003）关于衰退产业及其调整问题的研究，等等。朱欣民和戴维·肖认为，区域性产业衰落的根本原因是国民经济和世界经济主导产业的升级演变与经济活动方向的改变。刘志彪、陆国庆对衰退产业的升级和区位调整两类调整方式作了探讨。目前，对产业活动其他专题如产业承接、产业融合、产业替代、产业维持等的研究也有不少，但对产业活动路径演进的系统分析还不多见。

二 产业基础培育的路径分析

一国产业要实现由引进模仿到腾飞，需要经历基础培育阶段和创新发展阶段两个阶段（杨建文等，2004）。但不少发展中国家和地区的产业在经历了基础培育阶段后，并不能进入创新发展阶段，不同国家的产业演化路径和最终效果迥异。

发展中国家在其产业基础培育阶段大多经历两个步骤（见表 2-3）。一是产业承接和引进；二是消化和吸收。产业承接是指工业发达国家投资者把产业转移到发展中国家，东道国只是进行产业接收而已，对发展中国家而言，是一种被动的产业活动。产业引进是发展中国家根据自己的产业发展规划，有计划地、有步骤地从工业发达国家引进产业，是一种主动的产业活动。前者的投资者多为工业发达国家投资者，后者的投资者多为发展中国家自身的投资者。但不同国家或者区域在产业基础培育方面所下的功夫和所取得的效果并不相同，有的仅仅注重承接，不注重

表 2-3　　　　　　　　不同的产业培育方式

	承接和引进	承接和引进及消化和吸收
方式	仅注重承接，不注重引进	仅注重承接和引进，不注重消化和吸收
方式	仅注重引进，不注重承接	既注重承接和引进，又注重消化和吸收

引进;相反,有的仅注重引进,不注重承接。还有的仅注意承接和引进,不注重消化和吸收;有的既注重承接和引进,又注重消化和吸收。

(1) 仅注重承接,不注重引进(见表2-4)。对于在工业发达国家即将被淘汰的产业,工业发达国家投资者一般会把这部分产业转移到发展中国家,而发展中国家对这部分产业会照单全收,而不注意相关的配套措施。这样做有可能产生以下四种后果:一是在本国的空白产业领域,任由工业发达国家的产业投资发展下去,最后让外资企业占领本国市场,使本国失去在该产业的发展机会。二是在本国的幼稚产业领域,任由工业发达国家品牌吞并本国品牌,最后让工业发达国家的品牌占领相关产业领域。三是在工业发达国家产业进入本国(该产业在本国属于空白产业)后,不注意基础设施配套完善和相关的政策扶持,让外资企业在本地自生自灭,最终导致外资企业从本地退出,从而使本地在一个时期内丧失发展某种产业的机会。四是在本国的幼稚产业领域,对工业发达国家产业投资者进行种种限制,导致外资企业因在本国无利可图而撤离,使本地企业因为缺乏竞争和学习的标杆而发展缓慢,从而延缓本国该产业全球化的步伐,使发展中国家在全球的竞争地位越来越弱小。

表2-4　　　仅注重承接,不注重引进产业的几种方式及后果

承接引进方式	后果
照单全收,不加干预	外资企业占领本国市场
不注意基础设施配套完善和相关的政策扶持	外资企业在本地自生自灭,最终导致外资企业从本地退出,从而使本地在一个时期内丧失发展某种产业的机会
种种限制	导致外资企业因在本国无利可图而撤离,使本地企业缺乏竞争和学习的标杆

(2) 仅注重引进,不注重承接。这是一种仅仅依靠自有资源和能力发展民族产业的狭隘思路,"亚洲四小龙"在20世纪60年代以前的进口替代产业发展路子,以及中国改革开放以前关起门来发展经济的产业发展路子都属于此种情形。这种产业发展路子导致本地经济一直徘徊在经济全球化之外,不能进行全球范围的资源配置、全球市场的分工,缺乏应有的产业竞争环境,因而无论是产业技术、产业规模,还是产业组织都明显落后于一体化产业地区。

（3）仅注重承接和引进，不注重消化和吸收。这是许多发展中国家产业发展中普遍存在的问题。主要由两方面的原因引起：一是缺乏创新意识；二是消化和吸收能力培育不够。前者与产业发展的方式有关，仅重外延式扩张；后者与一国的基础教育能力不足、技术产权配置不当和创新体制不健全有关。低教育水平、不健全的产权和体制导致内涵式发展缺乏基础平台。

（4）既注重承接和引进，又注重消化和吸收。这是曾经的世界头号强国美国和日本产业发展的成功经验。美国和日本在工业化初期都在一定程度上接受过英国的产业和技术，但并没有在发展中依赖英国的产业和技术，而是通过自主创新能力的提高，后来居上。英国工业革命结束到19世纪初期是美国工业化初级阶段，此时美国工业以引进和模仿为主。如美国经济史学家福克纳（H. U. Faulkner）所述，大规模移民，大量购置机器、中间产品和原材料，使美国产业的形成和发展极大地依赖英国。但是，"当使用机器的制造业巩固地建立起来后，美国的发明家就热心地去采用欧洲工程师的方法，使它们适合于美国情况，做出了新的改进贡献。美国第一架有动力的织布机是波士顿商人罗威尔制造的，他曾经在1810—1812年去伦敦对纺织机做了仔细的研究。设计和制造了一架新的纺纱机和一架动力织布机，世界上第一次把纺纱和织布的过程在一个工厂里同时进行"（福克纳，1964）。日本产业界普遍遵循小岛清的雁行产业发展模式来规划产业，在产业消化和吸收能力及取得的成绩方面堪称世界一流，从而造就了其世界第二大经济强国的地位。

发展中国家或地区为产业发展需要建立扎实的资源要素基础，这些资源要素基础包括经验技能等生产能力、研发能力、资本、贸易经验、相关产业体系、人力资源开发能力、市场开发能力、产业组织和企业管理、产权因素、创新和竞争意识等。一个国家或者地区的产业只有在建立扎实的要素资源基础之后，才谈得上产业的良性发展。

三 产业发展的路径分析

发展中国家和地区因为第一阶段产业基础培育的差异，其第二阶段的产业发展结果也就大相径庭。具体而言，经历了前面的产业引进和模仿阶段后，随着各种自然要素禀赋比较优势的消失，产业发展越来越依赖于上述产业发展的内涵式基础。以劳动密集型产业为例，当一个地区的该类型产业投资增加到全部消化和吸收完当地的劳动力后，必然引起劳动力成本上升，导致劳动密集型产业在当地发展困难。此时所建立的劳动密集型产业的内涵基础将决定该地区产业的不同走向，最终导致不同地区产业的不平衡发展。产业发展的不同走向大致可分为以下两种。

（一）依托产业发展的路径

根据有没有产业创新能力和有没有产业生存环境，可将依托产业发展的路径分为以下四种情况（见图2-4）。

产业创新能力（环境恶化时）	产业生存环境（无创新能力时）	
产业升级	产业维持	有
产业转移	产业死亡	无

图2-4 产业发展路径

1. 产业升级

当积累了足够的经验技能、资本、贸易经验、人力资源、市场经验和管理技能，具备了相当的研发能力、市场开拓能力和产业组织能力，建立了明晰的产权体系和扎实的相关产业体系，当地产业环境好时，该产业发展就能够实现升级，并且有可能成为本地的支柱产业或者基础产业。国内外学者将产业升级描述为产业结构合理化和产业结构高度化（杨建文等，2004）。产业升级又分若干种组织形式（见表2-5）。

表2-5 产业升级的组织方式

组织方式	特点
产业集群式升级	集群内各个企业体系完整，分工协作，自组织能力和自主创新能力强
跨国公司企业集团式升级	大企业通过控股、分包、外购等方式，统率聚焦在其周围的大批中小企业
综合商社或联合商贸公司式升级	通过贸易和市场终端形式，从下游环节带动上游环节
基于产业链的升级	专注于某个产业环节的升级

（1）产业集群式升级。即在区域内形成产业研发、生产、销售的整体能力，集群内各个企业体系完整，分工协作，自组织能力和自主创新能力强。产业集群的特征表现为众多企业地理位置上的相近性、产业链

条的完整性、产业领域相对集中且具竞争优势，存在激烈的竞争和纵向的合作，这些都极有利于知识的外溢和传播，有利于产业的技术和组织创新，而创新是带来产业升级的关键因素。

（2）跨国公司企业集团式升级。这种企业集团是从以往的一批中小企业中成长而来，大企业通过控股、分包、外购等方式，统率聚集在其周围的大批中小企业，其主功能重在生产，且综合、多样，主要从生产角度调整并适应国民经济发展需要。企业集团和下面要讲的综合商社都是现代企业跨国经营的两种典型模式。欧美的跨国经营主要采取跨国公司的形式。

（3）综合商社或联合商贸公司式升级。通过贸易和市场终端形式，从下游环节带动上游环节，和企业集团一样，联合商社也统率了大批企业，只不过其主要功能重在商贸，功能较为专业、单一，主要从贸易角度调整并适应经济全球化的需要。日本和韩国的跨国经营主要采取综合商社的形式。

（4）基于产业链的升级。即专注于某个产业环节的升级。主要集中于某些关键零部件、技术服务和贸易、中介服务和贸易等产业环节。如英国的金融服务业和中国台湾的制鞋产业。

技术创新是全球产业升级中的关键变量，全球的跨国公司充当了技术创新的直接和主要推动力量，它们约占有全球技术转让62%的份额，而且在全球每年产生的新技术和新工艺中，约71%为全球主要跨国公司所拥有。研发费用投入是产业升级的重要条件。据不完全统计，全球500强企业的研发费用占全球研发费用的65%以上，而且这一比例还在不断上升（蔡来兴，1999）。

从升级发生的层次来看，产业升级可分以下两种。

（1）产业间升级。如由轻型制造业适度转向重型制造业；农村城镇化，即由农业向工业服务的升级。

（2）产业内升级。即由低技术产业向高技术产业转移，如劳动密集型产业向资本密集型产业和技术密集型产业升级。

由于劳动、资本、技术等资源的限制，无论是哪种形式的产业升级，都是一个有取有舍的过程。产业升级建立在足够的高技能劳动力资源、熟练劳动力、相当规模的资本和技术积累基础上，而这些基础的获得大多又通过低技术层次产业在本地区的高度发展。当这个基础发展到一定程度时，应适时转移出一批产业，同时又培植一批产业。低技术层次的产业如劳动密集型产业和资源密集型产业的对外转移有利于推动本地区产业结构的调整升级。工业发达国家产业升级的经验表明，向海外转移夕阳产业，是经济结构调整，特别是产业升级换代的必由之路（黄家骅、黄如良，2004）。

2. 产业转移

当地不具备产业创新能力同时又不再具备该产业生存的环境时，产业只好转移到能够使之继续生存的地方。产业转移并非都是因为没有足够的创新资源，在很多情况下，产业转移之所以发生，是因为产业某些环节的技术创新效益比不高，主流新技术暂时不易改造这些环节。对产业发展的不同环节，其技术创新的投入效益比是不同的。产业转移是当今产业活动的一种普遍形式。当今世界上许多产业都诞生于以英国为中心的欧洲，19 世纪开始转移到北美洲，20 世纪初期又开始转移到以日本为代表的亚洲国家和地区，目前亚洲国家和地区的工业活动方兴未艾。产业转移在很多情况下并非技术的制约造成的，而是因为其他产业技术水平提升或者高技术产业引入的结果。

以中国台湾为例，20 世纪 80 年代以来，引入后在当地获得高度发展的产业是电子、化学、机械、金属等技术密集型产业，同时转移出中国台湾的却是纺织、食品、成衣、皮革、造纸、橡胶等低层次劳动密集型产业。通过产业转移，中国台湾继续保持了本地不再适合发展的劳动密集型产业在异地的继续生存和发展。而且中国台湾的这些衰退产业仍旧掌握在中国台湾投资者手中，通过在中国大陆开办工厂，中国台湾投资者获得了巨大的投资收益。

3. 产业维持

当产业创新能力不强但当地提供了现有技术水平下产业发展的环境（见图 2-5），如劳动力供给或者市场时，产业发展在当地还能维持一段时间。在 21 世纪头十年，中国的很大一部分产业就属于此种情形，很多并不具备技术优势的产业在中国存在了几十年。这些产业对环境的依托有许多方面，有的以中国巨大的市场容量为依托，产品特别是一些对发展中国家新颖的产品生产出来后极易为市场所接受。有的借助低廉的成本，如中国的物价水平和工资成本低，即便是低薄的利润也能维持企业运转。有的依靠庞大的既有固定资产投入，通过资本投入构建起行业进入或退出壁垒。有的依靠已过折旧年限的机器设备，低成本运行。当前中国的大多数低技术水平产业都利用了廉价劳动力优势。

低技术产业维持依赖的环境因素
- 当地巨大的市场
- 充裕的劳动力
- 低工资
- 低物价
- 既有固定资产投入
- 依靠已过折旧年限的机器设备，低成本运行
- 依靠长期积累的雄厚资本

图 2-5　低技术产业基础

4. 产业死亡

当不具备创新能力，在当地的生存环境恶化，同时又不能适应其他地方的环境时，产业衰落以致死亡就不可避免。产业衰落和死亡的例子在世界范围内为数不少，特别是对于结构单一、区位条件较差、成本较高、依赖资源的区域产业，极容易遭到整体性的淘汰（朱欣民、戴维·肖，1995）。德国鲁尔区和美国匹兹堡是原材料产业衰落的例子，而英国曼彻斯特和默西郡则是制造业和服务业衰败的典型。对默西郡而言，英国和欧盟治理了几十年，投入了大量的资金，但产业治理收效甚微。又如中国辽宁、山西、河南、甘肃、云南、贵州等地一些资源主导型产业区域，也面临因资源枯竭而导致产业衰败的威胁。产业死亡有的是因为产业本身的生命周期结束造成的，如一些独立的工矿区，在资源开采完后，如果不能及时调整产业结构，就会导致区域内产业死亡或者衰败。有的是因为本地区产业不适应当地环境，又缺乏向其他地区产业转移的能力，如资本限制、语言和文化限制、跨地区经营经验等（European Commission DGXVI，1999）。为防止产业死亡，地区政府和经济组织应尽早进行产业规划和调整，走多元化经营或者产业纵深发展之路，使当地的产业知识和产业人才不至于老化。在这方面，美国能源城市休斯敦的产业发展经验值得借鉴。

1901 年，美国休斯敦附近斯宾德尔托普发现石油。休斯敦在其 100 多年的发展历史上，走过了从严重依赖石油工业的单纯能源资源型城市到产业多元化、经济持续增长的新型能源大都市的发展历程。休斯敦经济发展的特点是：①充分利用优越的资源和地理条件，发展城市经济；

②根据市场需求，调整产业结构，发展替代产业；③力争获得政府资助的大项目，以点带面，发展高科技产业；④大力发展高层次服务业，使第三产业成为重要的经济增长点；⑤使传统的石油产业向纵向延伸、横向扩展；⑥发挥休斯敦商会和商业精英的作用。通过抓住机遇，适时调整产业结构，休斯敦避免了因石油资源枯竭而带来的产业死亡威胁。早在20世纪80年代初期，休斯敦就已成为当之无愧的国际石油技术中心、美国航天中心和医学中心，同时也是美国四大金融中心之一，在当地开办的外国银行达46家，有52个国家在休斯敦设有领事馆（孙爱萍、娄承、刘克雨，2004）。

（二）依托其他产业发展的路径

当一个或一些产业仅凭自身的资源和能力，以及能够服务的市场需求，已经无法适应新环境的变化，从而再也不能作为独立的主体存在时，该产业就需要依托其他产业生存即产业寄生，或者产业替代，或者产业融合。

1. 产业寄生

由于市场的限制和变化，尤其是别的产业或行业发生技术进步，或者被其他产业的产业链整合，在产业的组织方式上，某些产业将失去其独立的产业主体资格，从而附属于其他产业。历史上，许多曾经盛极一时的传统产业随着新技术革命的发生，市场需求已经很少，该产业的产品只能在其他产业产品的附着物上才能见到。或者该产业的技术已经不是在用于原来发展起来的用途，而改为生产其他产业的产品。幸运的是，产业寄生使原产业的技术不至于老化或者被废弃。

2. 产业替代

新的需求淘汰老的需求，新的技术淘汰老的技术，都会使一些产业的存在成为过去时，其产业功能被新产业所替代。如世界上的算盘业曾经是一个很大的产业，但现在已经被计算机产业所代替。世界工业化进程中主要经历了四次大规模的替代：第一，初级工业化阶段，主要为以轻纺、冶金、化工等为主导的传统工业对传统农业的替代；第二，中级工业化阶段，主要为新兴电子机械、精细化工等新兴产业对传统工业的替代；第三，高级工业化阶段，主要为微电子、新材料、新能源工业等高新技术产业对一般精细加工业的替代，以金融、电信、工商法资讯业为代表的服务业长足发展；第四，以信息化为特征的后工业化阶段，知识和信息成为经济发展的主要资源及主要动力。

3. 产业融合

Greesteina 和 Khanna（1997）分析了以互联网为标志的计算机、通信和广播电视业的融合，将产业融合定义为：为了适应产业增长而发生的产业边界的收缩或者消失。植草益（2001）认为，产业融合就是通过技术革新和放宽限制来降低行业之间的壁垒，加强行业和企业之间的竞争合作关系。产业融合容易发生在高技术产业与其他产业之间，高技术渗入相关产业中，从而影响和改变了其他产业产品的生产特点、市场竞争状况以及价值创造过程。因此，高技术产业和被改造产业产品的市场需求及产业的核心能力都得以改变（史忠良等，2004）。在当今信息技术占主导的时代，产业融合在相当程度上体现为现代先进的信息产业对传统产业的改造，信息产业改变了传统产业的内涵，同时也使信息产业自身得到了空前的发展。

综上所述，发展中国家引进产业经历了基础培育阶段后，由于消化、吸收和创新的差异，后续的产业发展效果有很大的差别。本节由此提出了产业活动路径演进模型（见图2-6）。

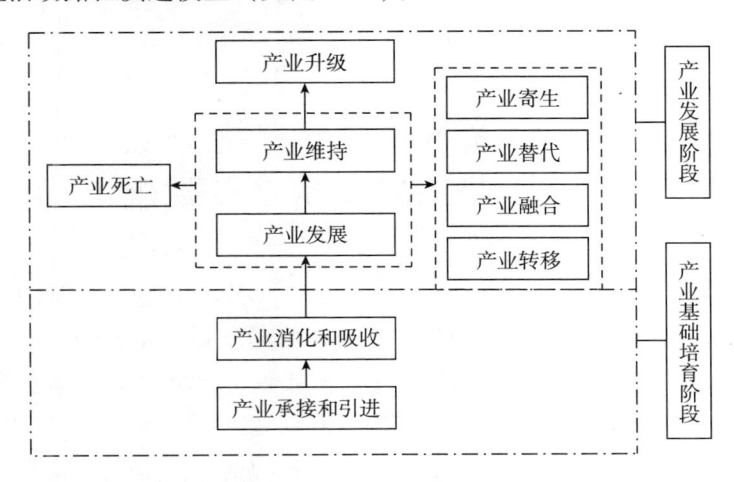

图2-6 产业活动路径演进模型

四 启示

通过产业路径分析模型，我们可以系统地对产业活动进行考察。从模型可以看出，产业引进和承接以及产业消化和吸收对一国产业基础的培育相当重要。改革开放以来，我国吸收的外资连续多年居世界第一位，外资和港澳台投资对中国大陆产业基础培育起了相当重要的作用。但也应该看到,中国大陆特别是沿海地区在 21 世纪之交已经进入产业发展的调整期,中国需要走一条既有外延扩张同时又有内涵发展的产业路子,国内产业界加快产业和技术引进的消化、吸收进程相当迫切。从产业演进的路径来看,中国对引进产业如果不能进行很好的消化和吸收,或者不能抓住机遇对现有产业进行规划、调整和升级,未来的发展可能是:"引进来"的产业和投资转而流向其他国家;某些区域的产业不能适应新环境,而面临死亡和衰败的危险;中国制造业大国的地位可能会被其他国家或地区取代。中国要占据全球产业发展的制高点,首先是积极引进,积极消化和吸收,同时创新发展,实现产业升级。进入 21 世纪以来,对中国东部地区来说,做好产业升级调整最重要;对于中西部地区来说,产业承接、引进、消化和吸收变得越来越迫切。目前,中国沿海发达地区和中心城市已经步入产业发展的"快车道",一部分先进的产业得以维持,有潜力的产业获得进一步发展和升级,完全不能适应环境的产业濒临死亡,能够部分顺应环境的产业将面临转移,或与其他产业融合,依靠其他产业寄生,失去技术前景的产业将面临产业替代,而不发达地区和农村尚需进一步夯实产业基础,进一步培育基础产业。

第五节 资本密集型产业升级的劳动密集型产业基础

进入 21 世纪以后,我国既要继续发挥好劳动密集型产业的竞争优势,又要抓好由劳动密集型产业向资本密集型产业、技术密集型产业和知识密集型产业转化的产业结构升级。解决好劳动密集型产业和资本密集型产业协调发展是中国产业规划的中心问题之一。本节探讨了两种产业类型的性质和梯度关系,指出前者是一种漂流型产业,后者是一种配套和服务型产业,后者具有随前者转移而转移的特点。这种产业协调特点特别值得中国及各地区的产业规划者重视,以免错失经济发展和产业升级的良机。本节所提出的假设得到了世界鞋类产业活动的有力证明。

一 关于产业选择的不同观点

经济发展需要"处理采用新技术发展资本密集型产业和发展劳动密

集型产业扩大就业的矛盾"（王梦奎，2005）。有学者认为，中国应转向发展资本密集型和技术密集型产业，并以日本和美国为证，说明历史上这两个国家产业转型时并没有带来严重的失业问题。还有学者认为，中国加快发展重化工业，可以缓解重化工业突出的供需矛盾，减少进口依赖，增加出口创汇；可以推动我国产业结构的优化升级。重化工业特别是装备制造业是一个国家工业化水平和经济实力的标志。历史上，无论英国、美国、日本，但凡曾扮演过"世界工厂"角色的国家，不仅一般消费类产品（劳动密集型产业）占世界市场的比重大，更重要的是，为生产一般消费类产品提供原料、技术、装备支撑的重化工业占世界市场的比重大。发展重化工业还有利于我国更多地承接国际产业转移，为我国形成新的经济增长点（周维富，2005）。同时，有学者在分析中国乡镇企业和农民收入关系时实证得出以下结论：资本密集型乡镇企业增长方式导致吸纳劳动力能力下降，农民收入降低。乡镇企业大部分地处农村地区，应该充分利用当地农村劳动力成本低的优势，主要从事劳动密集型产业活动，同时政府应该采取优惠措施，如税收优惠、财政补贴、声誉激励等，鼓励乡镇企业发展劳动密集型产业，鼓励乡镇企业在同等条件下选择增加劳动投入的产业（王胜利、李秉龙，2004）。在分析城镇经济发展模式时，许多人也持有同样的见解，认为中国城市的失业率其实还很高，同时城镇面临承接农村劳动力转移的重大任务，也应该多发展劳动密集型产业。总之，21世纪之交，对于中国应重点发展劳动密集型产业还是资本密集型产业的问题，学术界意见分歧较大。本节试图打破从二元角度看待产业的视角，从不同产业联系的角度探讨这个问题。

二 资本密集型产业的劳动密集型产业基础

根据产业关联理论，产业链的上游主要是研发和原材料及中间产品供应，中游为加工装配环节，下游则是营销和品牌（保罗·克鲁格曼，2000）。劳动密集型产业处于加工装配的中间环节，资本密集型产业提供中间产品和生产资料，主要处于上游，它们之间相互关联。又根据产业结构调整理论，工业发展阶段大致可分为轻工业主导阶段和重化工业主导阶段，劳动密集型产业主要集中在轻工业部门，而资本密集型产业则主要集中在重化工业部门。工业发展阶段之间有梯度性，重化工业发展以轻工业发展为基础，因此可以认为，资本密集型产业以劳动密集型产业为前导（阿尔弗雷德·韦伯，1997）。在市场经济条件下，没有劳动密集型产业，资本密集型产业就没有配套和服务的对象；劳动密集型产业发展不够，资本密集型产业的生产能力就会过剩。正因为所处产业的高度，资本密集型产业才需要处于较低层次的劳动密集型产业来支撑。

　　劳动密集型产业不仅为资本密集型产业提供了技术实施平台，还直接提供了技术创新的基础和灵感。在技术人才方面，大量资本密集型产业的技术人员来自劳动密集型产业。尤其是在地区资本密集型产业的起步阶段，许多装备制造业的技术人员首先是从劳动密集型产业机器操作和维修人员中诞生的，他们熟练地掌握了机器的性能，通过"干中学"，他们能够模仿制造已有的机器，并且根据实际需要还能做出一些改进。这部分人从原有的劳动密集型产业分离出来后专门从事装备制造，从而使地区资本密集型产业开始发展。即使是在成熟的资本密集型产业，企业也需要从相关的劳动密集型产业获得有一线工作经验的人员，因为这些人员掌握了现场的信息以及知道哪些技术在现场是行得通的。劳动密集型产业还在产业资本上为资本密集型产业奠定了基础。比如，目前韩国很多重化工业最初就是从劳动密集型产业起家的。

　　在发展中国家，大多数资本密集型产业正因为刚起步或仅得到初步发展，尚处在幼稚产业阶段，所以，特别需要相关的劳动密集型产业的配套来支撑。习惯于用全球配置资源观点看待产业发展的人会认为，资本密集型产业发展不应该仅限于地区范围，应纳入全球范围的分工合作体系来考虑。但全球性品牌首先应是区域性品牌，要有全球竞争能力，首先应有区域竞争能力。中国企业走出国门之前要先更多地关注地区竞争能力的建立，劳动密集型产业也是一种地区竞争力，中国不把现成的竞争力利用好就会坐失良机；在地区竞争力建设好的前提下，再谈全球性品牌建设会更有实际意义。尤其是像发展中国家，配置全球资源、参与国际竞争的能力弱，幼稚产业的发展只能先在区域内配置资源，获取竞争能力。

三　资本密集型产业随着劳动密集型产业转移过程

　　劳动密集型产业是一种漂流型产业（保罗·克鲁格曼，2000）。劳动密集型产业的全球移动是全球经济不平衡的结果，既是产业在不平衡发展的全球范围自调整的过程，也是人类减小地区差异的自适应机制。因为人均收入的巨大落差，以劳动密集投入为特征的劳动密集型产业具有在全球移动的显著特点。

资本密集型产业和劳动密集型产业互相促进。先进的装备提高了劳动密集型产业的生产率，劳动密集型产业的发展要求更先进的装备。这种紧密的协作配套关系客观上要求两者的发展同步且最好地理位置同一，但是，对劳动密集型产业发展敏感的廉价劳动力因为各国的签证制度以及地理位置、文化、语言、经济的差异而很难移动；而对提供生产资料的资本密集型产业而言，其资本和技术却可以移动。尽管资本密集型产业的发展需要资金、技术和人才的配备，对于产业承接地而言，这些投入要素在短期内可能短缺，不利于产业转移，但是，从长期来看，这些要素都可能随着劳动密集型产业的进入，东道国或地区的教育投入和资本积累而变得充裕，从而使资本密集型产业的转移成为可能。劳动力资源的难以移动性及资本密集型产业的可移动性客观上造成资本密集型产业需要随着劳动密集型产业转移而转移，而不是劳动密集型产业随着资本密集型产业的转移而转移。

劳动密集型产业如同一条船，资本密集型产业和技术密集型产业相当于船上的设备和工程师，船漂到什么地方，设备和工程师就漂到什么地方，资本密集型产业和技术密集型产业就这样随着劳动密集型产业转移。整个产业转移大致经历原产地产业衰落、新产地产业后发和新产地产业集聚三个阶段。但是，在转移的不同阶段，资本密集型产业和技术密集型产业随着劳动密集型产业转移的次序和程度是不同的。

四 来自世界制鞋业的证据

在鞋业中，制鞋业属于劳动密集型产业，而鞋机业属于资本密集型产业。资本密集型鞋机业属于劳动密集型制鞋业的配套部门，为鞋业中的最终产品——鞋的制造提供生产资料。从最终消费需求角度来看，资本密集型鞋机业属于中间产品部门。

鞋业中对鞋机业设备的需求是随着鞋业中制鞋业的发展而产生的。一个地区并不是先有了鞋机业的发展，然后才有制鞋业的发展。因为制鞋的工具本身可以是手工（手也是生产工具）、手工工具、半机械化工具、机械化工具和机电一体化工具。在制鞋设备来源方面，可以是土制、本地简单的机械制造和外购（可以来自二手市场或新机器销售市场）。一个地区鞋业的发展往往先有制鞋业的起步，在劳动密集型产业的基础上，资本密集型产业、信息密集型产业、知识密集型产业和技术密集型产业才会得到相应发展。

劳动密集型制鞋业和资本密集型鞋机业是相互促进、共同发展的。以中国大陆为例，经过几十年的发展，中国大陆制鞋业的技术水平获得了相当的进步，产品档次不断提高。而技术越进步，产品档次越提高，生产所需的设备就需要越精密。中国大陆劳动密集型制鞋业的发展对资本密集型鞋机业的进步提出了要求。另外，从资金和市场规模需求来看，中国大陆劳动密集型制鞋业也对中国大陆资本密集型鞋机业的发展提供了支持。反过来，中国大陆资本密集型鞋机业的技术进步也促进了中国大陆劳动密集型制鞋业劳动生产率和技术精度的提高。

一个地区劳动密集型制鞋业的技术水平与资本密集型鞋机业的技术水平也是相适应的。制鞋业的精细化体现了鞋机业的精细化。鞋机业的高端发展能够帮助制鞋业做出高品质的鞋子。一个地区鞋机业的水平可以体现一个地区制鞋业的水平。

（一）制鞋业老产区的衰落不可避免

一个地区的劳动密集型制鞋业因为劳动力成本及其他经营成本的上升和全球收入水平的落差，不可避免地会衰落。世界鞋业已经历了从英国到北美洲，再到南美洲和"亚洲四小龙"，现在移入中国大陆、越南和印度等广大发展中国家的过程。昔日的世界制鞋工厂一个个衰落。一个世纪前，美国新英格兰地区是世界制鞋工厂，该地区的 Peabody、Brockton、Haverhill、Marlboro 等大量城镇的制鞋厂源源不断地将鞋子运送到欧洲和世界各地。以人口仅为 8 万的小镇 Lynn 为例，该镇每 5 个工人中就有 3 个从事过制鞋工作。但是，在漫漫的历史长河中，新英格兰地区的大多数制鞋厂早已沉寂了下来。20 世纪 80 年代末期，Lynn 镇的最后一家制鞋厂也倒闭了，零星的几座厂房不是关着就是做了仓库。鞋业在这新英格兰小镇只留下回忆了。

一个国家鞋类出口不断减少，进口不断增多体现了该国制鞋业的衰落。2001—2002 年，美国鞋类进口量继续呈现上升趋势，年进口量约为 1.4 亿双，其中，从中国进口的数量最多，占总进口量的 78%，这体现了美国制鞋业的衰落和中国制鞋业的崛起（不过仅仅是制鞋业，美国鞋业包括耐克在内的品牌能力仍然强劲，中国只是加工而已。美国在制鞋业衰落前已经完成了鞋类品牌产业升级）。另据英国鞋业杂志报告，昔日的"制鞋王国"——韩国和中国台湾的鞋产量 2004 年分别仅及高峰时期的 21% 和 8%，这两个曾经的制鞋工厂也衰落了。老牌鞋业大国意大利的鞋类生产和出口继续萎缩，2004年1—9月，其生产量和产值分别比上年同期下跌51%和38%，出口量值分别比上年同期跌落48%和29%。

（二）鞋机业的衰落快于制鞋业的衰落

尽管世界鞋业的转移首先从制鞋业开始，但老产区鞋机业的衰落要快于制鞋业。20世纪中期之后的几十年间，美国的整个鞋业急剧萎缩。早在1950年之前，进口鞋所占的市场份额还非常小，而进入1964年以后，进口鞋所占的市场份额则达到了25%，并且这一份额仍在继续上升。同时美国的鞋机业要比国内制鞋业衰退来得更快（Carl Kaysen, 1956）。虽然美国鞋类进口出现大幅度上升，但美国制鞋业的产量在20世纪50年代仍然上升了32%，在整个60年代的大部分时间内，制鞋业产量仍保持在725万双左右。相反，在美国的鞋机业中，以著名的鞋机大公司联合机器为例，截至1963年，联合机器丧失了其1/3的市场份额。

（三）老产区制鞋业先转移，鞋机业紧随其后

世界鞋业的转移首先是从劳动密集型制鞋业开始的，资本密集型鞋机业紧随其后。美国新英格兰地区鞋业的衰落是进入20世纪后而衰落的，不断提升的高劳动力成本使当地鞋厂不得不将大量就业机会转移到南方，最后逐渐转移到东亚地区，形成鞋业资本全球流动的态势。美国的制鞋企业意识到，如果将鞋厂搬到劳动力成本更低廉的地区，自己就能够赚到更多的钱。在新英格兰制鞋业发达的时候，鞋机业也同样生意兴隆，两者形成了很大的相互促进作用，有力地推动了当地鞋业的发展。但是，随着制鞋业的退出，鞋机业在当地也受到了前所未有的冲击。目前在美国，富有创意的鞋业设计和工程技术人员匮乏。从整个鞋业的发展历史来看，无论是曾经作为世界制造工厂的欧洲还是北美洲，在企业将生产基地转移到海外后，设计、革新和开发高端市场这样的工作机会也将渐渐流向海外。

（四）老产区鞋业转移先从低端部分开始

因为东道国人才、技术、设备资源层次不高，老产区能够利用自己的高端优势与后发地区的低劳动力成本相抗衡，尽管后发地区能够不断进步，但需要时间，这样占据高端市场能够延长鞋业在老产区的生命周期。以日本鞋类市场为例，据日本鞋业联合会报告，2003年，日本鞋类总进口量达到4.71亿双，其中中国大陆占4.23亿双，很显然，中国大陆在大路货产品市场上占有绝对优势。然而，在日本的高档鞋类市场，情

况却不同。日本进口高档皮鞋约 3443 万双，其中，4 个西欧国家，如法国、意大利、西班牙和英国占 520 万双，平均单价 73 美元，中国虽然达到 1360 万双，但平均单价仅为 20.8 美元。前者的出口值达 3.8 亿美元，后者仅 2.8 亿美元，在高端产品市场上，西欧老产区远远超过中国，中国只是在中低档产品占优势，这也说明世界鞋业目前仅在中国完成了中低档产业的转移。

（五）东道国对鞋业的承接先从制鞋业开始，对鞋机业的承接延后

世界鞋业向中国的转移，中国对世界鞋业的引进，首先是从制鞋业开始的。20 世纪 80 年代后期，珠三角鞋业刚起步时，海外投资鞋厂生产所需的资本、人才、设备和技术，甚至原材料都主要从中国香港、中国台湾和韩国引进。当时中国的几大鞋业产区中，内资企业所用设备无一例外都是手工或者自制土制的半机械化工具，或者从二手市场上获得。中国本土鞋业从家庭小作坊和小厂开始起步。也就是说，劳动密集型制鞋业刚引进和发展时，中国大陆现有的鞋机业在之前并没有发展起来。中国鞋业发展之初的鞋机市场主要由国外（如意大利、韩国）和中国台湾的设备占据。

（六）随着制鞋业发展，鞋机业才得以发展

只有等到制鞋业繁荣到一定程度时，才有了中国鞋机业的发展。就近配套服务的特点，使一个地区劳动密集型制鞋业衰亡后，资本密集型鞋机业如果没有特殊的技术优势，也会不可避免地衰落下来。随着中国制鞋业规模的扩大，市场容量不断扩大，为了就近服务、技术开发以及节省物流成本和规避海关税负、贸易限制，海外的鞋机厂纷纷进入中国大陆投资。随着中国劳动密集型产业大国的地位不断突出，洋品牌还有大举扩张进入中国之势。如意大利制鞋、制革和皮件机械企业协会（ASSOMAC）于 2019 年年初宣布，将推动更多的意大利鞋业企业与中国企业合作。尽管近年来意大利鞋机行业陷入衰退之中，但这只是相对于其辉煌时期而言，意大利鞋机业在世界仍然独占鳌头。据称，ASSOMAC 成员所提供的制鞋、制革和皮件生产设备占全球需求量的 50%—80%。

随着本土制鞋业的发展，中国大陆自身的鞋机厂也开始起步。中国鞋机厂中的技术人员和经营者是从引进机器的装拆中，或者从二手市场零件的拼凑中，或者从日常的操作中，通过"干中学"成长起来的。中国许多鞋机厂也是从做二手设备拆装买卖开始发家的，在二手买卖中积

累了一定的资金,再加上本土鞋厂越做越大,对鞋机的需求越来越多,于是转行做起鞋机制造。另外,中国还有一些鞋机厂是从鞋厂中的机修部门直接转化过来的。

通过多年努力,中国大陆小型鞋厂在资金、技术和人才上都有了很大提升。小型厂成长为专业厂、中型厂或者大型厂后需要增加生产设备,也有能力引进更新更有效率的生产设备。再加上外资和我国港台地区鞋机厂的技术溢出,有很多技术人员或者经营者原来就在海外鞋厂工作过,从而在市场、技术、资本和人才上,劳动密集型制鞋业保证了中国大陆鞋机业的飞速发展。目前除高端部分外,一般鞋机设备中国都能自己制造,且占据中国鞋机市场的主要份额。中国大陆制鞋业大约在 20 世纪 80 年代中后期起步,在 90 年代初期获得了飞速发展,而大陆的鞋机业发展则要延后好几年,大约在 90 年代中期。

(七) 鞋机业有向制鞋业产区集中的趋势

中国的四大鞋产区刚开始并无鞋机业(仅有几个兼做鞋机的小型机械厂),但中国的鞋机业主要在制鞋业产区获得了发展。以四大制鞋基地之一的成都为例,随着成都鞋业的发展,成都鞋机企业也迎来了大发展期。经过 20 多年的发展,成都的许多小鞋厂已成长为大企业。在成都西部鞋都工业园,这些大鞋厂正在建新厂房,更新设备,成都鞋厂的升级换代使成都鞋机业获得了巨大的发展。

中国在成为世界制鞋业大国之前,在本土四大国际化鞋业产区之外的地区还有一部分兼做鞋机的机械制造工厂,它们在目前算不上中国鞋机业的主流,随着中国成为世界制鞋工厂,它们也获得了发展空间,因为资本密集型鞋机业无论是技术改进突破口的寻找和售后服务,还是近距离接近市场和获得用户信息,都需要与劳动密集型制鞋业相伴而生,所以,四大制鞋区以外地区的鞋机生产企业在发展中有向四大鞋业产区集聚的趋势。江苏盐城也以生产鞋机著名,是中国几大鞋机产地中唯一一个远离鞋业产区的鞋机生产基地,但目前盐城鞋机也有向制鞋产区搬迁的趋势。因为仅昂贵的物流成本已使盐城制鞋企业不堪重负,如一台售价仅 2 万元的裁断机从盐城卖到广东,仅运费就超过 1000 元,还不包括差旅费、售后服务费等成本,地理区位劣势令盐城鞋机企业在与制鞋业基地内的鞋机企业竞争中先输一着。

（八）制鞋业的供求决定鞋机业的供求

制鞋业因为联系最终市场消费需求，所以，其市场供求状况决定整个鞋业中不同行业的需求状况。各产业类型对最终需求的反应是一种连锁反应。如鞋对鞋楦、鞋楦对鞋机的价格传导机制。近年来，由于鞋类市场的恶性价格竞争，成品鞋的利润越来越薄，再加上原材料、燃料、工价的上涨，整个鞋业产业链无论是上游还是下游，利润空间都急剧缩小。每遇一次市场价格波动，都是贸易公司向鞋厂压价，鞋厂向鞋楦厂压价，鞋楦厂又将减价压力转嫁给鞋楦机企业。据调查，为了保住客户，部分鞋机企业的有些产品甚至不赚钱也要坚持给客户生产。因此，无论从供给量上还是市场价格和利润空间上，一个地区的劳动密集型制鞋业都显著影响着资本密集型鞋机业。

五　中国资本密集型产业发展的契机和警示

劳动密集型产业发展为中国资本密集型产业进步提供了良好的基础。面对"世界工厂"的有利形势，中国是应该继续大举发展劳动密集型产业还是应该向资本密集型产业升级呢？目前，中国沿海地区的劳动密集型产业正面临劳动力短缺、要素价格上涨、出口环境不利、环境污染严重的发展困境，这直接影响了配套的资本密集型产业的发展。比如鞋机业多年来发展迅猛，福建晋江、浙江温州、广东南海、四川成都已经成为中国大陆著名的本土鞋机生产基地。不过，最近的形势发生了微妙的变化，鞋机的价格不升反降，原因在于制鞋业面临着各种原材料和成本费用上涨（陈万日，2005），成品鞋利润受挤的压力开始转移给鞋机业。制鞋业与鞋机业的发展可以给中国资本密集型产业的发展提供诸多启示。

（一）中国资本密集型产业的发展契机和差距

劳动密集型制鞋业发展决定于劳动力的廉价和充裕，而资本密集型鞋机业发展除需要以劳动密集型制鞋业为基础外，还有赖于核心技术、新品开发、售后服务和销售网络。所以，资本密集型鞋机业需要靠近劳动密集型制鞋业地区，这也是后发地区在引进劳动密集型制鞋业后，本地区资本密集型鞋机业能够得以发展的原因。无疑劳动密集型制鞋业为资本密集型鞋机业发展带来了契机。

但又因为核心技术、资本积累等因素，劳动密集型制鞋业后发地区的资本密集型鞋机业与劳动密集型制鞋业先发地区的资本密集型鞋机业之间在技术上存在梯度差异。如中国大陆的鞋机不仅与意大利和德国的鞋机,就是与中国台湾的鞋机相比也还有不小的差距。中国大陆鞋机业还需要在基本素质、科技创新、品牌培养、客户服务、市场网络特别是外销上不断强练内功,需向西欧和中国台湾的鞋机业学习。

(二)中国资本密集型产业升级的机遇把握

中国已经形成"世界工厂"的格局。因为劳动密集型产业优势尚在,所以,中国资本密集型产业应及时升级,尽快度过幼稚产业培育期。中国的鞋机业需要技术升级,尤其是在现有制鞋业比较发达的产区,随着劳动力成本的上升,受"民工荒""电荒"和"油荒"的影响,低层次的劳动密集型制鞋业转移在所难免。目前,中西部地区正掀起劳动密集型产业的承接高潮。以中部地区的河南为例,近年来上马了一批鞋业大项目。如何保持和培育本地区在鞋业中的竞争力成为沿海地区几个鞋产区迫切需要考虑的问题。只有迈向鞋业发展的高端,才可能延缓鞋业在本地区衰退的时间,以赢得充分的发展时间,为本地区积累起足量的技术、人才、资金,最终顺利实现本地产业的转型和升级。

中国在世界鞋业转移中只进行了劳动密集型制鞋业,以及一定量的资本密集型鞋机业和少数市场网络密集型商贸业(中国大陆鞋业订单大多经过第三方,自主对外贸易少,三来一补多)、低层次知识技术密集型鞋样设计业的承接,因此,在未来的经济发展中,除进一步加强劳动密集型产业部分的承接外,还需要努力创造条件,争取发达地区或者国家更高层次产业的转移,加强自身对高层次产业的消化和吸收。以广东中山为例,中山制鞋业十分发达,是世界重要的制鞋业基地,许多世界名牌鞋都在中山贴牌生产,但是,中山的鞋机业发展却相当滞后,到2010年,仅有少数几家鞋机生产厂家,市场空间巨大。中山需要重点规划装备制造业,此举将对中山鞋机业的发展具有很大的推动作用(彭德兵,2005)。

在劳动力优势丧失后再进行产业升级将会贻误产业发展良机。以韩国为例,韩国做了几十年鞋,但没下决心做好自己的品牌,在中国大陆的鞋业崛起后,韩国鞋业迅速衰落。20世纪90年代,韩国匆匆开发了几个鞋类品牌,想挽救韩国鞋业的颓势,但最终于事无补。这说明资本密集型产业升级需要抓住时机,起码要赶在劳动密集型产业优势丧失之前先行应对,否则产业升级就会失去基础。中国现有四大鞋业产区能否左右中国乃至世界的鞋业大势,产业升级是关键。因此,产业升级也是未来几年中国几大鞋业产区产业调整的重中之重。

第三章　产业技术创新前沿问题研究

技术是推动经济发展、产业进步的根本动力。传统上，很多人喜欢从科学技术哲学角度、从实验室角度研究技术创新，这是自然科学对待技术研究的方式，而不是社会科学，特别是经济学对待技术研究应有的方式。经济学对产业技术的研究应更多地从市场角度和机制角度，而且技术虽然是一种方法和方式，但也是一种产业促进要素，表现为一种知识产品、一种创新商品，是有成本的，是有产出效率的。因此，在进行技术创新，特别是产业技术创新时，要从经济和效率角度来决策，有所为，有所不为。

在当今知识爆炸的时代，科学技术的分化空前，在形成一个产品的整条产业链中，已经有或者即将有专门的知识和技术，它们已经或者即将为新兴的专业化分工做铺垫，所以，技术的世界也是一个竞争的世界。在大企业的研发部门，基本上每个项目研究小组都在强调自己的技术前沿，都在向高层决策者展示某项技术的美好前景。尤其是对于一个国家或者地区而言，需要创新的产业技术实在太多，无论是采取全面开花策略，还是针对性策略，都在考验我们是否有明智的技术选择，对关键技术前沿、全局平台技术是否把握得当。

本章都围绕产业技术创新而展开。首先参照市场的进入和退出，讨论产业发展中技术创新的进入和退出问题，提出了产业发展中创新进入和退出的分析框架。接着分析低层次产业发展对智力、对创新的"挤出效应"。同时，研究中国企业国际化中创新的抱团合作问题，包括技术互补创新和市场共同开发。

第一节 产业发展中创新的进入和退出选择*

一 引言

多年以来，对企业研发（R&D）行为及其影响因素的观测和实证一直是国外文献的热点和难点（安同良、施浩，2006）。国内外探讨过的研发行为决定因素包括：①市场规模（Criliches，1957；Schmookler，1966；Scherer，1982）。②技术机会和技术专用性条件（Scherer，1965，1982；Levin，1985）。企业面临的技术机会和技术专用性条件对企业或者行业层面的技术创新活动具有举足轻重的作用。③企业规模和行业结构（Cohen，Levin，1989；Ishtiaq P. Mahmood 和 Chang－Yang Lee，2004；安同良和施浩，2006）。Ishtiaq P. Mahmood 和 Chang－Yang Lee（2004）认为，企业规模中等时，创新表现最好，小企业面临的较多进入障碍和大企业及企业集团面对的较小进入障碍对创新活动都不利。④所有制（刘小玄，2000；姚洋和章奇，2001；张海洋，2005）。同时，进入和退出问题也是产业经济学研究的重点课题之一，以往多从壁垒即阻止进入和阻止退出角度研究，而且是站在在位企业的立场进行研究，即进入和退出问题被看作在位企业对于潜在竞争对手的战略反应（Donald A. Hay and Derek J. Morris，1991；J. S. Bain，1956）。阻止进入壁垒包括结构性进入壁垒（如规模经济、绝对成本、产品差异、必要资本）（Emel Laptali Oral and Gulgun Mistikoglu，2007；Virginie Pérotin，2006；Rabah Amir and Val E. Lambson，2006）和行为性壁垒（如进入遏制、进入封锁、驱除竞争对手行为）（Adriana Kugler and Giovanni Pica，2007；Sigbjørn Sødal，2006；Werner Hölzl and Andreas Reinstaller，2006）。退出壁垒包括沉没成本大、职工解雇难度大、结合生产壁垒、法律政策障碍（De－Chih Liu，2006；Tor Eriksson and Johan Moritz Kuhn，2006；杨建文等，2004）。

本节在上述创新理论和产业经济学进入和退出理论研究的基础上加以拓展，在创新理论和产业经济学进入退出理论之间寻找恰当的结合点，

---

* 本章是国家社会科学基金项目（04BJL031）和湖南社会科学基金重大项目（06ZD05）的阶段性成果。

通过两个学科的理论来研究产业或者业务创新的进入和退出问题。本节与同类研究的不同点在于：①主要从进入者角度研究进入和退出问题；②专门从技术创新角度研究进入和退出问题。首先分析技术水平与市场份额和创新能力的关系，然后通过综合考察不同层次技术进步引起的不同市场分割效应、创新水平在断点处跨越对市场份额的巨大提升意义、原有技术基础对创新层次决定的意义、创新成本和难度对创新投入的影响、产业容量对创新决策的意义，以及就业变量和已有资本对创新决策的影响，构建了一个创新投入进入和退出模型，以便为区域组织或者企业进行产业或者业务规划提供分析思路。

在不同的技术发展周期，创新的难度也不同，因此，不同领域创新的边际效益不同。同时，各地区所具有的技术创新基础也不同。一个地区所具备的创新资源和能力是有限的，不可能在所有产业领域均开花结果，因此，必须选择一段时间内创新投入应该进入的产业和不应该进入的产业；或者创新投入应该进入的产业技术环节和不应该进入的技术环节。考察创新进入的产业领域对区域经济决策的重要性，考察创新进入的产业环节对企业经济决策的重要性（Emel Laptali Oral and Gulgun Mistikoglu，2007）。创新投入需要参照创新效益，这关系到经济学的一条最基本原理：人们需要不断权衡成本和收益，理智地在边际处进行思考（N. Gregory Mankiw，1998）。

二 技术水平与市场份额和创新能力的关系

（一）技术水平和市场份额

本节先对模型进行以下假设：

（1）市场容量假设。假定某产业总体市场规模为 Q，细分市场数为 L，且每个细分市场的容量一致，各为 Q/L。分别假定某个经济主体（区域经济体或者企业，以下以企业表示）能够在某个细分市场中竞争、在 s 个细分市场中竞争、在总体市场中竞争，则其面临的潜在市场容量分别为 Q/L、s×Q/L、Q。

（2）市场份额技术决定假设。根据巴尼（Barney，1991），在知识经济时代，技术作为无形资源早已经成为决定企业竞争的重要因素。本节假定企业市场份额（以 U 表示）的其他条件如劳动力成本、资本投入水平、营销战略等在各企业之间相同，个体企业的市场份额由技术水平决定。

(3) 技术水平假设。假定技术水平 x 发展是一个淘汰和积累的过程。技术发展遵循水平低者自动淘汰原则。比如在某细分市场中，刚开始有 10 个企业都具备水平相当的模仿型技术（将该技术层次设为 x_1），在接下来的技术竞争中，如果其中有 3 个企业领先于其他 7 个企业，则按照低水平者自动淘汰的原则，这 7 个企业出局，留下的市场由 3 个企业瓜分；在以后的技术竞争中，如果出现 1 个企业因为其技术创新决定性地领先于其他企业（可认定为创新层次质的提升，将该技术层次设为 x_3），则其他企业都出局，该细分市场由一个企业独占。在总体市场中，如果出现一种极端情况，某企业在所有的细分市场中都能参与竞争，而且通过技术创新和进步最终淘汰所有企业（可认定为创新层次质的提升，将该技术层次设为 x_2），整个市场由一家独占。技术发展也遵循逐步积累原则。如果某企业技术水平达到 x_3，则意味着它同时具备了 x_1 的水平；如果达到 x_2，则表示它同时具备了 x_1 和 x_3 的水平。

(4) 竞争者假设。假定某市场中有 n 个竞争者，n 是技术水平 x 的减函数，即 $n = n(\bar{x})$，技术水平越高，竞争者越少。

(5) 技术水平和创新能力的不一致性假设。技术水平不等于创新能力，原因在于产学研的割裂，知识并不一定能够转化为技术和生产力。

(6) 不同创新层次技术水平进步对市场份额增长幅度的影响不一致假设。因为低水平技术进步相对容易达到，低层次创新带来的技术进步只能让企业淘汰很少的低水平竞争对手，所以，对市场份额增长的促进幅度很小；因为高水平技术进步相对难以达到，高层次创新带来的技术进步能够淘汰相对多的竞争对手，所以，对市场份额增长的促进幅度较大。

一般来说，当技术具有独占水平时，它对市场的分割能力就越强，甚至可以独占市场；当技术水平中等且有很多同类竞争者时，技术对市场的分割能力在竞争者之间不相上下，大家都能得到市场的某一块；当技术水平很低时，它的拥有者在市场中往往难以为继，其市场份额很可能被技术水平高者抢占，直至低技术水平者被挤出市场。根据市场份额技术决定假设，随着技术水平的提高，技术拥有者所拥有的市场份额不断扩大，当技术领先水平达到一定值后，其相应的市场份额极值为整个市场容量。由此得到本章推论 1：企业市场份额 U 是技术水平 x 的增函数，即：

$$u = u(\bar{x}) \tag{3.1}$$

企业技术水平越提高，企业所获得的市场份额就越多，这体现了企业进行技术创新的必要性。

引入市场分割度［以 N 表示，N =［1，+∞)］是为了突出技术进步对市场集中、技术对规模效益、技术对企业做大做强的意义。本节引入的市场分割度是衡量市场集中度的一种工具，当 N 很小，比如趋近于 1 时，整个市场近乎垄断，其前提是企业具有绝对领先的技术水平，而且在新产品开发、应用研究和基础研究三个方面全方位领先。因为从理论上讲，只要留有技术的弱项，竞争对手就可能获得市场份额。在现实经济生活中，当我们忽略掉一些细小的市场时，趋近于 1 的产品市场情形有可能近似获得。但更多的情形是有 1—i（1≤i＜n）个主要竞争者的市场，每个竞争者大致拥有或者平均拥有 1/i 的市场份额，这里，需要各企业具备相对的技术竞争优势。在一个有众多竞争者的 n≥i 的分割市场，随着 n 的不断扩大，各相应的竞争者所具有的份额变得越来越微不足道。

竞争者数量能够衡量市场分割度，其关系为 N = N($\overset{+}{n}$)，又据竞争者假设，可得本章推论 2：市场分割度 N 是技术水平 x 的减函数，即：

$$N = N(\bar{x}) \tag{3.2}$$

从 N 由小到大，可将产业市场分成垄断市场、寡头垄断市场、一般竞争市场和拾遗补阙市场四个层次。垄断市场和寡头垄断市场属于不完全竞争市场，一般竞争市场和拾遗补阙市场属于竞争性市场。一般经济模型从完全竞争和不完全竞争的角度讨论前三种市场，本章再加入拾遗补阙市场，是因为从市场分隔度概念出发，垄断市场属于 1 分市场；寡头垄断市场属于 i 分市场，其中的 i 在许多行业取值为 1—3；一般竞争市场属于 n 分市场（n 可数，即 n＜+∞）。与一般经济模型有所区别的是：本节将垄断市场、寡头垄断市场和一般竞争市场都看作建立在一定技术水平或者创新能力上的竞争，借用不完全竞争市场的概念，本节将之称为不完全技术竞争，因为技术创新水平的不同决定了市场份额的高低。在一个产业中，企业能够独家占领市场说明其取得 1 分市场的能力，可以称为主导能力；企业和几个竞争者共享市场说明其取得了 i 分市场的能力，可以称为竞争能力；企业只能和众多竞争者争抢市场说明其仅取得 n 分市场的能力，也可以叫作生存能力；企业淹没在众多小竞争者中间说明其仅取得无限分市场的能力，根据 $\lim_{n \to +\infty} \frac{1}{n} = 0$，这样的企业随时可能被挤出市场，面临生存危机，因而不具备竞争能力。

垄断市场、寡头垄断市场、一般竞争市场和拾遗补阙市场对应的创新能力组合分别为 $\{A_1, A_2, A_3\}$、$\{A_1, A_2\}$、$\{A_1\}$、空子集 Φ。

（二）技术水平和创新能力

产业技术水平往往是模仿创新能力、应用创新能力和基础创新能力（它们分别以 A_1、A_2、A_3 表示）梯度性的综合体现。

对某一个企业而言，当不具备起码的模仿创新能力（空子集 Φ）时，凭借以往的技术（非创新的老技术）还能在市场上生存一段时间，直至其市场份额被技术改进了的企业替代；当具备模仿创新能力时，可以凭借新产品在某一细分市场中开展竞争；当具备应用创新能力时，可以在多个细分市场中竞争或者甚至在某一细分市场获得垄断；当具备基础创新能力时，可以在整个产业市场开展竞争，甚至获得垄断。

我们以 x_1 代表竞争者具备或者不具备模仿创新能力的临界点，当 $x < x_1$ 时，意味着企业不具备创新能力，$x \in [0, x_1)$ 对应创新能力集 $\{A_1, A_2, A_3\}$ 的空子集 Φ。由式（3.1）和式（3.2）可得：

当 $x \to 0$ 时，$u \to 0$，$N \to \infty$

即当 x 趋近于 0 时，竞争企业的市场份额趋近于零，整个市场分割水平无限扩大。

以 x_2 代表竞争者具备或者不具备独占创新或者根本性创新能力的临界点。用 x_3 代表应用创新能力，将区域 $[x_1, +\infty)$ 分成 $[x_1, x_3)$、$[x_3, x_2)$ 和 $[x_2, +\infty)$ 三个区间。很明显，技术水平 $x \in [x_1, x_3)$ 体现了创新能力 $\{A_1, A_2, A_3\}$ 的真子集 $\{A_1\}$；技术水平 $x \in [x_3, x_2)$ 体现了创新能力 $\{A_1, A_2, A_3\}$ 的真子集 $\{A_1, A_2\}$；技术水平 $x \in [x_2, +\infty)$ 体现了创新能力 $\{A_1, A_2, A_3\}$ 的真子集 $\{A_1, A_2, A_3\}$。

当 $x \to +\infty$ 时，$u \to +\infty$，$n \to 1$

即当保持绝对技术领先时，竞争者拥有整个市场，市场是一个单一竞争者的垄断市场。

创新能力 $\{A_1, A_2, A_3\}$ 应有以下子集：

$C_3^1 + C_3^2 + C_3^3 + 1 = 8$

上述分析中不包含 $\{A_2\}$、$\{A_2, A_3\}$、$\{A_3\}$ 和 $\{A_1, A_3\}$。它们都

有着较为深刻的产业经济学含义，这些创新能力子集体现的技术组织形式都不足以形成产业优势，它们与上文的空子集一道，割裂了产业创新发展中的产学研有机联系。其中的空子集体现产业创新投入为0，市场中充斥低水平重复竞争，价格成为主要竞争手段；因为没有创新能力，区域（企业）的自有产业空间很可能会被其他创新区域（企业）的产业势力所占据。

$\{A_2\}$ 体现竞争者具备了应用研究能力，但不具备面向一线市场的新产品开发能力和面向更高层次创新的研发能力。新产品开发能力的缺乏，使企业创新成果难以投入产业应用，消费者不能获得研究者花费成本带来的创新福利，因而 $\{A_2\}$ 的创新也得不到市场的"反哺"。此外，因为不具备更深层次的基础研究能力，所以，其应用研究成果很可能会被新一代科学技术所淘汰。这样，处于 $\{A_2\}$ 情形的竞争者受到基础研究竞争者的强势压力，随时可能被淘汰，同时市场的通道又因为缺乏新产品开发能力而被阻塞，所以，生存艰难。多年来，我国的一些设计院所即面临此类困境。

$\{A_2, A_3\}$ 体现了新产品开发和市场转化能力差的情形。大量的研究成果被创造出来但仅停留于理论或者实验阶段，此类情形在我国的大学及科研院所体现较多。

$\{A_3\}$ 体现拥有基础研究能力，但应用研究、新产品开发能力和市场转化能力差，这在我国的一些研究型大学较为多见。

还有 $\{A_1, A_3\}$ 的情形，这是一种极端的情形。按照市场规律，基础研究需要巨大的资金投入，没有市场"反哺"是难以进行的，同时新产品开发需要获得应用研究的支撑，没有应用研究，就难以进行产品创新。但这种极端情形在我国却普遍存在，其形式表现为：企业进行新产品开发主要是模仿式创新，遵循国外的技术路径，一些技术上的难题主要由高等学校的基础研究人员兼职帮助解决。而高等学校的绩效考核并不遵循市场机制，并不以科研人员向企业转化技术的多少为评价指标，新产品开发在基础研究人员看来只是一种副业，因此，企业虽然获得新产品开发能力，但也只是低层次竞争。而且没有极高的待遇，基础研究人员是不会外出干私活的，因为这会影响他们的基础研究。同时，中国教育经费和研究经费的行政性下拨又不会使科研人员感觉待遇低，许多项目的资金也有保障，因而高等学校的基础研究照样能够开展，但其成果仅限于发表高水平的论文。$\{A_1, A_3\}$ 的情形在纯市场经济中是不可能存在的，这方面还有待于我国产学研体制的进一步改革。

由上述分析可得本章推论3：只有当 $A = \{A_1\}$ 或者 $\{A_1, A_2\}$ 或者 $\{A_1, A_2, A_3\}$ 时，技术持有者才有可能进行产业化的有效竞争；$\{A_1, A_2, A_3\}$ 真子集的其他形式都是产学研割裂的形式，不能进行产业化的有效竞争。

对创新能力子集的分析有利于增进对产学研脱节以及创新能力与技术水平、市场份额和市场分割能力之间的关系的理解。很明显，市场份额和市场分割能力是一个关系到企业做大的重要变量，市场分割能力越强，市场份额越多，说明企业规模越大，我国也不乏这样的大企业。但做大还要做强，不强的"大"只是虚胖，不可能维持长久。企业做强与创新能力和技术水平这两个变量紧密相关。

具备组合 $\{A_1, A_2, A_3\}$ 是一种最理想的形式。在这种情形下，企业能够真正做大做强。无论是根据市场竞争战略理论（波特，1962）还是资源基础理论（Barny，1991），企业都能做大做强，或者具备持久的核心竞争力。但是，因为资源有限，回到本节开头提出的一条最基本原理：人们需要不断地权衡成本和收益，在边际处理智地进行思考（N. Gregory Mankiw，1998），因而竞争者只有少数产业或产品具备组合 $\{A_1, A_2, A_3\}$（见表3-1）。

表3-1　　　创新能力与技术水平、市场分割、竞争形式、
市场能力和市场表现匹配

创新组合	空子集 Φ	$\{A_1\}$	$\{A_1, A_2\}$	$\{A_1, A_2, A_3\}$
技术水平	$0 \leq x < x_1$	$x_1 \leq x < x_3$	$x_3 \leq x < x_2$	$x \geq x_2$
市场分割	无限分	n 分	i 分	1 分
竞争形式	拾遗补阙	一般竞争	寡头垄断	垄断
市场能力	面临生存危机	生存能力	竞争能力	主导能力
市场表现	在市场上维持一段时间直至被替代	在某一细分市场中开展竞争	在多个细分市场中竞争或者甚至在某一细分市场获得垄断	在整个产业市场开展竞争，甚至获得垄断

三 产业创新投入的选择

发展何种产业或者产品的$\{A_1A_2A_3\}$组合呢？有效的创新投入模式还包括$\{A_1\}$和$\{A_1A_2\}$，这两种产业创新投入模式值不值得投入呢？在创新的各个环节都不加选择地投入合理吗？我们能不能根据产业技术创新环节来决定产业技术创新投入？本节讨论这几个问题。

根据式（3.1），假定市场份额与技术水平之间是线性关系，可得：

$$u = \beta x \qquad (3.3)$$

式中，β是技术进步对市场份额的贡献率。

根据经验事实和经济学理论，研发层次的不同导致技术竞争优势的不同。在对中国制造业企业研发行为进行观测和实证时，安同良（2006）等发现，跨国公司表现出更活跃的研发行为，研发经费主要用于应用研究，这部分地解释了为什么跨国公司比中国企业更加具有技术优势。跨国公司的研发层次比中国企业高，因而前者的技术进步能够淘汰更多竞争者，引致自己的市场份额快速增加；后者的技术进步与竞争对手拉不开差距，因而市场份额增加较少。技术竞争优势直接影响市场份额，根据不同创新层次技术水平提高对市场份额增长幅度的影响不一致假设，基础创新层次、应用创新层次和模仿创新层次的技术进步对市场份额增长的贡献率是不一样的，假设它们对市场份额的贡献率分别为β_1、β_2、β_3，可得：

$$\beta_1 > \beta_2 > \beta_3 \qquad (3.4)$$

（一）对市场份额增长速度的考察

由式（3.4）可知，技术水平与市场份额的关系应是一条相互连接且上凹的分段曲线，而且在连接处并不连续，本节的后续分析还将说明这种断点的重要经济意义。为简化不同创新层次技术水平提高对市场份额增长幅度影响的讨论，本节先将分段曲线看作一条连续光滑的上凹曲线。根据拟凹曲线的特性，其二阶导数必大于0，由此可得本章推论4：随着技术水平越来越高，企业市场份额呈加速增长趋势，即$u''(x) > 0$。同理，可得本章推论5：随着技术水平越来越高，整个市场的分割水平呈加速递减趋势，即$N''(x) < 0$。这说明企业技术创新水平越高，所获得的市场回报是呈加速度增长的，因此，企业应坚持不懈地进行创新，并且不断提高创新层次。

(二) 对断点处的考察

根据式 (3.4), 基础创新层次、应用创新层次和模仿创新层次的三条线段的连接处并不连续, 而是形成断点, 这体现了企业创新水平质的飞跃, 同时对企业市场分割能力和市场份额获得能力也产生了显著影响。

根据市场营销理论, 企业如果能够改变低水平重复和价格策略, 进行新产品开发, 能够形成差异化, 有效地在细分市场中与同类产品竞争。企业如果能够在模仿创新的基础上进一步形成应用研究能力, 则有可能领先于同类产品, 在一个或多个产品市场中开展竞争, 获得相对较大的市场份额, 甚至垄断某一细分市场。企业如果能够形成基础研究能力, 就能在多产品领域形成垄断优势, 进入行业前三, 直至独家垄断。突破 x_1、x_2、x_3 对企业而言都是市场份额质的飞跃。据上述分析, 可得本书推论 6: 在 x_1、x_2、x_3 点左边较小的邻域内, 即在 x_1^-、x_2^-、x_3^- 处, 企业有可能用较少的创新投入, 获得创新层次质的提高, 从而获得显著的市场份额回报。

断点的政策意义在于: 在 $A = \{A_1\}$ 或者 $\{A_1, A_2\}$ 或者 $\{A_1, A_2, A_3\}$ 的条件下, 如有基础创新 x_2^- 点, 不管有无其他断点, 都应先发展具有 x_2^- 点的产业技术创新; 如无基础创新 x_2^- 点, 有应用创新 x_3^- 点, 不管有无产品开发 x_1^- 点, 都应先发展具有 x_2^- 点的产业技术创新; 如无基础创新 x_2^- 和应用创新 x_3^- 点, 有产品开发 x_1^- 点, 应发展具有 x_1^- 点的产业技术创新。

(三) 对原有技术基础的考察

区域中各产业的原有技术基础是不一样的, 设技术位置系数为 $a \in [0, 1]$。当 a 趋近于 0^+ 时, 说明企业即将放弃创新投入, 不再具备技术竞争力; 当 a 趋近于 1^- 时, 说明企业即将突破基础创新, 有可能获得垄断性市场。$x_1 < x < x_2$ 可由线性函数表示为:

$$x = ax_2 + (1-a)x_1 \qquad (3.5)$$

式中, a 表示企业已有的技术创新水平或者基础, $1-a$ 表示企业为达到具有垄断意义的基础创新还需要付出的努力, $1 = a + (1-a)$ 表示为达成基础创新企业需要利用已有基础和即将付出努力的总和。据式 (3.1) 和式 (3.5), 可得:

$$u = \beta[ax_2 + (1-a)x_1] = \beta[a(x_2 - x_1) + x_1]$$

由上式可得本章推论 7: 竞争者能够得到的市场份额与原有产业技术

基础成正比，即 $u'(a) > 0$。该结论的政策意义在于：在确定产业发展战略时，产业基础应是一个重要的考量因素，切忌一哄而上，不切实际地盲目跟风。

（四）对技术创新成本和难度的考察

技术水平由 x_1 到达 x_2 是一个长期积累的过程，即时间的积累；也是一个模仿创新能力、应用创新能力和基础创新能力逐步培育的过程，即能力的积累。这个过程需要付出各种成本如时间成本、财务成本、机会成本等。创新周期在创新中研究较多，可以看作创新的时间成本。缩短创新周期已经成为市场竞争的一个重要变量，尤其是对于中小企业来说，更是如此（Abdul Ali, Robert Krapfel Jr. and Douglas LaBahn, 1995）。在本节中，我们引入整体成本 p，成本也可以看作难度 b，成本越高，难度越大。但难度可以表达更多内涵，比如对于根本性创新，有一个起步阶段的起飞问题，如何缩短起步时间并顺利度过试产阶段是创新成功的前提（Elisa Montaguti, Sabine Kuester and Thomas S. Robertson, 2002），因此，本节又将成本和难度分开讨论。难度可以简化表达为达到某个技术水平所需要付出的成本与该技术水平所能获得市场份额的比值，即 $b = p/u$。p 和 u 都是技术水平 x 的函数，所以，上式又可表达为：

$$u = b(x)p(x)$$

由上式可得本章推论 8：企业能够获得的市场份额与技术创新难度或者创新成本成反比。因此，区域产业定位时应参照本地区经济实力，考虑创新成本和创新难度，如果经济实力不够，或者某产业暂时没有技术创新前景，科学技术在短时间内很难在此领域突破，则应停止该产业的创新投入。创新难度或者创新成本能够体现产业的技术特征，产业之间的劳动力、资本、技术与知识等要素禀赋的不同以及产业演化的时空动态差别使企业研发行为呈现出内生化的行业差异（安同良和施浩，2006）。成本 c 和难度 b 的政策意义在于：当 x_2^+ 难以向右方发展时，应将创新层次降为应用研究；当 x_3^+ 难以向右方发展时，应将创新层次降为产品开发创新；当 x_1^+ 难以向右方发展时，应将创新层次降为维持现状，以其他非技术战略求发展。这样，我们得到了一个基于技术的更完整的模型。该模型分为四个区域，分别代表维持现状区域、新产品开发区域、应用研究区域和基础研究区域（见图 3-1）。图 3-1 中所有箭线的箭头都代表由 a 决定的产业或者企业技术水平基础或者位置。图中上方朝右的箭线的箭尾分别代表断点,即由技术进步对市场份额贡献率所决定的产业技术创新升级方向。由 x_2^- 向基础研究升级,由 x_3^- 向应用研究升级,由 x_1^- 向新产品开发升级。图中下方朝左的箭线的箭尾分别代表由成本 c 和难度 b 决定的以及受投入 z 约束的产业技术创新退出方向。由 x_2^+ 退到应用研究区域,由 x_3^+ 退到新产品开发区域,由 x_1^+ 退到维持现状区域。

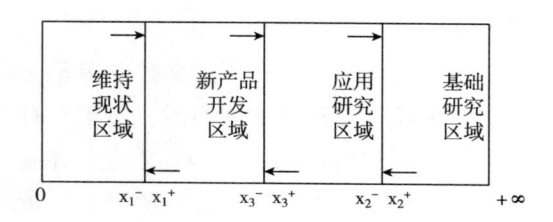

图 3-1 产业创新投入的进入和退出模型

(五) 对产业容量的考察

本节此前的讨论都假定市场容量固定,但是,在新兴市场、成长型市场和衰落型市场中,产业容量成为变量,因此,有必要扩展上述讨论。当总的市场容量易变时,u 也将发生变化,假定 u 随着市场容量同比例变化,u 变化量为 Δu,以成长型市场为例展开讨论。

$$\Delta u = \Delta Q \cdot u/Q$$

$$\frac{d(u+\Delta u)}{dx} > \frac{du}{dx}$$

可见,随着市场容量增大,企业市场份额 Δu 也增大,技术进步对市场份额增长的贡献也越大,从而对创新投资决策有加强的意义。由此可得本章推论 9:市场容量影响创新效益,因此,影响创新进入和退出决策。

产业容量表现为市场规模,又表现为市场需求,因此,市场需求对于技术创新的影响系数和创新投入效益具有重要意义。据文献(武力和温锐,2006),扩大市场需求已经成为制约中国经济增长的关键因素,而且也影响了中国产业结构的升级。产业容量大小是一种市场特征上的差异,对创新的进入和退出具有加强或者减弱的意义。

(六) 对产业创新退出的考察

就业变量、已有资本、创新成本和难度对创新退出有加强作用。就业变量对技术创新—产业发展路径模型有着重要影响。本节通过技术创新来研究产业发展，产业发展以区域产业在整体产业中所占份额或者企业在市场中所占份额来衡量。人口变量是一个与技术密切相关的变量，因为市场中有低技能劳动力和高技能劳动力，从技术角度可定义许多种劳动力，如技术人员、技工、熟练和非熟练劳动力。为方便研究，本节仅将劳动人口分为低技能劳动力和高技能劳动力两种，产业分为高技术产业和低技术产业两种。

新技术开发往往能对已有的就业产生影响，使劳动力以前掌握的技能变得没有用途。比如在考虑农业技术创新时，对整个社会有利的政策未必对农民有利（N. Gregory Mankiw，1998）。农业技术进步对农民来说是一场灾难，因为新技术使他们的手工劳动变得没有用处，新机器来到之日就是他们失业之时。新生产方式也决定了赋闲农民在社会生产中越来越失去地位，从物质到精神境况都会恶化。

设想产业创新前后两种情形，S 代表产业中劳动人口，其中，s_1 代表高技能劳动力，s_2 代表低技能劳动力；u 代表产业市场份额，其中，u_1 代表高技术产业市场份额，u_2 代表低技术产业市场份额；g 代表产业人均生产值，其中，g_1 代表高技术产业人均生产值，g_2 代表低技术产业人均生产值。人均生产值本身就是技术进步的函数，设技术进步对人均生产值的影响系数为 c，得到 g = cx，又 u = sg，故 u = scx，s = u/cx，可得：

$$ds/dx = \frac{-u}{cx^2} < 0$$

可见，技术进步对就业增加的贡献为负数，即技术创新减少就业。又对比高技术产业和低技术产业在同等技术进步下的就业变化情况，根据上文可知，在同等技术进步下，高技术产业的 u_1 一定大大高于低技术产业的 u_2；又根据高技术产业一般是技术进步比较快、技术投入回报大的产业，而低技术产业一般是技术一时难以取得进展，还需要手工劳动，机器难以完全替代人力，技术创新边际效率低的产业，由此可知 $u_1 > u_2$。为简化分析，假定同等的技术进步对高技术产业的人均生产值和低技术产业一样，这符合经验事实，于是得下式：

$$\frac{ds_1}{dx} - \frac{ds_2}{dx} = \frac{-u_1}{cx^2} - \left(-\frac{u_2}{cx^2}\right) = \frac{-u_1 + u_2}{cx^2}$$

高技术产业主要以高技能劳动力为主。低技术产业以低技能劳动为主。为简化讨论，假定高技术产业就业人员为高技能劳动力，低技术产业就业劳动力为低技能劳动力。从上式可知，技术进步对低技术产业劳动力减少的影响远大于对高技术产业的影响。

推论10：从就业角度考虑，再加上技术创新的成本和难度，对劳动密集型产业应减少创新投入。这一点在产业规划中的意义是：尽管减少或不投资于劳动密集型产业创新，但是，这一产业仍有发展的必要，应通过其他方式如将劳动密集型产业纳入国际分工合作体系，建立产业集群，以中国优势劳动力为驱动，从技术以外的其他途径发展好劳动密集型产业。

另外，还可以加入已有资本这个变量来考虑产业退出。已有资本与技术水平有关系，新技术的出现意味着配套新资本的建立，包括厂房设备、人力资本。因此，新技术能够使在工作期限内的设备、机器、设施，以及重要的是人力资本被淘汰。

推论11：淘汰已有资本意味着带来创新机会成本 c，当创新机会成本 c 比较大时，它能够加强产业创新退出的决策。

四 结语

区域产业发展和企业发展有区别，企业可以依靠一两个产品发展，而区域则很难靠一两个产业解决区域内所有人就业问题。企业决策可以决定招收什么技术层次的劳动力，而区域产业政策则必须由什么技术层次的当地居民来决定产业选择，因为就业总是政府的头等大事之一。高技术产业解决高技能人员的就业，劳动密集型产业解决低技能人员的就业。人力资本的充分发挥决定一个地区经济总量水平，单独依靠高技能人员的高技术产业而忽视低技能人员的低技术产业会造成低技能劳动力失业，造成人力资本闲置，发挥不出这部分人的潜在生产力。同时，加重社会负担，尤其在社会保障制度不健全时，易引发社会危机。此外，单独依靠低技能劳动力的产业，又会造成高技能劳动力的失业，特别是新接受教育群体的失业，形成智力资本浪费，更重要的是，会使一个地区发展失去未来的希望，特别是年轻一代将失去更美好的前景。

只有当 $A = \{A_1\}$ 或者 $\{A_1, A_2\}$ 或者 $\{A_1, A_2, A_3\}$ 时，技术持有者才有可能进入本章所说的产业升级和产业技术创新；对于产学研割裂开的技术创新［包括上文 $\{A_2\}$，$\{A_2, A_3\}$，$\{A_3\}$，$\{A_1, A_3\}$ 及空子集 Φ 五种情形］不可能形成产业竞争力，应坚决退出，或者等具备条件后再创新进入。同时，产业升级、产业技术创新的进入和退出需要综合考量本章提出的既有基础、创新难度和成本、产业市场规模、创新层次、能引起技术创新和市场份额特别表现的断点、技术创新对市场份额的贡献率等因素。产业技术创新和退出选择关系到产业结构的调整以及社会经济的整体增长。据文献（武力和温锐，2006），今天，我国外汇储备和国内储蓄达到如此高的程度，如果继续依靠劳动密集型产业和加工工业来参与国际竞争，从长远来看，是没有前途的。资本不缺乏意味着创新投入对技术创新的约束减少，因而有加强创新进入的意义，这对于我国东部沿海发达地区而言具有重要意义。但资本具有流向技术效率高的地区的趋势。也就是说，资本的供给在发达地区和欠发达地区是不同的。以劳动密集型为特征的轻工业具有资金和技术门槛低、资金回收快的发展优势，产业发展建立在资源基础之上，只要根据中国智力人口和劳动力人口（以人数为单位）的比例，或者发达地区和不发达地区（以面积为单位）的比例，大致就可以知道这两种产业该如何协调发展。产业技术创新路径要懂得进入和退出，对于该进入的地区产业领域或者技术创新环节应该紧抓时机坚决进入，对于机会或者条件不成熟的地区产业领域或者技术创新环节应该坚决退出。产业技术创新结构合理与否还会造成其他许多重要影响，因此，对产业发展中技术创新进入和退出问题值得进一步研究。

第二节　中国企业国际化中的技术互补创新和市场共同开发

科研机构和企业都是国家创新系统中最重要的主体，一个国家企业合作开发国际市场对壮大民族产业具有重要意义。本节从不完全信息和完全信息博弈角度研究中国企业在走向国际化前需要过的技术创新关，即产学研体制的有效建立，以及中国企业在走向国际化过程中的合作竞争战略，论证在完全信息状态下技术创新和市场开发效率明显优于不完全信息状态下技术创新和市场开发效率，从而展示了有效的创新体系和市场开拓体系构建的内在机理与条件，并对我国企业国际化提出了建议。

美国的高技术产业之所以能够称霸世界，与其技术生成层面以硅谷为代表的产学研体系健全紧密相关。日本在对海外市场拓展时，善于运用合作开发战略，一般由大企业带领一批小企业或者企业之间强强合作出击。目前，我国企业国际化面临的"瓶颈"之一是技术生成层面的产学研体系亟待建立。技术创新包括技术生成阶段和技术产业化阶段，传统上认为，两者可以在时间上分离，即由科研机构先创新出技术，然后把技术拿到企业中进行产业化；两者在空间上分离，即技术生成和技术产业化可以不在同一个地方完成。但近年来的研究和实证却发现，这种时空的可分离性值得怀疑。技术创新一般基于已有的知识创新，对新知识的内涵不能掌握则难以进行技术创新。更由于抽象性和隐含性，现代新知识不是通过简单的模仿学习就能获得。知识的技术转化必须结合人力资源技术、已有产业技术、相关实验配套设施和产业设备、研究政策和方案等资源，形成互补性的创新输入，这些资源还要通过组织的综合开发和利用，才能最终演变成输出的创新成果。由于现代技术的系统集成和隐含性，仅从模仿角度难以学习到新知识。技术资源是高度知识密集的无形资源。许多技术知识包括大量隐含默示的成分，很难解读或者解码，如工业小技巧。技术知识还有相当程度的专用性，这种专用性使技术在企业内部富有价值，但移植到企业外部却价值大减或没有价值，技术知识的专用性使技术资源的传播得到遏制。技术知识还具有复杂性，技术产生的根由很难认定。创新需要科研机构和产业界共同完成，只有通过高等教育机构，才能获得知识并进行下一阶段的技术生成和产业转化。

发展中国家的跨国公司在许多国际产业中的崛起，如中国的海尔、墨西哥的 Mabe 和土耳其的 Arcelik 在家电业展开的强有力国际竞争，已经成为企业国际化中最突出的现象之一。但发展中国家企业在进军国际市场过程中并非一帆风顺，大多数刚跨出国门的发展中国家企业需要克服后发劣势。面对资本雄厚、技术雄厚、管理水平高超的工业发达国家的跨国公司的挑战，只能把进入国际市场看作一种学习机会，培养自己的国际化能力，将自己的信息空间和市场空间伸展到国外，还谈不上和国外同行竞争。我国企业国际化也面临同样的"瓶颈"，企业的整体实力较弱，单个企业打拼难成气候，国际市场合作开发体系亟待建立。中国的改革开放在 20 世纪中晚期才开始，光靠少数国有或者国有控股企业国际化显然有局限，加快民营企业特别是民营中小企业的发展及其国际化很有必要。近年来，起步时就是企业国际化的现象在国际化研究中引起了研究者的普遍关注。这些起步即国际化的企业主要为中小企业，它们不像传统跨国公司那样在国际化前先在国内经营，或者在国际化的同时也在国内经营。这些企业通过提供资源或者中间产品给世界各国而建立全球竞争优势。印度的医药产业由众多的中小企业组成，和印度软件业一道，促进了印度经济的腾飞，使印度跻身于全球发展速度最快最有活力的新兴经济体（印度医药业国际化竞争力形成时战略联盟起着关键作用）之一。所谓跨国战略联盟，是指两个或两个以上企业为了达到共同或各自的战略目标，在国际范围内通过各种协议、契约而结成的相互合作、共担风险、共享利益的一种松散性合作模式。战略联盟基于同类企业同质产品，但企业的竞争行为和路径却各有不同，由此各取所长，获得联盟整体优势的发挥和整体竞争力的建立。战略联盟是介于产业层次和企业层次之间的组织形式，近年来，在竞争战略研究中引起了广泛兴趣。即使是实力雄厚的跨国公司，在进入国际市场和在世界范围内扩张时都广泛采用战略联盟的方式。

让中国企业"走出去"的呼声已有多年，两个"瓶颈"问题的探讨很有意义。对我国企业国际化中产学研体系发展不够及国际化战略效果不明显的原因和表现，国内文献近年探讨较多。打开中国期刊网，以"国际化"为篇名关键词在核心期刊中搜索，历年文献达2000篇之多，但从互补创新和合作开发角度探讨中国企业国际化的文献较少且不够深入。本节主要从不完全信息和完全信息博弈角度研究中国企业国际化，专门探讨中国企业国际化过程中的技术互补创新体系和市场共同开发体系如何生成，而且是将这两方面的问题结合起来形成一个整体框架来考虑。

一 科研机构与企业技术互补创新

假定有两个局中人 i（i=1、2），"1"代表科研机构，"2"代表企业。局中人现时决定是否投入技术创新，投入用0—1决策来描述，要么投入，要么不投入，局中人 i 的投入为 c_i。如果一方投入另一方不投入，由于技术创新的互补性，不投入一方的收益为0，投入一方由于付出了成本，收益为负。如果双方都不投入，双方的收益均为0；如果双方都投入，则各自获得 $1-c_i$ 的收益（见图3-2）。

先考虑不完全信息的情况。只有双方共同投入，各方才有正收益，这是共识。至于各自的投入，即 c_1、c_2 为多少，则是局中人1与2的私人信息。但是，双方都相信"c_i 独立地来自 $[c_-, c^-]$ 上一个连续且严

	投入	不投入	
	$1-c_1, 1-c_2$	$-c_1, 0$	投入
	$0, -c_2$	$0, 0$	不投入

图 3-2 不完全信息下的投入博弈

格增加累积分布函数 $P(\cdot)$"是共识，也即 i 的类型 c_i 来自连续的类型空间，其中 $c_- < 1 < c^-$ [因此 $P(c_-) = 0$，$P(c^-) = 1$]。投入与否是 0—1 决策，因此，局中人 i 的纯策略 $s_i(c_i)$ 是从 $[c_-, c^-]$ 到 $\{0, 1\}$ 两点的一个函数，$s_i(c_i) = 0$ 表示不投入，$s_i(c_i) = 1$ 表示投入，投资额为类型 c_i，可写出局中人的盈利函数如下：

$$u_i(s_i, s_j, c_i) = \min(s_1, s_2) - c_i s_i (i \neq j) \quad (3.6)$$

$\min(s_1, s_2)$ 表示科研机构与企业之间的技术创新是一种互补型合作，存在"木桶效应"。这是一个贝叶斯博弈，这个博弈的贝叶斯均衡是一对策略，它使每一个局中人 i 和每一个可能的类型 c_i，$s_i^*(c_i)$ 的期望盈利 $E_{c_j} u_i[s_i, s_j^*(c_j), c_i]$ 极大化。其中，E_{c_j} 表示关于随机变量 c_j 求数学期望。令 $z_j = \text{Prob } s_j^*[(c_j) = 1]$ 为局中人 j 投入的概率，可求期望盈利如下：

$$E_{c_j} u_i[s_i, s_j^*(c_j), c_i] = \{E_{c_j} \min[s_i(c_i), s_j^*(c_j)], c_i s_i\}$$
$$= z_j \min[s_i(c_i, 1) + (1 - z_j)] \cdot \min[s_i(c_i), 0] - c_i s_i$$
$$= z_j \min[s_i(c_i, 1)] - c_i s_i$$

当局中人投入、$s_i(c_i) = 1$ 时，上式等于 $z_j - c_i$；当局中人不投入、$s_i(c_i) = 0$ 时，上式等于 0。因此，只有当 $z_j - c_i > 0$ 时，局中人才会投入。从极大化局中人 i 的期望盈利的角度应有：

$$s_i^*(c_i) = 1 \quad 若 c_i < z_j$$
$$s_i^*(c_i) = 0 \quad 若 c_i > z_j \quad (3.7)$$

对于 $c_i = z_j$ 的情形，此时局中人 i 在投入与不投入问题上表现出无所谓的态度，因为此时的投入不影响收益。但因为 c_i 服从连续分布，因此，$c_i = z_j$ 的概率为 0，故可以不予考虑。虽然不知道 z_j 的具体值，但从式 (3.7) 可以看出，局中人 i 愿意投入的类型 c_i 有一个上限，即仅当 $c_i \in [\underline{c}, c_i^*]$ 即局中人的投入充分小时，他才愿意投资。由于博弈双方是对称的，因此，同样可知，仅当 $c_j \in [\underline{c}, c_j^*]$ 时，局中人 j 才愿意投资。

因为在 $c_j \in [\underline{c}, c_j^*]$ 时，局中人 j 有 $s_j^*(c_j) = 1$，所以

$z_j = \text{Prob}[s_j^*(c_j) = 1] = \text{Prob}(\underline{c} \leq c_j \leq c_j^*) = P(c_j^*)$

可见，上限 c_i^* 必须满足 $c_i^* = z_i = p(c_i^*)$。同理，上限 c_j^* 必须满足 $c_j^* = z_j = p(c_j^*)$，所以 c_i^* 与 c_j^* 均满足方程：

$c^* = P(c^*)$

上式如果存在唯一解 c^*，必有 $c_i^* = c_j^* = c^* = P(c^*)$。现在我们将此结论放在一个具体的随机分布中来考察，如设 P 为 $[-1, 2]$ 上的均匀分布，即对任何 $c \in [-1, 2]$，应有 $P(c) = c/3$，于是可得 $c^* = c^*/3$。要使等式成立，$c^* = 0$。可见，在不完全信息下，无论是科研机构还是企业，其创新投入都将为 0。据式（3.7）可得：

$s_i^*(c_i) = 1$　若 $c_i < 0$

$s_i^*(c_i) = 0$　若 $c_i > 0$

对于 $c_1^* = 0$ 的情形，我们可理解为：即使不需要花费创新成本，局中人也可能不愿意进行研发活动，原因是"瓶颈"制约的存在，可能使研发无效益。

对于 $s_i^*(c_i)$、$c_i < 0$ 的情形，我们可理解为：只有当经费的获得不需要成本时，或者经费的获得会带来效益时，局中人才愿意进行研发投入。目前，我国的科研经费大多来自政府拨款，因此，资金使用几乎无成本，反而能够带来管理费提成、津贴、创收等效益。经费对科研机构而言相当于效益，从成本角度来看，效益相当于负成本。在产学研机制不健全的情况下，科研机构研发出的技术很可能躺在实验室。投入了正研究成本，而产生零市场效益，最终导致成本收不回的负效应，因此，也只有带来效益的负成本，才可能使科研机构进行研发活动。

对于 $s_1^*(c_1) = 0$、$c_1 > 0$ 的情形，我们可理解为：科研机构因为技术创新而创收的部分一般很少投入产业创新活动，因为这一部分是自己实实在在的成本。只要是要花费自己成本的研发项目，科研机构就很少投入。

对于 $s_2^*(c_2) = 1$、$c_2 < 0$ 的情形，我们可理解为：除非国家有政策扶持，否则许多企业很少进行创新，因为这些企业技术能力不足，而且对自己的创新能力很不自信。笔者在珠三角一带考察时发现，不少企业不是不想要技术，而是苦于依靠自己的能力开发不出新技术。有人批评珠

三角企业做加工不做品牌,赚劳动力的钱不赚技术的钱,但实地调查中所遇到的情况却与此有出入。当地企业也有过花钱搞创新的经历,如中山一化工胶水厂,厂方专门组织技术人员建立研发小组,买来设备,但历经一年研发没有结果,最后只好放弃。佛山一外销鞋厂想做国内品牌,投资1000万元在全国做广告,建专卖店,轰轰烈烈一年,结果所有的投入都没有实现预期回报。自身创新能力不足,而国家和科研机构又缺乏对口的产业技术创新支持,使企业不敢投入创新。

对于 $s_2^*(c_2)=0$、$c_2>0$ 的情形,我们可理解为:对于要花费成本的创新,企业都很难投入。对于 $c_2^*=0$ 的情形,我们可理解为:企业即使有创新,也是没有花费成本的创新。由于没有花费成本,创新的层次一般都很低,仅仅涉及小技巧、小技能;企业可能有很多机会进行创新,但因为没有激励机制,很多创新机会被丧失。

设想一旦产学研机制建立起来,科研机构在进行研发投入时,有产业界开发的对等支持,从而能够使技术生成后迅速而有效地产业化;企业想获得新技术,在进行自身的技术开发同时,能够获得来自高等学校和科研机构的技术支撑。也就是说,各自的投入,即 c_1、c_2 为多少,是局中人1与局中人2的公共信息,这种情形相当于将以上不完全信息博弈改变为完全信息博弈,依据累次严优法则,新博弈的纳什均衡应是图3-3的情形(投入,投入)。

	投入	不投入	
	$1-c_1$, $1-c_2$	$-c_1$, 0	投入
	0, $-c_2$	0, 0	不投入

图3-3 完全信息下的投入博弈

二 企业国际化中的市场共同开发

假定有两个局中人 $i(i=A、B)$,A 代表 A 企业,B 代表 B 企业。局中人属于同行,且同处于发展中国家,企业实力均有限。因为开发同一市场,所以,任一方在市场培育和开发方面做出贡献都有利于另一方。双方如果能够减少冲突,致力于共同开发市场,那么一方的行为将给另一方带来正的外部性,从而使双方行为具有公共产品性质。又正因为公共产品性质，所以，双方又难免产生"搭便车"行为。为了使问题的情景设计得更具典型性，假定现在发展中国家两个企业开拓海外市场，从而形成本土企业与工业发达国家跨国公司的竞争，这更加需要两个企业的共同合作。现在双方都要决定是否进行中国产品海外市场开发的投入。投入用0—1决策来描述，要么投入要么不投入，局中人i的投入为c_i。如果双方至少有一方投入，则每个局中人获益为1减去各自的成本；如果双方都不投入，则双方的收益都为0。如果一方投入另一方不投入，由于投入的公共产品性质，不投入一方的收益为1，投入一方由于付出了成本，收益要比不投入方少。双方的收益如图3-4所示。

	投入	不投入	
	$1-c_1, 1-c_2$	$1-c_1, 1$	投入
	$1, 1-c_2$	$0, 0$	不投入

图3-4 不完全信息下的市场共同开发

我们仍旧先考虑不完全信息的情形。只有有人投入，各方才有收益，这是共识。至于各自的投入，即c_1和c_2为多少，则是局中人1与2的私人信息。但是，双方都相信"c_i独立地来自[c_-, c^-]上一个连续且严格增加累积分布函数P(.)"是共识，也即i的类型c_i来自连续的类型空间，其中$c_-<1<c^-$[因此，P(c_-)=0，P(c^-)=1]。投入与否是0—1决策，因此，局中人i的纯策略$s_i(c_i)$是从[c_-, c^-]到{0, 1}两点的一个函数，$s_i(c_i)=0$表示不投入，$s_i(c_i)=1$表示投入。投资额为类型c_i。可写出局中人的盈利函数如下：

$$u_i(s_i, s_j, c_i) = \max(s_1, s_2) - c_i s_i (i \neq j) \qquad (3.8)$$

$\max(s_1, s_2)$体现了企业之间强强合作、共同开发的"长竿效应"。这仍旧是一个贝叶斯博弈，式（3.7）和式（3.8）博弈的贝叶斯均衡也是一对策略[$s_A^*(C_A)$, $s_B^*(C_B)$]，它使每一个局中人i和每一个可能的类型c_i, $s_i^*(c_i)$的期望盈利$E_{c_j}u_i[s_i, s_j^*(c_j), c_i]$极大化。其中，$E_{c_j}$表示关于随机变量$c_j$求数学期望。同样，令$z_j = \text{Prob}[s_j^*(c_j)=0]$为局中人j投入的概率。可求期望盈利如下：

$$E_{c_j}u_i[s_i, s_j^*(c_j), c_i] = E_{c_j}\max[s_i(c_i), s_j^*(c_j), c_i s_i]$$
$$= z_j \max s_i(c_i, 1) + (1-z_j)\max[s_i(c_i), 0] - c_i s_i$$

$$= z_j + (1 - z_j)\max[s_i(c_i), 0] - c_i s_i$$

当局中人投入、$s_i(c_i) = 1$ 时，上式等于 $1 - c_i$；当局中人不投入、$s_i(c_i) = 0$ 时，上式等于 z_j。因此，只有当 $1 - c_i > z_j$ 时，局中人才会投入。从极大化局中人 i 的期望盈利的角度应有：

$s_i^*(c_i) = 1$ 若 $c_i < 1 - z_j$

$s_i^*(c_i) = 0$ 若 $c_i > 1 - z_j$ （3.9）

对于 $c_i = 1 - z_j$ 的情形，此时局中人 i 在投入与不投入问题上表现出无所谓的态度，因为此时的任何决策都不给它带来新的收益。但因为 c_i 服从连续分布，因此 $c_i = 1 - z_j$ 的概率为 0，故可以不予考虑。虽然不知道 z_j 的具体值，但从式（3.9）可以看出，局中人 i 愿意投入的类型 c_i 有一个上限 c_i^*，仅当 $c_i \in [\underline{c}, c_i^*]$ 即局中人的投入充分小时，他才愿意投入。由于博弈双方是对称的，因此，同样可知，仅当 $c_j \in [\underline{c}, c_j^*]$ 时，局中人 j 才愿意投入。

因为在 $c_j \in [\underline{c}, c_j^*]$ 时，局中人 j 才有 $s_j^*(c_j) = 1$，所以

$z_j = \text{Prob}[s_j^*(c_j) = 1] = \text{Prob}(\underline{c} \leq c_j \leq c_j^*) = P(c_j^*)$

可见，上限 c_i^* 必须满足 $c_i^* = 1 - z_j = 1 - p(c_j^*)$。同理，上限 c_j^* 也必须满足 $c_j^* = 1 - z_i = 1 - P(c_i^*)$，所以 c_i^* 与 c_j^* 均满足方程：

$c^* = 1 - P[1 - P(c^*)]$

上式如果存在唯一解 c^*，必有 $c_i^* = c_j^* = c^* = 1 - P(c^*)$。我们仍旧如同讨论上一模型一样，将此结论放在均匀分布中讨论，设 P 为 [0, 3] 上的均匀分布，即对任何 $c \in [0, 3]$，应有 $P(c) = c/3$，于是可得 $c^* = 1 - c^*/3$。要使等式成立，$c^* = 2/3$。可见，在不完全信息下，贝叶斯均衡告诉我们，即使投资额位于 [2/3, 1] 处，尽管小于从公共产品所获得的收益，但局中人仍旧不会投入。据式（3.10），可得：

$s_i^*(c_i) = 1$ 若 $c_i < c^*$

$s_i^*(c_i) = 0$ 若 $c_i > c^*$

对于 $c_i < c^*$、$s_i^*(c_i) = 1$ 的情形，我们可理解为：当投资额充分低时，局中人才愿意投资。

对于 $c_i > c^*$、$s_i^*(c_i) = 0$ 的情形，我们可理解为：当投资额达到一定程度时，企业可能因为无力投资，或者因为不愿意投资而放弃投资，从而寄希望于从公共产品中获得效益。在不完全信息下，企业无法获得

对方投资额的信息，如果双方都寄希望于公共产品，有可能少投资或者不投资，从而发展速度慢或者失去发展机会；由于信息不对称，也有可能重复投资。更有可能主观上忽视客观存在的公共产品性质，过度投资、低效投资和恶性竞争。

设想这样一种情形：合作机制得以建立，双方的投资信息都是公共知识。企业 A 能够知道企业 B 的投入以及产生的公共效益；同时企业 B 在投资决策时也有企业 A 的信息作支撑。双方在开拓市场时互相支撑，互通有无，你中有无，我中有你，最充分地利用各自的外部性，节省成本。这种情形相当于将以上不完全信息博弈改变为完全信息博弈，依据累次严优法则，新博弈的纳什均衡应是图 3－5 中的画线部分。

	投入	不投入	
	$1-c_1, 1-c_2$	$1-c_1, 1$	投入
	$1, 1-c_2$	0, 0	不投入

图 3－5　完全信息下的市场共同开发

新博弈纳什均衡（投入，不投入）和（不投入，投入），有效地避免了象限四（不投入，不投入）不投资丧失发展机会的情形，以及象限一（投入，投入）造成的重复投资、过度投资、低效投资、恶性竞争的情形，从而在极大化公共产品收益的同时，极小化成本。

三　结论

技术的生成及其产业化需要科研机构和企业界共同完成。根据本节的分析，当科研机构和企业界任何一方进行了技术创新投入而另一方没有投入时，因为存在"木桶效应"，投入方将招致纯损失；当任何一方都不进行投入时，收益为 0，这相当于产学研体系没有建立起来时我国产业的技术生成状况。当科研机构和企业界在某种合作机制下都进行投入时，投入产生公共产品，双方都能获得收益。因此，产学研体系的建立相当于获得了完全信息；反之，产学研体系没有建立则相当于非完全信息。从理论上讲，当产学研体系没有建立起来即非完全信息时，科研机构的投入将为 0。但为什么我国的科研机构在没有产业联系的前提下每年都进行大量科研开发活动呢？正如上文分析，当经费的获得不需要成本而又能获得收益时，局中人才愿意投入，我国高等院校和科研机构即属于这种情形。因此建议国家可以改革科研经费投入渠道，当科研经费投入决策有企业界参与、经费的获得和科研成果收益的获得与产业化收益挂钩时，技术的生成和产业化必定更有效率。另外，在现有的科研机构事业单位机制下，即使国家不额外付出科研经费，科研机构仍旧有能力依靠自有的一些资源进行产业技术创新，但我国大多数科研机构没有这么做，宁愿设备闲置，人力资源闲置。这种情况主要与科研人员难以获得来自产业成果转化的激励有关。因此，有必要改革现有的科研机构旱涝保收的事业单位制管理做法，让科研人员更多地面向市场。

目前，我国企业大多数不愿意进行成规模的研发创新，其原因：一是在产学研体系没有建立起来的情况下，企业不能够获得来自科研机构的互补支撑，所以，研发的成功率很低；因为成功的可能性低，所以，企业放弃研发。二是企业虽通过与科研机构建立合作研发，但因为合作机制不健全，科研机构的专家为评职称和获得学术声望，只愿意为完成论文和科研成果努力，对技术的产业化不感兴趣，结果合作研究出来的成果对于企业实际意义不大。这种合作虽建立起来但很不完善的情形仍旧相当于不完全信息的情形，企业在风险变数很大的情况下难以进行投入决策。因此，要使产业界愿意而且能够对技术创新进行投入，在国家科研创新系统中，政府应给予企业更多的决策权，不能由政府和科研机构自己决定科研经费的投入和科研方向的选定。只有当企业能够真正参与到产学研活动时，企业的信息才是完全的。另外，科研机构作为研发主体较易掌握信息，如果双方都打破了不完全信息的格局，必定会产生双方博弈均衡互赢的局面。

中国企业国际化需要企业之间的协力合作。优势互补，强强合作，能够使民族产业一致对外，有效建立中国的自有品牌。因为合作企业之间具有"长竿效应"，任何一方的投入都会带来公共产品，所以也会产生"搭便车"行为。如果一方投入，另一方不投入，投入方的收益将因为投入的成本而比不投入方的收益少。但如果双方都重复投入，则会导致总体收益减少。如果没有一方投入，双方的收益都将为0。从上述分析来看，"搭便车"情况并不一定是坏事，因为它能减少重复投入，这在中国企业相对跨国公司而言实力较小的情况下尤其具有现实意义，是应该采取的策略。但是，如何维持这种"搭便车"行为，使双方都能"搭便车",双方都能从"搭便车"中获益,不仅"搭便车"时双方获得的总收益大于不"搭便车"时双方的总收益,而且任何一方的总收益大于不"搭便车"时的总收益。从本节的分析来看,要使双方均能从长期"搭便车"中受益,需要将双方的不完全信息改变为完全信息,即建立起互信合作机制,共同开发国际市场。在有效的合作机制下,双方能够避免不投入,即中国企业"走不出去"的情形,也能够避免重复投入、过度投入、低效投入和恶性竞争,以有限的资源获得更强的国际竞争力。当双方都进行投入但整体效果并不因为增加的投资而增强时,重复投资产生;当双方投资累积增加导致增加的边际收益为负时,低效投资产生;当双方投资的同质性越来越强时,核心差异就只剩下价格手段了,从而形成恶性竞争。目前中国企业在国际化时缺乏协同,存在重复投入、过度投入、低效投入和恶性竞争,合作机制亟待建立。

第三节 低层次产业对智力资源的"挤出效应"

发展低层次产业有利于解决低技能劳动力就业问题,但却不利于智力资源培育和科教基本设施建设。本节探讨产业发展和教育发展的关系,着重探讨一个国家低层次产业对智力资源和设施的国际"挤出效应"、地区"挤出效应"和本地"挤出效应"。同时指出,低层次产业尽管对智力发展存在负面效应,但不应该就此否定它,我国在产业布局和地方经济发展中应遵循梯度转移规律,谨防不发达地区低层次产业发展对智力挤出的同时对收入也形成挤出,谨防发达地区因为产业层次不高对智力形成挤出,谨防不发达地区盲目发展高层次产业对低技能劳动力形成驱赶。

一 前言

在教育领域,国家之间、区域之间、学校之间在办学条件、经费投入、教学质量、科研水平等方面有一定的差距,由此引发的教育选择和教育公平等已经成为公众反映强烈的问题。从国内来看,进入21世纪第二个十年以来,不发达地区首先希望在教育方面追赶发达地区,区域发展不平衡根源于教育发展不平衡,因此,各地区正在进行教育资源的重新布局和调整,制定新一轮有针对性的高等教育发展规划和年度实施计划。教育系统是整个社会系统的一部分,教育调整不仅仅涉及教育系统内部的调整，更牵涉其他系统的相关调整。只有如此，教育系统的调整才有效。在教育发展不平衡的同时，各地区的产业发展也不平衡，由此引出一个重要题目：产业系统和教育系统之间是什么关系？产业系统如何影响教育系统？教育和科研为产业发展提供原动力，要发展产业，先要准备好人力资源，同时产业为教育发展提供经费和应用支撑，产业和教育应协调发展。时值我国区域产业战略调整，沿海地区需要产业升级，中西部地区需要承接产业转移，因此，研究产业如何影响教育，尤其是目前占中国主流的低层次产业对人力资源发展的影响，探索经济系统和教育系统的协调机制具有重要意义。

高层次产业主要使用高技能劳动力，低层次产业则主要使用低技能劳动力。低层次产业的发展对区域劳动力资源有集聚效应，但对智力资源却有驱赶和"挤出效应"。低层次产业不仅在存量上影响现有智力资源和科教基本设施，而且在增量上影响智力规模扩张和科教基本设施进一步打造。产业发展层次的不同直接导致区域发展的不平衡，地区差别和中西方差距均可从产业发展差距中寻找原因（见表3-2）。产业层次、教育层次和研发层次之间具有高度的相关性。需要重点探讨低层次产业发展对智力资源和教育资源发展的影响，以及对区域不平衡和中外差距的影响。

表3-2　　　　　　国内低层次产业对智力的挤出效应

国际效应	地区效应	本地效应	
存量由国内流往国外	存量由本地流往外地	存量本地贬值	存量
国际教育发展和产业发展进一步不平衡	区域教育发展和产业发展进一步不平衡	挤占智力资源的培养空间	增量

二 低层次产业对智力资源的国际"挤出效应"

国家之间产业层次差别大，以此为基础，教育层次差别也大。不仅经济资源的国别分布差别大，而且智力资源的国别分布也显著不同。

（一）留学效应

教育为产业发展提供原动力，产业技术教育是产业发展的一部分。在劳动密集型产业主导的资源系统中，教育资源很难形成技术密集型即使国家通过指令性分配,将教育和科研经费强力配套给高等学校和科研机构,但因为缺乏高技术产业应用和高技术部门的互动,这样的高技术投入没有市场,投资效益极低。没有专门高技术实验资源和高技术产业资源配套,加之投入效益低,高技术经费再投入势必受到影响,高技能人才培养能力很难建立起来。尤其是对于高技能人才培养,实验设施和课题任务作为平台和载体,非常重要,光靠国家有限的财政拨款只能是杯水车薪。由于缺乏产业支持,高技术实验室也许无课题可做,好的研究创意、研究想法可能因为无经费无市场而难以实现。因为想获得很好的专业发展,成为一流人才,很多年轻人将出国作为理想选择。改革开放初期,我国一度掀起了"留学潮",原因尽管很多,但与我国当时产业层次低、高技术设施和教育落后不无关系。留学目的地一般是某领域专业优势在世界上比较强的学校,这些学校专业优势不仅表现在校内教学和研究资源,更在学校所在地区或所联系的社会网络资源、产业资源中,大学与产业之间大多有相应的配套。对发展中国家而言,所从事的低技术产业缺乏高技能人才成长的环境,因而对大学生和研究生形成国外"挤出效应"。

(二)技术移民效应

许多发达国家包括美国、加拿大、澳大利亚、新西兰、爱尔兰等,每年从发展中国家吸引大量的技术移民,以补充其高技术产业领域中人力资源的短缺。引起技术移民的原因很多,但移出国产业条件难以支撑高技能人员的发展是其中的重要原因。许多人无论是出于文化、心理因素,还是经济原因,都不愿意出国。以中国人为例,素有"金屋银屋不如自己家土屋"的价值取向,不到万不得已不会背井离乡,但是,为了自己的专业发展,许多人选择了出国。即便相对移民地为工业较发达国家的人力资源,发展中国家的技术移民也大多具备自己的竞争优势,否则他们就无法在异国他乡立足,技术移民帮助了工业较发达国家的技术发展、经济发展,但却同时使移出国人才紧缺的形式更加严峻,不利于其技术能力积累。尽管人力资源的国际流动在世界经济中越来越普遍,秉持对外开放理念,不应限制技术移民,但围绕吸引优秀的技术移民各国早已展开了激烈的竞争。如果没有不断进步、成熟的产业条件支撑,中国不仅真正优秀的国外人才很难获取,同时自己的优秀人才也会不断流失。低层次产业"赶跑"了一国现有优秀人才,因为缺乏高层次产业,一国也吸引不到国际优秀人才。

（三）中外教育和科技差距效应

不少文献从经费投入不足、体制不顺等视角探讨中外教育的差距，但少有文献从产业角度深入分析中外教育差距的原因，尤其是从产业层次角度。通过产业和教育的互动，高层次产业能够对高层次教育和科研提供支撑；低层次产业只能对低层次教育带来补给。只有有高技术需求的企业，才能给高等学校提供高技术研发经费、高技能人才就业和专业发展机会，不可能要求一个劳动密集型企业给高技术实验室提供经费支持，因为它对技术的要求很低，而且在这类产业更高水平的技术难以突破，也不能指望劳动密集型企业能够聘用更多的大学毕业生，否则要么造成人才浪费，要么不能胜任工作。高教育水平和研发水平与优质生源的吸引力是相辅相成的两类现象。因为有了一流的专业水平、教育设施和实验条件，所以，学校能够吸引优秀学生。同时学生为学校提供市场，哪个学校获得的市场份额大，所占据细分市场的附加值高，哪个学校就能获得更大的教育竞争优势。因为有一流学生的加入，有大量留学生的市场支持，教育发达国家领先于不发达国家，两者的差距越来越大，尤其是在高等教育领域。目前许多教育发达国家的著名大学中，中国留学生的比例较大，出国留学对中国的发展有利自不待言，但引起的中外教育差距也同样不可忽视。低技术产业将优秀的教育人力资源即专家学者和"原材料"即学生"赶往"国外，同时中国仅存的少量技术含量稍高企业因为市场竞争需要，每年需要从国外购买技术，支付大量的专利使用费，无形中也是将中国的高等教育和研究经费"输往"国外，中国科教设施和人力资源的国外"挤出效应"由此产生。

三 低层次产业对智力资源的区域"挤出效应"

因为对智力的"挤出效应"，低层次产业不仅造成了国际科教和产业发展的不平衡，而且造成了国内地区之间科教和经济发展的不平衡。

（一）智力分布地区不平衡效应

偏远不发达地区的产业层次一般都较低，正如前面有关国外的分析，低层次产业直接影响当地的教育和研究水平。分布在这些地区的高等学校一般都很难招到优秀的外地学生，同时本地区每年的高考状元和大部分高分考生被发达地区高等学校抢走。本地优质资源流失，同时又得不到外地优势资源补充，随着教育的扩张，不发达地区的生源水平逐年下降,而生源水平影响人才质量,因此,不发达地区培养的人才质量和获得的科研成果水平也在逐年下降。更让人担忧的是,不发达地区以有限的经费培养的人才往往并不选择在当地就业,重要原因之一是高等学校虽培养高技能人才,而当地缺乏高技术产业基础,高技能人才为发挥专业优势,不可能选择在当地就业。同时专业优势也是大学生的就业竞争力,即使这些学生想留在当地发展,因为专业不对口,也可能使这种想法不现实,面对低层次产业,技校生、职高生也许比正规的本科生更有竞争力。另外,既然本地优秀人才留不住,从外地吸引优秀大学生更不现实。因为产业发展的不平衡,低层次产业地区与高层次产业地区的智力分布越来越不平衡。不是优秀的大学生不想在家乡就业,是家乡低层次产业挤走了智力型人才。这再一次说明,如果产业层次不改变,不发达地区就很难留住或者吸引高技能人才。

(二) 教育资源分配地区不平衡效应

随着经济地位不断下降,加上缺乏相应的产业配套,许多不发达地区高等学校原有的教育精品专业越来越不精品了。由于没有相应的产业应用,一些基础研究型或者高技术应用型名牌专业不能为当地建设产生效益,因而也很难获得当地教育经费和产业经费支持。如此一来,学校和科研机构实验设施水平上不去,教师和科研人员待遇提不高,科研经费捉襟见肘,科研难以启动,研发积极性不高,人才大量流失不可避免。随着经济转型,偏远地区高等学校和科研机构因为缺乏强大的高技术产业配合和支撑,当地几代人在计划经济时期积累起的科研底蕴、能力尽失。而发达地区凭借自己的产业优势和产业吸纳能力可以从不发达地区大量招揽人才,包括师资和生源,通过产业—教育—科研的良性互动,迅速累积起自己的优势教育资源。自20世纪90年代以来,沿海一些高等学校,甚至中小学"新秀"就是靠着内地不发达地区老师"插队"而迅速发展起来的,这与六七十年代上山下乡插队形成鲜明的对比,当年是城市支援农村,发达地区支援不发达地区,现在是农村"支援"城市,不发达地区"支援"发达地区,发达地区与不发达地区的不平衡不断扩大。但导致这种"支援"的原因并非单纯的政策影响或者偏差,而是产业发展的不平衡,是教育、科技资源要求与产业资源匹配的结果。要解决区域发展不平衡,需要先从产业发展不平衡着手。尽管产业不平衡发展是发展中国家经济起步阶段发展的必由之路,这些国家必须先以优势的资源进行经济重点突破，但也不应忘记先富起来的发达地区要带动不发达地区发展，要尽量减少产业发展不平衡。对于21世纪初的中国而言，应做好沿海地区产业的内地转移工作，尽量缩小东部地区和中西部地区发展不平衡的差距。

四 低层次产业对智力资源的本地"挤出效应"

一个地区的经济发展归根结底要依靠本地资源，包括人力资源和物力资源，本地资源能力是本地发展的最大内因。一个地区只有摆脱低层次产业的束缚，才能获得本地高水平发展。

（一）本地智力型人才供应水平缩减效应

本地低层次产业的发展要求相应的低技术教育设施配套，低技术教育主要体现为技校、职校等职业教育，其配套设施不同于高等教育。我国的高等教育模式一直强调普通本科教育，家长对学生的期望也以成为大学生为荣，所以，教育资源配套偏重本科教育，在低层次产业发展的背景下，社会上需要技工型人才，而大学的培养模式却是本科模式。大学生想获得本科文凭，因为社会声誉好，而企业需要专门技能，这是素质型全面综合发展的本科教育所不能提供的。学生想要本科文凭又想要专门技能，这显然与本科教育不相适应，同时也与职业教育不相适应，后者提供不了本科文凭。企业招聘员工唯学历论，却又要求工作后有一技之长，不愿意付出就业培训成本。所以，学生觉得大学所学知识在实践中无用（其实只是知识层次与产业层次的不相配套），因而不愿意好好学习，几年大学学习不仅专门技能没有学会，而且综合素质也没有得到培养。低层次产业与教育的不相配套直接导致智力型人才供应质量降低。

（二）本地智力型人才供应量缩减效应

自20世纪90年代起，我国就出现了大学生、研究生就业难问题。2009年的一项调查表明，某地几所高等学校40%的硕士生后悔读研。2001年全国高等学校毕业生只有114万人，2003年第一批扩招本科生进入就业市场后，毕业生成倍增长，2005年和2006年高等学校毕业生分别增长到338万人和413万人。与此同时，人事部的一项统计表明，大学生的需求增长量远低于供给增长量，2006年与2005年同期相比，大学生供应量上升了22%，而需求量则下降了22%。这严重暴露了我国高层次产业发展不足的问题。在高层次产业发展不足的情况下，大学的扩招很难维持下去。目前，我国尚未出现读本科没积极性的问题，因为大学教育不再是精英教育，我国已经步入大中专生基本教育阶段，但我国高层次研究人才培养在质量上滑坡的同时，数量上也在滑坡。反映智力型人才增量减少的一个表现是：报考工科硕士和博士的人数在下降，很多高等学校高难度、高技术、工作条件艰苦的专业，尤其基础专业，少有人报考，而这类研究生的培养对技术进步具有重要意义。因为高层次产业没有充分发展起来，产业人力资源容纳率低，研究生就业难、待遇低，使越来越多的年轻人不愿意报考理工科或者基础学科研究生。低层次产业的发展并不鼓励高层次高等教育的发展，多年来，我国教育界一直在探讨如何加强高技能人才的培养，根据本章研究，解决这个问题需要跳出教育领域，如果高层次产业发展不够，高学历毕业生就没有恰当的就业机会，高技能人才的培养就会缺乏应有的激励，是低层次产业限制了我国高水平教育、高技能人才的发展。

（三）本地教育资源缩减效应

因为所创造的高技术缺乏产业应用，同时对当地低技术产业的贡献低，因此，不发达地区的高等学校难以得到政府研发经费和相关政策支持，难以得到产业界的支持，因而教育资源萎缩。同时本地区学生大量往发达地区或者国外求学，而本地区面向其他地区的招生量又有限，因而不发达地区的招生规模往往缩减，招生规模缩减导致教育经费缩减。目前生源缺乏在本科层次还不明显，但专科层次和职校层次已经相当严重。同为高等学校的深圳职业技术学院招生严重爆满，因为宿舍等基础设施负荷不够，许多市内学生只好走读；而在不发达地区的同样一所职业技术学院，校长很可能因招不到生而发愁，只好发动教师招学生。深圳职业技术学院的教学设施全国一流、教师工资全国一流、招生规模全国一流，政府支持只是一方面，背后最大的支撑是蓬勃发展、同为全国一流的深圳高层次产业，是高层次产业支持了该院的发展。产业层次低直接导致不发达地区与低层次产业不相容的高等教育资源缩减。同时低层次产业技术要求不高，高层次技术难以突破，直接导致这类产业从业人员不重视技术，滋长实用主义作风。即使需要技术，这类企业也不是自己研发，而是模仿或者通过挖人等方式偷学，对知识产权缺乏尊重，因而也不会尊重研发，不尊重高等学校的科研。如果低层次产业占据当地产业主流，当地的经济环境也会偏向于实用主义，这种环境自然影响当地政府和社会的态度，因而供应当地高等学校和科研机构的研究资源会很少,这是低层次产业在文化上对智力资源的另一种排斥效应。

(四) 现有智力贬值效应

智力资源价值的保持决定于已有知识存量,但是,在知识经济时代,知识呈爆炸式增长,所以,知识存量极易贬值。知识价值的保持决定于知识更新的速度,产业技术知识更新主要通过"干中学"来进行,在实践中不断出新知识,以新知识补充即将过时的老知识。但是,如果缺乏良好的产业环境,智力资源就不可能在现实运作中获得知识更新。随着时光的流逝,知识不用就会越来越贬值。智力贬值不仅包括知识的过时,还包括知识价值的贬值。因为学非所用,不同专业的知识对于另一专业而言其直接效应接近于零。因此,当高技能劳动力从事低技能工作时,其自身的使用价值大大降低,其创造的效益也大大降低,其收益水平也大大降低。在一定程度上可以认为是低层次产业剥夺了高技能劳动力的创造性和权利,可以使一个才华横溢、胸怀抱负的高技能人员变得碌碌无为、无所事事,因此,低层次产业可能将知识元素和创新元素从高技能人员身上挤掉。

五 启示

低层次产业尽管对智力存在负面效应,但不应该因此而全盘否定它,它同时具有学习效应和积累效应。改革开放以来,我国凭借低层次产业迅速成长成为"世界工厂",取得了世界贸易大国的地位,保持了GDP的高增长,可以说,低层次劳动密集型产业对中国经济的腾飞功不可没。现在以及今后很长一段时间,我国还需要大力发展低层次劳动密集型产业,这是由我国的基本人力资源状况和就业需求决定的。对于21世纪初的中国而言,从未来十年劳动力的供给压力来看,城镇每年新增劳动力人口将达750万—1000万,农业剩余劳动力每年向城镇转移达1200万人,国有企业和集体企业中需要再就业的人每年还有500万人,总体的劳动力供给压力每年平均可能达2500万人左右。但每年城镇提供的就业岗位,将保姆、清洁工、社区小时工等(没有统计上的灵活就业)全部算上,就业岗位可能也只有1000万个左右。这种格局得不到扭转,每年平均会形成1000万个有能力但不能就业的失业劳动力,经过10—20年的积累,加上失业再就业人口,可能形成1亿甚至2亿以上的城镇失业人口。再加上他们的家庭人口,由于失业可能造成1.5亿—3亿的城镇贫困人口。另外,还有因残、因学等致贫的人口,如果处理不当,可能会形成2

亿甚至 4 亿的城镇贫困人口。因此，低层次劳动密集型产业还需要大力发展。对于低层次劳动密集型产业，中国虽然在量上实现了大发展，但接下来还需要在质上大突破。经济的质的突破需要依靠高技能劳动力和科技资源，依据本节的分析，中国需要调整产业布局，让技术密集型产业在一些发达地区形成主导地位，让尊重技术、尊重产权、尊重人才在一些发达城市成为主流文化。通过将低层次产业从发达地区迁出，腾出空间发展高技术产业，逐步形成高层次产业对高技能劳动力和科教资源的集聚效应。目前人才集聚效应随着沿海地区产业水平的提高已有初步显现。据刘乃全和孙海鸣（2003），上海外来劳动力中的专业技术及管理人员对本地劳动力具有较强的替代效应或"挤出效应"，这体现了高层次产业或者岗位对人才的聚集作用。由本节的分析还可得出多方面的启示。

（一）谨防不发达地区高层次产业发展对低技能劳动力的驱赶效应

应看到层次产业对低技能劳动力吸纳的作用，在中西部不发达地区存在大量的农业人口需要非农化，因而低层次产业对中西部地区发展有现实意义。低层次产业对高技能劳动力有驱赶效应，但同时也应看到，高层次产业对低技能劳动力也有驱赶效应，在中西部地区发展高技术产业显然不合适，不可能再一次把西部地区的农民工赶到类似沿海地区这样的异地就业。但类似的政策偏差在中西部地区却并不少见。各地应力避产业结构雷同，重复投资。因为配套的人才、科研设施、产业链缺乏，甚至由高技术产业发展而来的新品、精品、奢侈品消费在中西部地区也不普遍，不发达地区高技术发展投资边际效益较低。应实施产业梯度发展，中西部地区在一定时期内不宜大规模发展高技术产业，应通过发展劳动密集型等低技术产业，做好农业人口的非农就业转化。

（二）谨防不发达地区低层次产业发展对智力挤出的同时对收入也形成挤出

区域产业层次差别是客观现象，只要看看不同地区的人力资源结构即可得出相应结论。根据产业梯度理论，产业发展的区域不平衡现象不可能消除，因此，低层次产业对智力的"挤出效应"会长期存在，所要做的是如何缩小不平衡差距。过去，我国把地区发展平衡看成产业发展平衡，高技术产业在沿海地区有，在内地也要有，结果分散投资，高技术产业水平并不高，发达地区高技术产业并不发达。根据本节的分析，应允许产业层次区域间的差别，以利于高技术产业重点突破，同时要做好地区之间的转移支付，发达地区因为受到国家高技术产业政策和投资的支持，理应在转移支付上做贡献，以缩小地区之间的收入差距。目前，农产品价格调整有利于增加不发达地区的收入，是调整地区差别的有效政策工具。产业发展区域可以不平衡，但应有良好的社会保障以使区域收入差距不至于过大，这也是国家经济社会发展的不平衡促平衡战略，既能达成整体经济最优，又有利于社会稳定。

（三）谨防发达地区产业层次不高对智力的"挤出效应"

低层次产业对智力驱赶效应并不是不发达地区的特有现象，发达地区同样存在。可以说，低层次产业只要存在，必定会产生对智力的驱赶效应。目前，我国某些沿海经济发达地区，尽管经济发达，但产业并不发达，尤其是高技术产业不发达，只是利用了外贸出口加工优势才发展起来。从经济布局来看，我国已经明确将沿海地区定为产业发展引导区和高技术产业发展区，因此，在沿海减少低层次产业发展，对减少整个中国智力驱赶效应具有重要意义；致力于在沿海地区发展高技术产业，对增加整个中国智力集聚效应意义重大。产业转型升级是国家赋予沿海地区的重要战略使命，东部沿海地区应全力推进产业转型升级，为高技术研发、高层次教育和人才发展提供平台与反馈。在通过发展高技术产业形成中国高技能劳动力集群效应方面，沿海地区任重道远。

第四章　产业分类前沿问题研究

产业分类无论是对于产业研究还是对于整体经济学研究都非常重要，产业分类理应成为产业经济学的一个专门分析领域。产业经济学有多种产业分类方法，其中之一是生产要素分类法，即按照劳动、资本、知识等生产要素的比重或者对各生产要素的依赖程度对产业进行分类的方法。这种方法将产业分为劳动密集型产业、资本密集型产业和知识密集型产业。该方法比较客观地反映了一个国家或者地区或者企业（产业在企业内体现为业务，尤其是大企业主要做产业运作）的产业发展水平。一般来说，知识密集型产业的比重越大，说明经济发展水平越高；劳动密集型产业的比重越大，说明经济发展水平越低（杨建文、周冯琦和胡晓鹏，2004）。该方法还可以反映产业结构的高度化趋势，即由劳动密集型产业占主导地位的产业结构向资本密集型产业占主导地位的产业结构过渡，典型的如机器代替人力；由资本密集型产业占主导地位的产业结构向知识密集型产业占主导地位的产业结构过渡，典型的如信息取代交通工具。

客观地说，产业要素分类法的整体思路有利于产业升级和产业发展的研究。但目前产业经济学中对要素的内涵分析还有待于拓展，特别是在资源基础理论研究不断进步的今天，产业经济学者需要对产业的资源基础作广泛的修正。现行的产业分类法仅依照一个维度，即技术维度来反映产业的高度化水平，其实产业的资源库中还有很多资源的投入利用能够反映产业高度化的趋势。目前的三个产业简单分类不能够揭示产业发展的深刻内涵，应用起来有局限性。产业分类方法有待于拓展，资源要素对产业发展的分析内涵远远没有得到体现。

第一节 要素角度的产业分类研究

国内外从要素投入角度研究产业由来已久，但是，关于要素角度的产业分类相关文献的意见并不统一。产业研究中有关劳动密集型、资本密集型、技术密集型和知识密集型的研究较多，但对资源密集型、信息密集型、网络密集型的研究较少，本节在前人研究的基础上归纳出了一个要素角度的产业划分体系及产业分类法——直观判断法、要素贡献测量方法，并探讨要素角度产业分类的意义及对我国的启示。运用要素角度的产业分类法对中国服务业的发展做系统的分析，为中国服务业发展建立一个分析框架，也为中国现阶段服务业建立了一个谱系。

一 问题定位及相关概念

产业这个概念的界定受到很多因素的影响：①地区的影响。如中国制造业。②产业链的影响。如工业制造方面有关研发环节的知识密集型产业。③行业分工的影响。如以产品大类对行业的分类。④技术的影响。如传统产业和高技术产业。⑤资源投入的影响。⑥部门的影响。如某集团公司中的制造环节可能属于劳动密集型产业，营销属于网络密集型产业，基础材料环节可能属于资源密集型产业。⑦生命周期的影响。如朝阳产业和夕阳产业。⑧生态的影响。如环境保护产业和污染产业。由于众多因素的影响，对产业的分类有许多方法，本节主要从要素角度对产业进行分类。

另外，在对产业的界定中，需要区分两个联系紧密的概念，即产业和企业。在许多情况下，产业和企业并不属于一种上下层次式的概念，两者是可以互相解释的非相关概念。一个企业的经营可以涉及许多产业，从要素角度看，耐克公司的经营体系跨越了多个产业：①劳动密集型产业。如中国大陆、越南和中国台湾的 OEM。②网络密集型产业。如营销网络。③信息密集型产业。如用户信息的收集和处理。④知识密集型产业。如对产品进行创意性的设计和开发。

二 文献回顾及分类方法

国内外从要素角度对产业进行分类的方式由来已久，但有关产业分类的要素维度大家的意见并不统一。如我国杨建文等学者将产业分为劳动密集型产业、资本密集型产业和知识密集型产业。① 该分类法对劳动力、技术和知识等要素比较重视，国内外的其他分类法也主要涉及劳动密集型、资本密集型、技术密集型、知识密集型等要素。还有文献将产业分为管理密集型产业和设计密集型产业。② 以上分类方法主要关注一些重点投入要素，对要素投入全面考虑的产业分类分析并不多见。将现代产业中其他一些重要投入要素，如信息、网络，引入产业分类的研究还比较零散。对信息和网络在现代产业中的重要作用大家都有共识，但因为在产业研究中较少引入，因此，上述基于要素角度的产业分类法并不完全。为什么要在产业分类中加入信息维度？首先，信息并不是知识。知识是在信息基础上进一步提炼加工后获得的一些有规律性的东西，并且这种规律通过实证或者得到了大家的公认。而信息是现象的文字或者数字反映，对信息的处理只能代表某个方面或某些群体的评价和估计，如会计师事务所对企业的会计报告，这种报告并非知识。这是产业分类中不能以知识维度代替信息维度的原因。其次，信息是重要的。由于现代社会科技进步日新月异，市场需求变化快，世界经济联系不断紧密，信息在产业要素中的作用越来越重要，没有信息、信息不及时或者对信息的处理水平低，都会使产业经济发展陷入盲目性。在工业发达国家，信息产业已经成为比传统工业更为庞大的产业群体。③

另外，在网络方面，网络已经成为产业经济中一种非常重要的资源，未来的经济更加倾向于网络型，而且网络经济早已呼之欲出，产业中不同企业只是网络中的一个节点。本节在前人研究的基础上增加评估维度，以便对产业进行详细而全面的分类，从要素角度把握好产业。在产业投入的要素中，自然资源、人力资源、资本、技术、信息、知识等对产业的发展有显著的影响。根据产业生产要素投入比重或者产业对各生产要素的依赖程度④，可将产业分为资源密集型产业、劳动密集型产业、资本密集型产业、技术密集型产业、信息密集型产业、网络密集型和知识密集型产业（见图4-1）。

---

① 杨建文等：《产业经济学》，学林出版社2004年版，第4页。
② 王维平、崔明：《香港资源密集型工业对内地工业的启示》，《兰州大学学报》1997年第3期。
③ 李悦主编：《产业经济学》，中国人民大学出版社2004年版，第83—84页。
④ 杨建文等：《产业经济学》，学林出版社2004年版，第5页。

产业分类 {
　资源密集型产业
　劳动密集型产业
　资本密集型产业
　技术密集型产业
　信息密集型产业
　网络密集型产业
　知识密集型产业
}

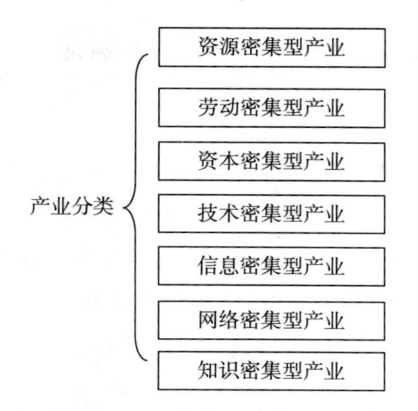

图 4-1　要素角度的产业分类

资源密集型产业以对自然资源的依赖为特征，如采矿业（开采）、冶炼业（初加工）。资源密集型产业的劳动对象为自然资源。如粮食种植业，通过密集的土地投入来获取农业增加值。

劳动密集型产业通过劳动力要素的密集投入来获得产业增加值，其产业特征是单位资本占用劳动力较多或单位劳动占用资本较少，如低层次的商贸餐饮等服务业和纺织服装、鞋帽、玩具、食品加工、一般电子通信设备组装等制造业，以及建筑业等。劳动密集型产业的劳动对象大多为自然资源和初级产品组装性产品。纵观工业发达国家和新兴工业国家的工业化过程，劳动密集型产业在各国的产业发展中占据着基础性地位，也是延续时期最长的产业。工业化首先是对既有农产品的利用，发展初级加工业，也就是说，工业化首先是从劳动密集型产业开始的，劳动密集型产业是工业化的逻辑起点。① 劳动密集型产业为主导阶段是指一端连接以农业为主的农业经济时代（以土地资源密集型为特征），一端连接以资本密集型产业和技术密集型产业为主的工业化中高级阶段的那一个漫长的历程。

资本密集型产业以资本密集投入为特征，如重化工业。在工业化初期，各国多发展资源密集型产业和劳动密集型产业，如农业和轻纺工业；在工业化中期，各国多发展资金密集型产业和资本密集型产业如钢铁、电力、化工和机械等资本密集型基础工业。在工业化后期，各国多发展

---

① 胡军、向吉英：《转型中的劳动密集型产业：工业化、结构调整与加入 WTO》，《中国工业经济》2000 年第 6 期。

技术密集型产业、信息密集型产业、网络密集型产业和知识密集型产业。

技术密集型产业通过技术能力构筑产业支撑平台和进入壁垒，通过技术发展乃至更新换代来提高自己的竞争能力。劳动对象中相当一部分是与生产有关的流程设计方案和新产品开发方案。技术密集型产业是一个外延宽泛的概念，包含众多的各类产业，这些不同产业的共同特征是技术创新对其发展均具有重要影响。在制造业范围内，技术密集型产业主要是指电子、电气、制药、化工、机械和运输设备等产业。①

信息密集型产业以信息的收集、处理为产业发展的基础。信息密集型产业的劳动对象为信息资源，以服务业为特征，所以又称信息密集型服务业②，是指使用信息设备进行信息收集、加工、存储、传递等提供信息服务或者高度专业化信息产品的产业。信息密集型产业包括：①各类中介机构如会计师事务所、审计师事务所、律师事务所、专利事务所、房地产中介所、婚介所等。②专门从事各类信息收集和处理的公司。③网站。在信息化社会的今天，有关信息收集和处理的产业分工不断细化，出现了专门的市场数据公司和调研公司，企业往往采用信息密集型营销战略，充分利用顾客信息，精确理解市场中的顾客行为，为消费者提供精明的产品和服务，与精明的竞争对手竞争精明的市场。③

网络密集型产业通过市场网络的构建来获取自己的竞争优势。劳动对象为网络资源。网络资源包括客户数、网点数、项目数、合同数量和金额等。如连锁业主要进行销售终端的建设，销售终端的数量、跨地区数、营业面积、营业额等体现了其网络资源的占有情况。专门的营销公司主要进行客户网络建设，客户的地区分布范围、每个地区建点数、每个营业点营业额等指标都可以用来衡量其网络资源的开发情况。现代社会的很多资源是以网络形式存在的，通过实施网络型控制，企业能够整合大批资源和产业。

知识密集型产业以研发和创意为特征，是一种以智力活动为主要工作方式的产业。劳动对象为知识、创意、方案，如各类研发机构、培训机构、设计院、广告创意公司、工程设计公司。知识密集型产业在很多

---

① 吕铁：《论技术密集型产业的发展优势》，《中国工业经济》2003年第10期。
② 阎小培：《广州信息密集服务业的空间发展及其对城市地域结构的影响》，《地理科学》1999年第5期。
③ 汪纯孝：《采用信息密集型营销战略赢得精明的市场》，《科技与管理》2000年第3期。

方面与劳动密集型产业和技术密集型产业不同，比如，知识密集型产业的智力资本是通过人和组织结构的作用来获得和产生的。对知识员工来说，个人的价值必须借助于组织的结构资本来发挥。组织的结构资本是支持人力资本的基础设施或知识平台，包括企业的组织结构、制度规范、企业文化、信息技术系统、组织结构形式、企业形象、知识产权以及一整套企业特有的能力与系统。

三　产业分类方法及指标体系

对产业从要素角度进行分类有利于把握产业的特性和发展规律。但是，对产业的分类只是一个大的方向，具体各类产业之间如何区分还需要细化的指标和具体方法。有些产业的属性比较单一，如会计师事务所，既不需要依赖自然资源、劳动力，对资本、技术的依赖也不重要，对知识的创造在该产业也不突出，因此很容易判断这种类型产业的信息密集型特性。但大多数产业往往集中了多种特性，这就需要我们从投入的多个方面对这些产业进行把握。如某些产业既可能是技术密集型产业，但在开发出大量实用技术的同时，也可能创造大量的知识，同时信息的收集和处理工作量也可能比较大。如电子信息产业，既需要有很好的生产技术平台，同时产出专利较多，提炼了众多概念和知识。此外，还拥有庞大的信息资源库和高水平的信息收集及分析能力，因为技术开发需要信息的收集和处理。

（一）直观判断法

据劳动对象很容易区分知识密集型产业、网络密集型产业、信息密集型产业、技术密集型产业和其他三种产业（资源密集型产业、劳动密集型产业和资本密集型产业）。根据产业赖以发展的基础，资源密集型产业以对自然资源的依赖为主要特征；劳动密集型产业以对廉价劳动力的大量投入为特征；资本密集型产业以巨额的资金投入为支撑，并且以资本构筑行业进出壁垒；技术密集型产业的基础为专门技术，其发展依赖技术的创新和革新；信息密集型产业依赖信息的收集和处理能力；网络密集型产业依赖市场网络的拥有量、拥有面积、拥有区域；知识密集型产业依赖对知识的创造和对方案的创意。如果我们只需要从某类资源的角度把握各类产业，采用直观判断法就足够了。如关于中国沿海地区和工业发达国家的劳动力资源情况，凡是与劳动力的大量投入使用密切相关的产业都应在考虑之列，因为劳动力是"瓶颈"，其他与这些产业相关的信息、技术、知识、资本等都不足以影响这些产业的全局。

在具体的判别指标方面,劳动密集型产业可以初中以下低学历劳动力和低技能劳动力的"两低"人员占总就业人数比重来衡量。在中国沿海地区的许多"三来一补"企业中,"两低"人员占90%以上。资本密集型产业可以资产折旧占要素增加值比重来衡量。技术密集型产业可以高学历和高技能人员占总就业人数比重、设备的先进程度、研发费用投入占总产值比重来衡量。信息密集型产业可以与信息处理相关的产值占总产值比重来衡量。网络密集型产业可以网络建设和维护费用占总成本比重来衡量。知识密集型产业可以知识产品(包括研究成果、创意、方案、专利等)转让值占总产值比重以及高学历和高技能的"两高"人员占总就业人数比重(在知识密集型产业中,该比重远远高于技术密集型产业)来衡量。资源密集型产业可以劳动对象中自然资源的比重来衡量(见图4-2)。

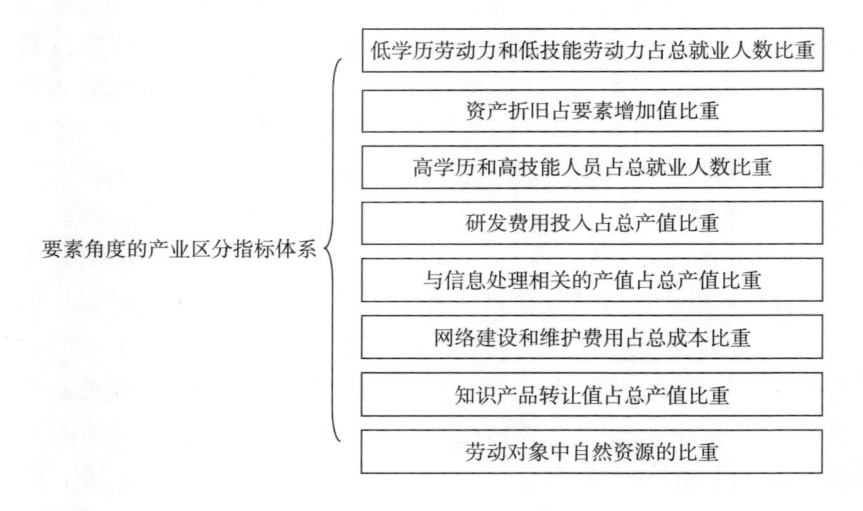

要素角度的产业区分指标体系
- 低学历劳动力和低技能劳动力占总就业人数比重
- 资产折旧占要素增加值比重
- 高学历和高技能人员占总就业人数比重
- 研发费用投入占总产值比重
- 与信息处理相关的产值占总产值比重
- 网络建设和维护费用占总成本比重
- 知识产品转让值占总产值比重
- 劳动对象中自然资源的比重

图4-2 要素角度的产业区分指标

(二) 要素贡献测量法

通过计量和比较各要素对产值或利润的贡献度,如通过回归分析法,来获得产业对各投入要素的敏感系数,可以判断产业属于哪种类型。大多数产业是多类型的综合,根据要素投入差别法,产业分类理论上说可以有很多种,并且可以通过经验证明。完全的种类如下式所示:

$C_7^7 + C_7^6 + C_7^5 + C_7^4 + C_7^3 + C_7^2 + C_7^1$

各产业要素投入和该产业的产值或利润是显著相关的。在具体的验证中，可进行相关性检验。设自然资源、劳动力资源、资本、技术、信息、网络、知识等投入要素分别为 S_1、S_2、S_3、S_4、S_5、S_6、S_7，绩效指标产值或利润为 Y。用绩效指标 Y 对解释变量各投入要素进行回归。在具体的分析中，劳动对象中自然资源比重为 S_1，低学历劳动力和低技能劳动力占总就业人数比重为 S_2，资产折旧占要素增加值比重为 S_3，研发费用投入占总产值比重为 S_4，与信息处理相关的产值占总产值比重为 S_5，网络建设和维护费用占总成本比重为 S_6，知识产品转让值占总产值比重为 S_7。设 ε 为满足古典假设的随机扰动项，可得出要素贡献的回归分析模型如下：

$Y = b_0 + b_1 S_1 + b_2 S_2 + b_3 S_3 + b_4 S_4 + b_5 S_5 + b_6 S_6 + b_7 S_7 + \varepsilon$

其中，参数 b_1、b_2、b_3、b_4、b_5、b_6、b_7 的估计和检验结果是本模型所关心的，它代表各产业对各要素投入的比重或者依赖程度。在具体产业的分析中，可依据该模型，将产业内企业绩效指标对产业内各企业的相关要素投入数据进行回归，然后得出各要素敏感系数，以对该产业的要素特性进行定量把握。

四 要素角度产业分类法的意义及对我国的启示

从要素角度对产业进行分类，能让我们把握好要素投入对产业存在和发展的约束，以及产业对要素的适应性。无论是宏观经济、区域经济或者产业经济，还是企业的微观经济，从要素角度对产业进行分析都有重要意义。

第一，可以从要素投入角度更深入地把握产业现状和发展特征。产业活动受到资源约束，无论是产业的承接和引进、产业的消化和吸收，还是产业的发展都与资源的供给密切相关。对劳动密集型产业而言，发展中国家只有具备充裕的劳动力资源，才能承接和引进世界劳动密集型产业。发展中国家要消化和吸收外来产业，并且获得自身产业结构的升级，必须投入智力型人力资本、研发费用，并创新相关机制。总之，资源是有限的，如何培育、整合和配置，要素角度的产业分类法提供了一个较好的辅助分析框架。

第二，有助于地方政府制定正确的引资政策，进行区域产业定位。招商引资经验表明，并非任何外来投资都能带来本地经济长期发展，有的外来投资甚至损害本地经济生态，能否吸引到与本地资源供给状况相适应的资金，关系到地方经济的持续发展和投资者的持续经营。结合本地资源特点的投资能够保证本地区经济发挥出潜能，使投资效率事半功倍。对于沿海地区而言，引进资本应以开发技术、信息、网络、知识等高层次要素资源为主要目标，尽快调整产业结构，实现产业升级。在劳动密集型产业方面，沿海地区对内地的比较优势在不断弱化。对广大的中西部地区而言，不应该一味地向高技术产业看齐。国务院农村发展研究所2001年曾对一些地区进行过抽样调查，得出了"2000年我国农业剩余劳动力达到3.2亿"的结论。生产资料的配置必须与低技能劳动力资源相适应①，新的工业生产方式需要与广大农民工较低的生产力水平相适应，否则就会造成中国劳动力的大量闲置，不利于农民非农转移、社会财富积累、整体国民经济发展、社会长治久安。

第三，有助于产业投资者的投资决策和产业定位。投资活动应与资源禀赋条件相协调，严重依赖某些要素的产业因在当地找不到合适的资源或者资源供应紧张，会面临生存压力。21世纪头十年，中国沿海地区众多劳动密集型产业投资者陆续开始了北上西移的产业转移。早在20世纪90年代，内地的一些高技术企业就纷纷迁往沿海地区，因为沿海地区有智力资源和信息优势，供应链发达。

第四，能够比较客观地反映一个地方的经济发展水平。一般来说，知识密集型产业比重越大，说明当地的经济发展水平越高；劳动密集型产业比重越大，说明当地的经济发展水平越低。中国目前虽然号称"世界工厂"，但至多只是制造业数量上的大国，从要素投入角度来衡量产业水平，可以发现中国大多数地区的多数工业都离不开密集的劳动力投入。实现中国制造强国还有很长的路要走，当然这也说明中国未来的产业成长空间依旧十分巨大。

第五，可以反映一国产业结构的高度化趋势。一些地区资源密集型产业受自然资源的约束较大，其所处的资源加工环节技术水平较低，附加值不高，难以长期持续。在具备资源条件的情况下，以矿业资源密集型为主的地区应向多元化产业结构发展，以减少对特定资源的依赖。劳动密集型产业占主导的产业结构应该向资本密集型产业占主导的产业结

---

① 孙言雅：《新时期我国农村剩余劳动力转移问题分析》，《经济师》2004年第11期。

构过渡。资本密集型产业占主导的产业结构可以向技术密集型、信息密集型、网络密集型产业，或者知识密集型占主导地位的产业结构过渡。我国广大农村以农业资源密集型为主的产业结构应向劳动密集型产业结构转变，克服单纯农业资源的局限性。根据当前我国社会经济发展状况和人民生活水平提高带来的需求变化，以及我国人多地少的资源要素禀赋特点，劳动密集型的水果、蔬菜等经济作物种植业及养禽、养畜业比土地密集型的粮食业更具有市场优势。在国际市场上，我国具有比较优势的农业产品是水果、蔬菜、园艺之类的劳动密集型产品，而非粮食。应该说，我国发展具有劳动密集型产业特征的经济作物种植，以及畜牧业、养殖业，不仅有利于改善农业生产结构，还有助于缓解农村就业压力，帮助农民脱贫致富。

第二节　中国资本密集型生活服务业分类研究

生活服务业与每个人的日常生活息息相关，但体系宏大、内容复杂、功能综合，目前相关研究关于生活服务业各子类的表述还比较含混，清晰的概念框架是研究生活服务业的基础。本节先对资本密集型生活服务业进行分类梳理，然后对每个业种从产业内涵、中外状况、中国市场潜力及改革方向等方面进行分析。资本密集型生活服务业体现了一个国家在服务业领域的资本要素投入水平。我国资本密集型生活服务业市场潜力巨大，人民群众需求压力大，与世界水平相比，还有相当大的差距。

一　前言

服务业的发展关系到中国产业结构调整和经济转型。但是，服务业是一个大的研究范畴，要获得对服务业的清晰了解，必须深入服务业的各个门类。服务业主要包括生产服务业、生活服务业和公共服务业三个部分，尽管能从生产、生活和公共三个角度深入理解服务业，但每个分类仍然是较大的研究范畴，如果不进行细分类，对服务业的研究仍然会是雾里看花。从要素投入角度能够使我们更深层次地研究服务业的各个细分类，以生活服务业为例，可从要素投入角度对不同要素类型生活服务业进行细分，从而将服务业的微观分析不断深入下去，以获得对这种产业类型更深入的理解。

二 对资本密集型生活服务业的分类分析

资本密集型生活服务业以资本密集投入为特征,产业运行对资本要素敏感。资本密集型生活服务业包括交通运输业、典当业、金融业、保险业、住宅业等。

(一) 交通运输业

交通运输业需要密集的资本投入,是典型的资本密集型产业。以中国内地和中国香港城市公共交通业为例,中国香港的公共电车业没有一名售票员,而内地的无人售票车也早已在大城市流行。另外,公共交通业的服务对象主要是普通市民、上班一族和进城务工的农村流动人口,在许多国家,属于福利事业,需要政府补贴。因此,在公共交通业发展中,政府的政策保护和投资非常重要。交通运输业包括城市公共交通业、出租汽车业、公路运输业、铁路运输业、民用航空业、轨道交通业和水运业。其中,城市公共交通业、出租汽车业和轨道交通业是典型的生活服务业,公路运输业、铁路运输业、民用航空业和水运业又可细分为客运业和货运业。客运业和货运业的相当一部分为生产服务,属于生产服务业。交通运输业既可为中间产品生产服务,如运送原材料、零配件,也可为生产流通服务,如运送商务人员。但是,客运业和货运业与居民的日常生活紧密相关,直接为其出行服务,也属于典型的生活服务业。随着经济发展,生活水平提高,人民的出行需求在量和质上都有较大幅度增高。"质"主要是指安全、舒适和迅速。

1. 城市公共交通业

城市公共交通既是城市出行的第一道工序,又是最后一道工序,在城市经济中具有全局性和先导性地位。城市公共交通业主要集中在城市,而城市又集中了国家大部分生产能力,因此,城市公共交通业对于现代经济运行效率提高具有重要意义。世界城市交通拥塞问题较为普遍,以巴西圣保罗为例,该市2005年人口2000余万,且以每年净增25万的速度继续膨胀。汽车约500万辆,驾车者每年平均因堵车而浪费的时间为49.5天,总共约合2亿个劳动小时,净消耗汽油2000亿公升。通常小汽车的平均时速是17千米/小时,大轿车更慢,只有12千米/小时。我国城市人口密度也大,人均道路设施少,目前不少城市交通拥挤、事故频出、污染严重,再加上能源危机,不少人提出应吸取国外教训和借鉴国外经验，大力发展城市公共交通业。因此，中国城市公共交通业还有发展余地，在线网规划、场站建设、交通衔接、路网优化和交通管理方面可进一步优化。

另外，城市公共交通业的发展也需要注意提高经济效益和开发新产品，政府的补助毕竟有限。如考虑到西安的旅游城市性质，西安公交公司推出了旅游专线，线路专挑有旅游价值的胡同与市里的偏僻路段，为乘客提供观光机会，车辆多为豪华中巴，车内整洁，乘坐环境舒适宽松；票价一般为普通公交的2—3倍。这项业务一经推出，便受到了乘客特别是游客的欢迎，公交公司也得到了很好的回报。

2. 出租汽车业

出租汽车业与城市公共交通业和轨道交通业共同组成城市公交体系。出租汽车具有机动灵活、便捷、安全、舒适、门到门运送的特点，在时效性和便利性上优于公共交通，但后者较为经济，适合于工薪阶层。出租汽车业涉及面广，接触到社会的各个层面，出租汽车的档次反映了一个城市的经济发展水平；出租汽车市场秩序反映了一个城市的管理水平；出租汽车的车容车貌和车内卫生反映了一个城市的环境卫生状况；出租汽车行业的文明服务和精神面貌反映了一个城市的文明程度，因此，出租车被喻为城市的镜子。改革开放以来，出租汽车客运量在城市交通中的比重有不断上升的趋势。以上海为例，1985年出租汽车客运量仅为1%，2000年已达到21%。

3. 公路运输业

公路运输业在沟通区域间的人流和商品流方面发挥了重要作用。以公路客运企业为例，我国公路客运事业在改革开放后得到了长足进步，公路输送的旅客数量日益增加，2004年年底突破了160亿人次，远远超过了铁路的11.2亿人次，而且发展势头良好。然而，公路客运企业效益并未水涨船高，许多客运企业都处于亏损的边缘。仔细分析，不难发现，当前我国客运企业在运力、运输结构、运输布局和企业员工素质方面存在问题。实践表明，价格等竞争方式只会导致效益的进一步滑坡。公路运输业应在经营特色产品方面多下功夫。如随着大城市工厂设址的郊区化，再结合我国实际的经济水平和人民的收入情况，公路客运企业可以考虑为这些厂家提供专业化的班车服务。比如武汉公交公司的做法就很值得借鉴，武汉由于许多线路上的公共汽车已明显过剩，于是公交公司就把这部分汽车抽调出来，出租给有需要的企业。

4. 铁路运输业

铁路运输业具有明显的资本密集、资源独特、自然垄断、规模经济特征。与其他交通运输业相比，铁路运输具有非常明显的比较优势，一是准确性和连续性强；二是运输速度比较快，运输量比较大，运输成本相对较低，运输安全可靠。铁路在我国交通运输业中的重要地位与我国的人口总量、生活水平，甚至产业结构水平密切相关。我国的产品以劳动密集型为主，从原材料、零部件、机器到成品运输量都很大，铁路运输业发展前景大，在交通运输业中具有不可替代的战略性作用，是保障生产资料和人口流动的重要运输工具。在今后较长一个时期，铁路运输业仍将是我国的朝阳产业，并且是交通运输业中防御周期性经济波动最好的产业。

5. 民用航空业

民用航空业的投资成本高，交通管制要求严，技术精度要求高，消费成本高，同时飞机也是速度最快、最舒适、最便捷的交通运输方式，深受商务人士的喜爱。对于远距离的交通而言，飞机往往是人们的首选。民用航空业在世界范围内都是最年轻的交通运输方式。而中国又是世界民航业增长最快的国家，早已跻身世界民用航空业大国行列。民用航空业的快速发展得益于国民经济持续快速增长、对外交往、人民生活水平提高，以及自身管理体制和运行机制改革成效。中国民用航空业的未来市场空间仍旧巨大。

6. 轨道交通业

轨道交通业工具种类繁多，但主要是指地铁、市郊铁路和轻轨（快速有轨电车）三种：①地铁。列车运行由电力驱动，线路全封闭，与其他市政设施隔离，一般设置在地下，局部设置在地面或高架。②市郊铁路。一般利用位于城市地段的铁路再增设车站或专门新建铁路线来运送客流。市郊列车与地铁列车一样，采用电动车组或内燃机车组，一般设置在地面，局部地段为高架或入地。③轻轨。在老式有轨电车基础上吸取了地铁、市郊铁路设在专用隔离车道上、信号控制和车辆结构等方面的先进技术，再经过改造，逐步发展起来的新型有轨电车。全世界许多城市都在坚持发展以轨道交通为骨干的城市公共交通系统。轨道交通业的快速发展是城市不断扩大和客运量激增的需要。按交通理论研究和国外许多大城市的实践,理想的大城市客运交通指标是:80%—90%的乘客从居住地到达目的地所花时间,单程不应超过40分钟,最好是在30分钟内。按此标准,出行距离在0—10千米的,宜采用公共汽车和有轨电车;出行距离在0—16千米的,宜采用轻轨;出行距离在0—20千米的,宜采用地铁或市郊铁路。随着中国大城市和城市群不断扩张,轨道交通业发展前景广阔。

7. 水运业

水运业又分为内河航运业和海运业,是最古老的交通行业,污染少,在改革开放中曾经得到了快速发展。但是,自20世纪90年代中期以来,我国水运业,特别是内河航运业发展速度开始逐步下降,从而暴露出深层次的结构矛盾,如航道、港口等基础设施建设滞后;港航企业规模小,素质低;运力失控,市场无序,恶性竞争;船型落后,超载运营。中国水运业需要及时进行结构调整。另外,中国传统水运企业的发展还应融入现代物流的构思。在这方面,国际知名物流企业的成功经验值得借鉴。国际上知名大型物流公司基本上都是在原来主营空运、海运、快递等业务基础上发展起来的,如联合包裹(UPS)、马士基、联邦快递(FedEx)等。中国经济的快速发展为水运业带来了巨大的市场,同时水运资源丰富,以长江干线的水运为例,其潜在水运能力至少相当于十几条铁路线,但水运能力远未发挥出来。中国水运业还有较大的发展空间。

(二)典当业

由于具有以实物抵押贷款、到期收回所当物的特点,因而典当是一种短期融资方式,属于金融领域中的一个业种。日常生活中难免有意外的现金流断流,典当能够应急,解决居民短期资金融通的困难,在一定意义上还有扶贫调剂的功能,因而无论是富裕阶层还是贫穷阶层,对典当业都有需求。典当业在中国存续了1700多年,新中国成立后中断了几十年,自1988年中国首家典当拍卖行在成都挂牌开业至今,全国各地典当拍卖行发展迅猛,但仍不能满足广大居民的需求。典当业具备金融业的特征,有"第二银行"之称。德国典当业发达,据德国典当行业协会的统计,2002年约有120万德国人光顾过典当行,平均每人抵押贷款400马克,约90%的人赎回了自己的典当品。中国典当业还有待发展,问题主要表现在行业定位不准、发展策略不明、社会角色不被认同、政策缺乏连贯性。

(三) 金融业

为生活服务的金融业主要是个人金融业务。我国银行过去基本上只提供存款、贷款服务，与居民生活关联的也只有存款、汇款服务。现代商业银行个人金融业务是以个人或家庭为服务对象，为个人或家庭客户提供存款、投资、融资、汇划、委托咨询等各类金融服务的银行业务，包括个人资产类、负债类业务及个人中间业务等方面。个人中间业务包括信任租赁、票据承兑和贴现、各类代理业务、经济咨询、各类评估、信用证、代客理财、信用卡和兑付证券、基金托管等。目前，中国各大银行竞相扩大个人金融业务，把个人理财、个人消费贷款、基金代理等作为发展重点，同时普遍发展个人理财中心、金融百货超市、金融服务中心，重点满足高中端客户需求。

尽管我国为生活服务的金融业取得了很大进展，但发展还很不够，群众抱怨银行服务态度不够好，服务内容不够全面，服务设备故障多。同时银行自身的创新水平低，防范风险能力差。我国为生活服务的金融服务业在自我发展的同时应注意借鉴国外的成功经验。国外先进的商业银行在经营个人金融业务过程中，注重进行客户分层和产品市场定位。现金的存取不是银行主业，多元化投资理财才是银行着力培养的市场。个人金融服务前景广阔，国际上，大多数综合性商业银行的利润来源早已经由原来的以公司业务为主转向以公司业务和个人金融业务并存的发展格局。据统计，国际性大银行的资产业务中个人贷款所占比重一般在30%—50%，个人金融业务收益所占比重一般在30%—70%。个人金融业务近年来在我国获得快速发展。

(四) 保险业

保险业对稳定社会，安定人民生活，促进经济发展起着重要的作用，被称为一国经济的助推器和稳定器。自1980年恢复国内保险业务以来，中国保险业经历过超常规发展历程。从时间序列来看，中国保险业取得了巨大的进展，但是，如果把中国保险业放在世界范围内来考察，高速度的发展还是没有改变中国保险业极端落后的现实。当然，这也从一个侧面说明中国保险服务业潜力巨大。中国保险业发展水平的各项指标与中国经济总量的发展很不协调，中国保险业对社会经济生活的渗透力不强，对宏观经济决策的影响力不强，对经济发展的"助推器"和社会发展的"稳定器"以及社会管理的功能未得到充分发挥。无论是为生产服务还是为人民群众生活服务,中国保险业发展潜力都是巨大的。

(五)住宅业

住宅业包括土地开发,房屋建设、维修、管理,土地使用权买卖,房屋所有权买卖以及相关的信息咨询和劳务服务。与住房相关的产业有两类:一是住宅业;二是建筑业。前者属于生活服务业,后者属于生产业。住宅业和建筑业的区别及联系见表 4-1(李嘉陵,1995)。

表 4-1　　　　　　　　住宅业和建筑业的区别及联系

比较项目	住宅业	建筑业
主要活动环节	流通、分配、消费	生产
劳动对象	不动产(主要是已形成的)	不动产(在建房屋或构筑物)
劳动方式	常年,分次服务	房屋建筑安装施工
产业归属	第三产业	第二产业

"停止福利分房"卸下了多年来中国政府和国有企业身上背的福利包袱,在今天的中国政府公共支出结构中再也找不到福利住房支出的比重;住宅商品化使城镇个人购房的比重迅速上升,已从 1991 年的 34% 上升至 2000 年的 91%,住房自有率已达到 70% 左右。这在一定程度上说明中国以住宅业为主体的房地产改革取得了一定的成功,目前政府的工作主要放在房地产市场调控上。改革开放以来,住房与电信、汽车、旅游等产业一道对国民经济的拉动作用较大,中国目前住宅开发尽管出现了一定的空置,但这只是阶段性问题。从总量来看,从未来城市化进程来看,中国住宅产业潜在需求仍然巨大,持续、稳定、旺盛的发展势头仍能保持。

三　结论

通过对资本密集型生活服务业进行分类分析和中外对比,可得出中国资本密集型生活服务业发展的一些研究结论。

第一,资本密集型生活服务业发展需要一定的资本投入,其产业进步程度建立在一个国家民间资本拥有水平之上。资本密集型生活服务业可体现一个区域或城市的财力水平,如公共交通业;可体现城市居民的投资能力和消费水平,如出租汽车业;可反映一个国家公民的风险防范意识和风险保障能力,如保险业;可表明一个国家民间经济实力和投资水平，如为生活服务的金融业；可反映一个国家居民的财富创造水平和富裕程度，如住宅业；可体现一个国家的健康投资能力，如社区体育中心；可反映一个国家民间短期投融资能力，如典当业。改革开放以来，我国资本密集型生活服务业之所以取得长足进步，与中国劳动密集型产业的发展、中国经济总量的不断扩大和中国民营经济的发展密切相关。

第二，中国资本密集型生活服务业的市场潜力巨大。无论是交通运输业中的城市公共交通业、出租汽车业、公路运输业、铁路运输业、民用航空业、轨道交通业、水运业，还是金融业、保险业、住宅业、典当业，以上分类分析都能充分说明中国资本密集型生活服务业未来市场发展空间巨大。

第三，通过对大多数行业进行中外对比分析，进一步印证了中国资本密集型生活服务业的发展潜力巨大。工业发达国家有不少成功经验值得借鉴，如美国花旗银行的个人理财业务，同时教训也值得吸取，如巴西圣保罗的城市公共交通业。还有，随着世界贸易组织服务业保护期限的结束，中国资本密集型生活服务业必须在竞争中学习生存本领，在学习中与西方跨国公司竞争。正因未来生活服务业的市场空间惊人，人民群众的需求压力大，相比西方的跨国公司处于弱势，所以，中国资本密集型生活服务业需要强化内功，加快国际竞争力培育。

第四，资本密集型生活服务业的发展往往与政府的支持分不开。首先是政府的政策，其次是政府的投资，对资本密集型生活服务业的发展产生重大影响。

第五，资本密集型生活服务业体制改革、转型升级任务重。中国绝大部分资本密集型生活服务业处于政府垄断或者严密监管之中，都不同程度地存在体制不顺、活力缺乏、创新能力不强、产业化水平不高等问题。企业需要进一步转换经营机制，政府需要不断地提高监管水平，进一步开放搞活是政府和产业界面临的共同任务。

第三节　中国劳动密集型生活服务业分类研究

中国许多大城市产业结构在不久的将来都将转向以服务业为主导，服务业决定城市经济，因此，把握服务业进步和升级规律非常重要。而要研究服务业发展规律首先要弄清楚服务业的细分和层次结构。本节研究劳动密集型生活服务业分类。劳动密集型生活服务业目前在我国城镇服务业发展中占据相当重要的位置,对低技能劳动力就业吸纳能力很强,而且其发展同样能够提高整个区域产业结构的高度化水平。

一 概述

生活服务业是服务业的重要组成部分,在许多城镇,生活服务业甚至是城市主导产业。把握生活服务业进步和升级规律非常重要,国内在生活服务业层次结构研究方面仅李江帆、江小涓等少数几名学者有所涉及(李江帆,2003、2005;江小涓,2002)。杨建文提出,要素角度的产业类型能够体现产业结构的高度化趋势,即整个产业结构呈现出"劳动密集型产业为主—资本密集型产业为主—技术密集型产业为主"的演进轨迹(杨建文,2004)。李江帆论述并求证了在服务业发展中,流通产业类型主要与劳动力投入密切相关,流通产业类型处于较低的产业层次,在城市服务业中要大力发展生活服务业与生产服务业。

当前,劳动密集型生活服务业是我国城镇服务业的主要组成部分。对于发展城市服务业,将城市经济由工业经济转型为服务经济大家已达成共识,但是,对于如何发展城市服务经济、现阶段以劳动密集型为主的城市生活服务业有没有大的发展空间、城市服务业升级要不要考虑劳动密集型生活服务业的发展等问题,大家的意见不统一。由于这个问题没有解决,许多城市规划中对服务经济的说明都较为模糊,因此,专门探讨城市经济中的生活服务业(也被称作消费服务业)有重要意义。

二 劳动密集型生活服务业的分类分析

劳动密集型生活服务业主要以一般劳动的密集投入为特征,包括餐饮、零售、洗染、浴池、装卸搬运、物流快递、装饰装修、保姆、清洁、陪老、导医、导路、养老护理、报失、旅馆、美体美容美发、按摩足疗、保安、礼品回收、废品回收等行业。根据劳动密集型生活服务业服务对象的不同,又可将其细分为与饮食相关的生活服务业,如餐饮业;与居住相关的生活服务业,如装饰装修业;与出行相关的生活服务业,包括旅馆、导路等行业;与用品相关的生活服务业,包括装卸搬运、物流快递、报失、礼品回收、废品回收等行业;与人体相关的生活服务业,包括美体、美容、美发等行业;与卫生清洁相关的生活服务业,包括洗染、浴池、清洁等行业;与健康维护相关的生活服务业,包括导医、养老护理、按摩足疗等行业；与家务相关的生活服务业，包括保姆、陪老、安保等行业；与钱财相关的生活服务业，如报失业；综合性生活服务业，如零售业。劳动密集型生活服务业谱系概括如图4-3所示。

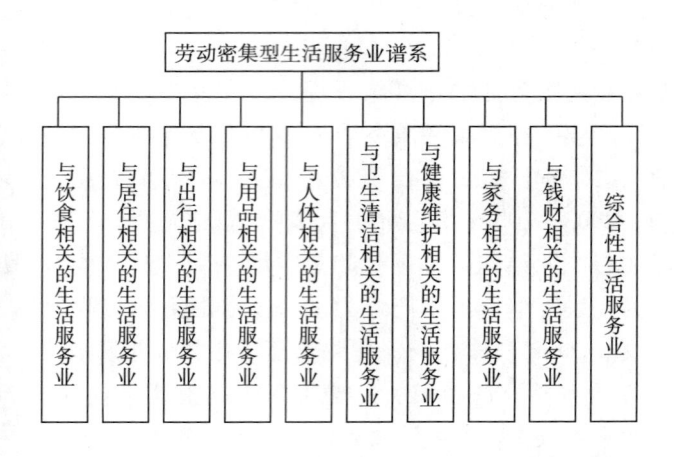

图 4-3　劳动密集型生活服务业谱系

（一）与饮食相关的生活服务业

与饮食相关的生活服务业主要是餐饮业。餐饮业包括正餐餐厅、美食广场、快餐店、饼屋、茶餐厅、各式饮品店等。其中，按我国台湾学者颜世礼的定义，美食广场是指在一个建筑物范围内或区域空间内，由综合的餐饮、食品店所集合而成的、为消费者提供多元化组合性餐馆服务的商业业态。餐饮业中的快餐业近年来发展迅速。据有关方面统计，早在21世纪初，全国专业快餐公司已有300多家，不同形式的连锁经营组织加盟企业超过800家，营业额占全国饮食业总营业额的1/3以上。现代上班族的餐饮服务有很多已经由家庭转向社会。中国是一个十分注重美食的国家，随着人民经济收入的增加，未来的餐饮业还有较大的上升空间。

（二）与居住相关的生活服务业

与居住相关的劳动密集型生活服务业主要是装饰装修业。近年来，中国房地产业的快速发展，大规模住房建筑的兴起带动了居民房屋装饰装修业的迅猛发展。目前装修装饰已经成为一个产业。除房屋更新换代、旧房搬新房、新房和旧房都需要装修外，还因为中国人均居住面积的不断增加，也带来了装修面积的增加。另外，居民消费结构的新变化也是室内装饰装修业繁荣的重要因素。随着人民可支配收入的增加，居民消费由温饱型向小康型进步，广大城镇居民必然更加关注居住环境的改善。1994年，全国室内装饰装修的市场规模为200亿元，从住房装修来看，全国每年新建住房超过300万套，加上农村住房，每年即使仅装修200万套，需求的装饰装修总额也超过100亿元。

（三）与出行相关的生活服务业

与出行相关的生活服务业有很多，如传统的旅馆业、新兴的导路业。中国旅馆业包括宾馆饭店、旅馆、招待所、疗养院、培训中心等。旅馆业能够为社会青年特别是女性青年提供更多的就业岗位。在旅馆业从业人员中，女性约占70%。旅馆业的发展还能够带动餐饮、商业、沐浴、娱乐等行业的发展，对旅游业的发展也能起到促进作用。据世界旅游组织预测，到2020年，中国接待入境旅游人数将达到1.37亿人次，将超过法国、美国、西班牙、意大利，成为世界第一大旅游接待国，因此，中国旅馆业的发展前景乐观。

旅馆业中的汽车旅馆业是目前国外非常流行的饭店类型，在大众旅行中扮演着举足轻重的角色，我国近年来也有较大发展。汽车旅馆业是为汽车旅游者提供住宿、加油、洗车、上水、餐饮等服务的场所，以宽阔的停车场为主要特征。汽车旅馆分为四种：①过路型汽车旅馆，主要分布在公路主干道旁，以泊车和住宿为主；②终点站型汽车旅馆，设立在城郊接合部或高速公路出口处，是一种经济型汽车旅馆；③度假村型汽车旅馆，建立在度假区或风景区，方便游客游览；④野营地汽车旅馆，为探险或自助旅游提供简陋住宿，且处于偏僻地区的旅馆。

随着现代城镇基础设施的大规模建设，城镇面貌改变巨大；整个国民经济打破了地区封锁、条块分割，国内市场越来越畅通；各地区之间的经济合作越来越密切，交通越来越发达，城乡之间、地区之间的日常联系越来越频繁，许多城市是一年一小变，两年一大变，三年一巨变，不用说外地人，就是本地人也不一定完全掌握本区域内的道路变动情况。因此，导路业应运而生。中国目前在许多地区的交通要道口活跃着一批批以导路引导为生的服务人群，他们起着一个城市活路标的作用。

（四）与用品相关的生活服务业

与用品相关的生活服务业主要是物流快递业、礼品回收业、废品回收业和装卸搬运业。

1. 物流快递业

物流快递业能够缩短生活服务供应的时间，给大众消费带来极大的方便。特别是随着电子商务的快速发展，物流快递业更获得了迅速发展的契机。物流快递业对劳动力的吸纳能力也很强，以全球最具规模的速递运输公司——联邦快递为例，该公司在世界各地设有 46000 多个收件中心，聘用员工 14.9 万人，每天为全球 210 个国家或地区运送 330 万件货物，提供快捷、可靠及准时的快递服务。近年来，中国的物流快递业获得了大发展。

2. 礼品回收业

在现实生活中，人际往来少不了礼品，但有些礼品一时派不上用场，留之无用，弃之可惜，放在家里又是累赘，人们很想找个地方将这些礼品推销出去，礼品回收业由此产生。对于讲人情的中国而言，礼品回收业贴近生活，方便群众，能吸引不少客户，市场潜力大。但是，也有一个加强管理和引导的问题，礼品回收业应适当发展，避免变质、假冒伪劣品、违法违规商品流入市场。

3. 废品回收业

废品回收业是发展循环经济的重要一环。走街串巷，或肩挑，或手提，或车推，或自行车载的收购废品的人流是我国废品回收业中的一支重要生力军。废品回收业有利于环境保护、资源回收再利用。进入 20 世纪 90 年代以来，世界废品回收业逐渐走红，成为许多大公司的重要利润来源，以美国第二大垃圾运输公司勃朗宁—费里斯公司为例，废品回收是该公司 20 世纪 90 年代发展最快的业务。90 年代废品回收业的兴盛与 80 年代的备受冷落形成了鲜明对比，这主要是因为人们的环境保护意识增强及政府的扶持，如美国要求公务机构必须购买 20% 以上的废品加工而成的回收再生纸。还因为生产的发展使原料供不应求，从而加大了废品的再利用需求。更重要的是，科技进步对废品的再利用能力增强。中国是世界生产制造大国和消费大国，废品回收业发展潜力巨大。

4. 装卸搬运业

与生活相关的装卸搬运业主要是搬家服务业。随着人员的社会流动，工作地域的改变，以及日常的搬家置业，搬家服务业的市场规模稳定增长，该行业给广大从农村来城市的务工人员提供了大量的就业机会，对农村劳动力的吸纳能力强。以中部城市长沙为例，该市市区目前至少存在 300 家大大小小的搬家公司，还不包括很多其他兼业装卸搬运的公司、未注册的地下搬家公司和分布在劳务市场周围的搬家公司。据有关部门测算，早在 21 世纪初，长沙每年搬家服务的增加值就已超亿元。

（五）与人体相关的生活服务业

美体、美容、美发是满足人民追求从头到脚美的需求的生活服务业。它包括从美容护肤到美发，从中医美容到基因美容，从整形、文刺到减肥、换肤、去斑，从发型修剪到染烫造型等多种服务。中医美容是利用中华民族传统医学，结合现代科技手段形成的专业美容，为美容业的发展开辟了一条本草、天然、无副作用的途径，受到世界各国美容界人士的好评。中国有 10 多亿人口，对美容、美发的需求极为巨大。同时美容业、美发业也为全社会带来了巨大的就业机会，据保守估计，改革开放后短短的 20 年，我国美容业、美发业从业人员已超过 600 万人次。目前，这个数字还在上升。但中国美体、美容、美发服务业伴随市场总量的提高，服务人员素质、服务质量和水平的提高更不容忽视。

（六）与卫生清洁相关的生活服务业

与卫生清洁相关的生活服务业主要是洗染业、浴池业和清洁业。

1. 洗染业

洗染业是改革开放后随着人民生活水平逐渐提高，人民的衣着打扮追求时尚，高档衣物随之增加，对衣物的洗涤要求越来越高而迅速兴起的服务行业。高档衣物从用料到做工都十分讲究，洗熨程序复杂，技术要求高，现代人不愿对此投入更多的精力和时间，而且自己买来专门设备和专用洗洁剂也不经济。中国居民家庭洗染已经朝着国际化方向迈进，即家务劳动社会化，家庭洗衣由社会洗衣代替。中国洗染业发展潜力巨大，但目前市场仍有待于规范。

2. 浴池业

浴池业服务包括"三大行"和"小服务"，三大行是指擦背、修脚和男子理发，小服务是指按摩、泡茶、擦皮鞋和洗衣等。浴池业在中国的许多城市都有相当的规模，以上海为例，1994 年上海市浴池行业共有 96 家浴室营业，从业人员 4000 余人。改革开放以来，随着外资企业的进入，浴池业更以桑拿中心、娱乐城的方式出现。

3. 清洁业

清洁业可面向生产和生活两方面服务，主要业务包括向商业办公室、工业设备、居民住宅、饭店、机场、商场、医院、金融机构、各类公共场所等提供全面的清洁服务。现代清洁业服务不再是传统意义上的抹抹洗洗，而是融入了高科技成分，在清洗工具、清洗用料、清洗方法和清洗工作人员等方面，清洗业都正在逐渐走向专业化，如汽车清洗、皮具清洗。

（七） 与健康维护相关的生活服务业

与健康维护相关的生活服务业主要是导医业、养老护理业、按摩足疗业等。

1. 导医业

一般人平时并不经常光顾医院，不仅次数少，而且去的医院数目也不多。随着现代医疗技术的复杂化、行业分工的细化，一方面，专业医院越来越多，医疗系统越来越庞大，技术优势各家医院也不同；另一方面，大型医院、巨型医院也不断出现，这种医院机构繁多，就医流程复杂，各个环节在地理上还较为分散，经常是验血到一个地方，化验到另一个地方，照片又换一个地方。因此，人们求医问药时的信息需求量巨大，不仅从农村来的病人（初来乍到不但对医院就是对城市都陌生）和跨区域的病人（对城市陌生，语言不通）有导医要求，连本地人也离不开导医服务。一些病人，尤其是急诊病人特别渴望有此服务。导医业服务包括联系住院、寻找医生、购买药物、日常陪护等。北京、上海等地已经出现"三替医护公司""导医服务中心"等服务机构，受到了病人及其亲属的普遍欢迎。

2. 养老护理业

养老护理是指为有养老需求的老年人提供的各种照料和服务，包括生活护理、医疗康复护理和心理（精神）护理等服务，主要业态包括敬老院、老年公寓、居家养老等。它是适应人口老龄化，为提高老年人生活质量而兴起的社会福利服务事业。养老护理又分居家养老护理和机构养老护理。日本1999年65岁以上的老人有2100万，2000年老年护理市场总值达到了810亿日元，可见日本老年护理市场规模巨大。随着中国老龄社会的到来，养老护理业发展前景广阔。

3. 按摩足疗业

随着中国对外开放和市场经济的发展，按摩足疗与美体、美容一起，成为新崛起的三大消费方式之一。按摩足疗是一种技术型的人体保健项目，但是，因为中国从业人员技术水平不高，还不能从整体上算作技术密集型产业。中国中医按摩已有久远的传统，以往在皇宫贵族之家比较盛行，目前已进入寻常百姓的生活。在长期发展中，中医按摩已经形成了一整套的技术和深厚的理论基础，并将按摩与保健、医疗结合起来。目前，在国内比较流行的是中式按摩和泰式按摩。以深圳龙岗的张老按摩院为例，技师按摩时，手、臂、膝、肘、脚并用，采用推、捏、拉、抻、揉、捶、拍等手法，活动骨骼关节，弄得关节咯咯直响。中药足浴的理论基础是传统中医理论，中医认为，人的五脏六腑在足底都有相应投影，足部又是全身经脉起点和终止点，可调节五脏六腑功能活动，足浴能达到消除疲劳、健身、祛病之目的。中医足浴被引入服务业后，取得了令人瞩目的社会效益和经济效益。按摩业和足浴业的顾客群体庞大，就业吸纳能力极强。

（八）与家务相关的生活服务业

与家务相关的生活服务业主要是保姆业、陪老业、安保业等。

1. 保姆业

以照看老人、孩子、病人，做家务为主要工作内容。但是，随着人民生活和文化水平的提高，对保姆的要求也越来越高。以深圳为例，有护理、营养、养鸟、种花、幼教等知识的保姆更受欢迎，也能够拿到更高的工资。保姆是农村女性进城工作的主要工种之一，据天津市有关方面的调查，城镇住户与保姆的比例为10：1，即每10个居民需要1名保姆。又据湖南省劳动部门的相关统计，2002年湖南省650万外出务工人员中有12.4%从事家政服务，其中女性从业人员高达90%以上。也就是说，保姆业能够为湖南的农村劳动力解决50万个以上的就业机会，可见保姆业对劳动力的吸纳能力巨大。进入21世纪以来，每年春节中国各大城市都要闹"保姆荒"，大城市的保姆缺口平均在10万人以上。

2. 陪老业

随着生活和医疗水平的提高，人均寿命增长，我国在21世纪已经步入老年社会，由于计划生育的实施及现代生存竞争压力的增大，家庭规模缩减，独生子女家庭普遍，老人身边难以有年轻人陪伴。有相当经济基础且不甘于孤独晚年的老年人需要聘请有一定文化和品德修养的年轻人陪其聊天、锻炼身体、娱乐及上街购物。陪老业已经在一些城市兴起。

3. 安保业

时下许多人发家致富后希望增强自身安全感，自1985年深圳创办我国第一家保安服务公司以来，全国各地保安服务公司如雨后春笋般出现。尽管有了发展，但安保业在中国还是一个朝阳产业，安保业的市场空间还将十分广阔。根据公安部的统计，2002年由公安机关批准成立的保安服务公司有1400多家，从业人员有30多万人，再加上单位、社区自己建立的安全保卫和安全服务人员，从业人员数量更多，对就业的吸纳能力强。

（九）与钱财相关的生活服务业

与钱财相关的生活服务业主要是报失业、讨账业等。

1. 报失业

报失服务即代为失主寻找失物或失散的家人，同时对失物拾获者或提供线索者给予一定报酬的服务。不慎丢失东西，在现代生活中是一件极为普遍的事，但失主要找回失物很可能需要花费大量成本，包括时间、金钱和精力，且机会成本巨大，因此，需要有寻找失物的专业服务。报失服务解决的是居民的燃眉之急，因而受到人们的欢迎。

2. 讨账业

随着经济的发展，民间的借贷日多，经济纠纷、欠钱不还的现象时有发生。讨账需要成本，而为讨账所付出的机会成本有时是极为巨大的，甚至法院对这类案件也无可奈何，因为诉讼办案同样需要成本，很小的标的往往不够诉讼费用，许多私人的欠账不了了之就是因为这个原因。债主无可奈何，欠债人则到处借贷而不用归还，到处行骗。日常生活中人们需要有专门机构来负责讨账，他们在信息收集、欠债人跟踪、规模经济方面拥有优势。民间讨账服务业有其存在的空间。

（十）综合性生活服务业

流通是由生产到达消费的过程，而零售业作为流通的最后一个环节，具有与消费者直接接触，最后完成市场交易，实现生产的经济功能，体现市场最终需求的特征。国外有所谓业态和业种的概念。业种是指"卖什么"，业态是指"怎么卖"。零售业根据所售产品可分为各种业种。零售业的业态有以下六种：①百货店。经营衣、食、住、其他日常用品，采取售货员对面销售方式。②综合超级市场。经营范围同百货店，不同的是采取自选销售方式。③专业超级市场。主营类商品达到70%以上，采取自选销售方式。④便利店。同超级市场一样，采取自选销售方式，但营业时间达到12小时以上，并且闭店时间大多在21时以后。⑤折扣店。⑥连锁店。

三 劳动密集型生活服务业的升级

劳动密集型生活服务业具有投资小、见效快、单位资本就业量大的特点。但是，劳动密集型生活服务业也被人认为技术水平低，大量发展不利于提高产业水平；某些服务业甚至还被认为不直接创造物质产品，大量发展会养成社会奢侈之风。应该说，后一种观点与小农经济意识有关，劳动密集型生活服务业虽然不直接创造物质产品，但同样在创造价值，它创造的是一种劳务增加值。生活水平提高不可能总是停留在解决温饱的小康水平，现代社会更强调生活品质和精细服务。奢侈之风自然要杜绝，但并不能因此而否定劳动密集型生活服务业的高品位服务功能。另外，通过改变要素利用水平，劳动密集型生活服务业的发展同样能够提高区域产业水平。劳动密集型生活服务业发展中需要信息、技术和知识要素的投入，通过改善要素投入结构，劳动密集型生活服务业能够获得技术进步，朝更高层次的产业发展。

以清洁业为例，中国清洁业的现状和几十年前的美国清洁业一样，清洁工作大部分由非专业人员完成，且自给自足，没有实现清洁工作的社会化。中国目前的清洁业仍旧是典型的劳动密集型产业，但中国人已经逐渐意识到专业清洁的重要性。如一些医疗机构开始寻找专业清洁人员做保洁工作；普通家庭开始采用环境保护型、对生态有益的产品进行清洁。人力资源由一般劳动力向专业人员过渡，服务技术不断复杂化，设备更加专业化，中国清洁业呈现出不断由劳动密集型向技术密集型转换的特征。以电脑清洁业为例，电脑早已进入中国千家万户，但电脑作为高科技产品，平时需要精心保养和维护。在磁盘驱动过程中，磁体的氧化物不断脱落到磁头上，造成磁盘读写错误或资料丢失；粉尘油污和静电等污染不仅会造成其外壳的污染磨损，而且还会造成内部设备如集成电路板的老化，大大缩短其使用寿命。据统计，70%以上的电脑故障都是由此引起的。因而电脑需要专业的电脑清洁维护。电脑清洁维护分为内外两部分，前者包括磁头清洗、电路板除尘，后者包括屏幕、键盘的清洗、杀菌及静电处理。由于技术要求高，电脑清洁公司的保洁员大多都具有大专以上文化程度，且多毕业于电脑专业，公司每周都要进行专业知识培训，以适应日新月异的电脑市场的发展需要。这样，电脑清洁业就将具备显著的技术密集型特征。

第四节　要素投入角度的中国生产服务业分类研究

按要素密集度分类是划分产业的常用方法，从要素投入角度对生产服务业进行系统划分，是为了把握生产服务业的内在结构、各部分之间的相互关系和运行规律，突出生产服务业研究重点，便于产业规划者依据不同标准对生产服务业做出评价。研究始于分类，要素投入角度的产业分类还能够展现生产服务业结构的高度化趋势。

一　问题定位和文献回顾

我国生产服务业大规模发展始于"十五"计划时期。《中华人民共和国国民经济和社会发展第十个五年计划纲要》提出，要以市场化、产业化和社会化为方向，发展面向生活和生产的服务业；要转变观念，突破体制性障碍，打破垄断，放宽市场准入，形成有利于服务业发展的体制环境。应该说，我国经济特别是大中城市的经济最终要走向服务型经济，因此，对服务业特性的把握很重要。在现阶段，生产制造业仍然是国民经济发展的重中之重，要推动中国生产制造业的跨越式发展，生产服务业的进步又是一个基本前提。本节拟对服务业中的生产服务业从要素投入角度进行探讨。

从20世纪中期起，生产服务业在全球范围内迅速崛起，其持续快速发展的态势引起了学者的关注（李江帆，2004）。国外在这方面的研究成果不断涌现，学者围绕生产服务业的概念、生产服务业对经济增长与就业的贡献、生产服务业与其他产业的互动关系、生产服务业外包、生产服务业布局、生产服务业对城市与区域发展的作用作了广泛、深入的探讨（Muchlup，1962；Greenfiel，1966；Browning，Singleman，1975；Martinelli，1991；Ciaran Driver，1997；J. E. Juleff‐Tranter，1996）。国内对生产服务业的专门研究还比较薄弱，研究成果较少，打开中国期刊网，从1998年至今主要有5篇较有分量的专题研究文献。在上述六大主题中，我国学者对最后两个主题研究较多（侯学钢，1998；宁越敏，2000）。总体来说，国内外学者对生产服务业的总体增长趋势已达成共识，但对于生产服务业的内部结构演变，特别是生产服务业的演变机理还缺乏全面深入的研究（李江帆，2004）。需要首先科学分析生产服务业的分层和分类，在此基础上，才能进一步研究生产服务业的结构和机理，整个生产服务业的研究才能清晰化和程序化。

二 生产服务业的界定和已有的分类方法

一般而言，一国经济中的生产活动包括采掘、种植畜养、加工和制造四个部分，分别对应生产业中的采掘业、农业、轻工业和重工业。为满足市场的供给和需求，生产活动还需要大量的服务功能来支撑。直接为生产活动服务的服务业称为生产服务业。关于生产服务业的内涵和外延，国内外许多学者作了界定。Machlup（1962）认为，生产服务业必须是知识产出的产业。Greenfield（1966）认为，生产服务业是企业、非营利组织和政府主要向生产者，而不是最终消费者提供服务产品和劳动。国内学者侯学钢（1998）认为，生产服务业涉及关于信息收集、处理和交换的相互传递和管理等方面的活动，其服务对象主要是服务业中的商务组织和管理机构等，而不以个体顾客为主。以上界定为理解生产服务业提供了有益的启示。

关于生产服务业的分层分类，学术界已有一种分类法，那就是从时间角度将生产服务业划分为传统的生产服务业和现代新兴生产服务业。传统的生产服务业主要包括金融业、保险业、房地产业、商务服务业（financing, insurance, real estate and business service, FIREBS）。在这个行业里，企业规模一般较大，从事比较常规的业务，主要以资本要素投入生产过程，充当"资本经纪人"角色（李江帆、毕斗斗，2004）。现代新兴生产服务业（advanced producer service, APS）包括广告、市场调查、会计师事务所、律师事务所和管理咨询等服务业。在这个领域，企业规模相对较小，大多从事商业活动抽象分析业务，定制化程度高，以知识要素投入生产过程，充当"知识经纪人"角色。

上述分类法突出了资本和知识这两个投入要素在生产服务业中的地位。但新旧分类只能作为一种简单的分类，难以揭示分类对象更多的内涵。而且将生产服务业的投入要素概括为资本密集和知识密集，这种概括方法也稍显粗糙，不能完整深刻地体现生产服务业的要素投入特征。

如同生产活动，生产服务业的发展也需要投入各种要素，因而不同生产服务业的要素投入特征是不一样的。详尽地探讨要素投入特征，有助于深刻揭示生产服务业的内涵和结构。

三　从要素投入角度划分生产服务业的意义

分类分层是研究经济现象的一种基本方法，对生产服务业进行分类和分层能够突出生产服务业研究的重点，或者便于产业规划者依据不同标准对生产服务业作出评价。而从要素角度对生产服务业进行分类，还能让我们把握好要素投入对生产服务业存在和发展的约束，以及生产服务业对要素的适应性。投入要素为我们研究生产服务业提供了一个很有意义的视角。从要素投入角度对生产服务业分类具有以下五个方面的意义。

第一，可以从要素投入角度更深入地把握生产服务业现状和发展特征。生产服务业活动受到资源的约束，无论是生产服务业的承接和引进、消化和吸收，还是发展都与资源的供给紧密相关。

第二，有助于地方政府制定正确的产业政策，规划和搞好区域生产服务业定位。生产服务业发展不仅关系到一个地区服务业产值的提高，更关系到所服务的生产制造业总产值的提高。从要素角度把握好生产服务业，有利于地方政府针对不同的产业种类，采取不同的政策，做出恰当的阶段性生产服务业发展规划。

第三，有助于投资者的投资决策和地方政府的生产服务业定位。对特定区域而言，由于受到投入要素的影响，严重依赖某些要素的生产服务业因在当地找不到资源或者资源供应紧张，将面临难以为继的生存压力。对投资者而言，与其说投资产业不如说投资资源；对规划者而言，与其说规划产业不如说规划资源供给。

第四，能够比较客观地反映一个地区的经济发展水平。一般来说，知识密集型产业的比重越大，说明当地经济发展水平越高；劳动密集型产业的比重越大，说明当地经济发展水平越低。

第五，可以反映一个国家或地区生产服务业结构的高度化趋势。服务业按服务对象可分为流通部门、生产生活服务部门、居民素质和科学文化水平服务部门以及公共服务部门四类。流通是处于生产和消费之间的中间环节，包括交通运输业、仓储业、邮电通信业、批发和零售贸易业、餐饮业等。但流通部门的产业比重与生产服务业产业层次成反比，而第二、第三、第四类产业部门比重的提高是第三产业结构高度化的重要标志。[①] 在生产服务业要素分类法中，流通业务主要体现于低层次的劳动密集型产业部分。

生产服务业谱系概括如图 4-4 所示。

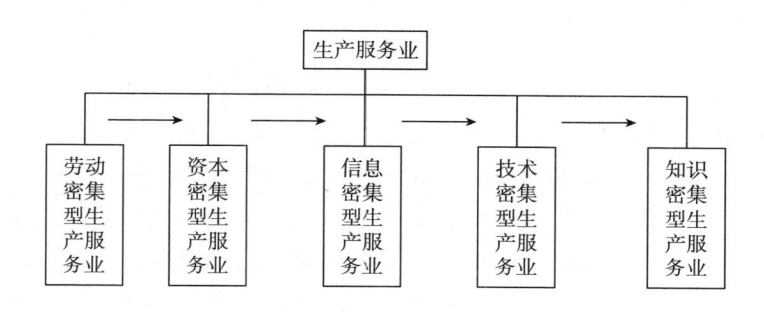

图 4-4　生产服务业谱系

四　从要素投入角度对生产服务业的分类

围绕生产制造的服务业是不断发展变化的，原因包括两个方面：一是生产分工不断细化。分工程度越深，连接各个分工环节、为各个分工环节服务的服务环节就越多，两者存在高度的正相关关系。二是环境不断发生变化。生产服务业不断建立生产活动与外界环境相连接的端口，为生产的顺利进行提供各种支持。如当社会经济环境恶化时，各类信息机构的预测显得极为重要，各种保险服务能够有效化解企业面临的风险。正因为生产服务业不断发展变化，其内涵和外延始终处于变动之中，所以，要对各类生产服务业做出明确全面的界定是很难的。不过，我们对生产服务业进行分类研究，主要是为了更深入地探讨生产服务的本质属性，因此，一种分类方法是不是穷尽了所有现象并不重要，关键是所要探讨的属性和所用的维度是否有解释意义。本节主要从劳动、资本、信息、技术和知识五个方面对生产服务业进行要素投入角度的分类研究。

（一）劳动密集型生产服务业

劳动密集型生产服务业主要以劳动密集投入为特征，包括零售业、物流业、后勤产业等。

[①] 李江帆：《广东第三产业发展特征及其启示》，《南方经济》2003 年第 4 期。

1. 零售业

零售业将商品或服务销售到最终消费者手中。员工以前台营业人员和后勤服务人员为主。据不同维度，又可将零售业做出次一级的划分，从而更深入地了解零售业的一些特性。依据零售业的产品组合和产品广泛性（指提供商品范围或产品系列的宽广程度）可将零售业分为三类：①百货商店。日常所用商品一应俱全，产品范围广泛是其优势，但在品种方面显得不足。百货商店必须追随大众的迁移模式，郊区的发展和停车的方便使美国的许多百货公司在郊外开店，以方便更多迁往郊区生活的中产阶级购物（William H. Cunningham，Lsabella C. M. Cunning Ham and Christopher M. Swift，1987）。中国百货商店当前的发展也具有美国同样的趋势。②专业商店。专业商店将目标定位于某些特定的细分市场，不以产品的广度，而以产品的深度为专门顾客服务。商店往往只销售一类商品，品种少但种类齐全。③超级市场和便利商店。以贴近消费者为宗旨，在产品的广度上，超级市场和便利商店不及百货商店；在产品的深度上，超级市场和便利商店也不及专业商店，但在时效性、生鲜性、流动性、卖点的集中性方面，这类零售店有其优势。

按提供的服务程度及顾客自助程度可将零售业分为自助型零售商、有限服务型零售商和全面服务型零售商三类。显然，自助型零售商有利于商家降低成本，消费者享受实惠的价格，而全面服务型零售商或有限服务型零售商有利于商家为顾客提供购物支持，特别是对一些稍微复杂、需要信息服务的商品。

按促销传播渠道可将零售业分为直接销售（直销）、邮购商店目录销售、电话销售和自动售货机四类。

此外，根据组织形式还可将零售业分为独立零售店和连锁零售店。

2. 物流业

从整体来看，物流业也以劳动密集投入为特征。根据全国物流标准化技术委员会制定的标准，物流企业又可分为运输型、仓储型、配送型、速递型、代理服务型、综合服务型以及将来可能出现的其他类型。物流起着沟通生产和生产、生产和消费的功能，在国民收入中占据相当大的比重，物流是21世纪最有吸引力、最具增值空间的生产服务业之一。以美国为例，美国国民收入中，储运收入占32%，其中，货运10%，客运占10%。一个产品价值中有30%的费用是储运费用。

3. 后勤产业

为生产服务的后勤产业包括物业管理、汽车运营、餐饮服务、养老、医疗、失业等社会保障业。当前，我国基本完成机关、学校、医院和企事业单位后勤服务的社会化进程，大多数后勤部门被逐步改制为独立的法人企业，这些进入市场的企业不断完善服务业标准，提高了供给能力和水平。中国后勤产业发展潜力巨大。

（二）资本密集型生产服务业

资本密集型生产服务业主要以资本密集投入为特征，包括金融业、保险业和房地产业。

1. 金融业

金融业包括银行业、信托业和证券业，由中央银行、商业银行、专业银行和非银行金融机构四类不同的机构组成。金融是现代经济的核心，金融市场是金融体系中的重要组成部分，扮演着主导和枢纽的角色。具体而言，作为生产服务业的金融业有生产资本积累、生产资源配置、调节生产经济、反映生产经济等功能。

2. 保险业

保险业是社会生产力发展到有剩余产品时的产物。如果说自然灾害、意外事故的客观存在是保险业产生的前提，那么社会化大生产和商品经济的发展是保险业产生和形成的经济基础。作为生产服务业的保险业具有分散生产风险、生产损失补偿、监督生产危险（保险双方必然发生相互之间的危险监督，以期尽量消除导致危险发生的不利因素，达到减少损失和减轻负担的目的，以使保险分配关系处于良性循环之中）、积蓄生产基金等功能。

3. 房地产业

房地产业包括土地开发，房屋建设、维修、管理，土地使用权买卖，房屋所有权买卖以及相关信息咨询和劳务服务。与生产所用不动产相关的产业有两类：一是房地产业；二是建筑业。前者属于生产服务业，后者自身也是生产业。

（三）信息密集型生产服务业

信息密集型生产服务业主要进行信息处理工作，包括广告业、信息服务业、市场调查业、会计师事务所、律师事务所、经纪业、贸易和批发业、传媒业、人才市场、会展业等。

1. 广告业

广告业有沟通生产与生产、生产与消费的功能，在促进生产、加强流通、指导消费、促进国内外经济贸易交流方面发挥着信息沟通和文化传播作用。为生产服务的广告业包括广告调查、广告计划、广告创作、媒体接触、广告预算编制、广告发布、广告效果评价等业务。广告业具有拉动国民经济生产、消费和贸易"三驾马车"的积极意义，尽管中国广告服务业近年来有较大发展，但与工业发达国家相比，从量上看，我国广告费占国内生产总值比重和占世界广告费份额的比重都较低，多年来，我国广告费占世界广告总费用的份额并不高，这与中国的经济发展规模极不相称。

2. 信息服务业

在信息时代，信息服务业的地位尤其重要。对信息服务的分类，美国、欧洲、日本均有所不同，我国将信息服务业分为五大类：①信息提供业。利用已建立的各种数据库，为用户提供信息查寻和检索，提供存在各种信息的媒介物。②信息处理业。主要对信息完成输入、处理、存储、输出和控制功能等一系列操作。③软件开发与服务。分析用户的需求，设计和开发能满足用户要求的特定功能的软件，同时提供市场服务。④集成系统服务。根据用户需求，设计和开发计算机集成系统，包括软件的配制，并对用户的系统提供必要的人员帮助。⑤咨询及其他。为用户决策提供事实数据，将信息转化为知识，以提高用户决策质量。还包括不便分类的其他服务。

3. 市场调查业

市场调查业主要以市场为对象，收集、记录、整理、分析与企业生产经营活动相关的数据和资料。市场调查业在工业发达国家已有百余年历史，目前已经发展到相当高的水平。特别是随着计算机等现代信息技术的应用，市场调查业成为生产经营活动中不可或缺的部分。早在20世纪90年代初，美国就有74%的大公司设有市场调查部门。企业所做任何重大决策都从市场调查开始。我国调查业发展较晚，直到1987年才诞生第一家调查机构。目前虽有发展但无论是调查机构所提供的服务还是企业的市场调查意识，与工业发达国相比都有相当大的差距。

4. 会计师事务所

会计师事务所能为企业提供包括查账验资、税务代理及咨询、管理咨询、企业融资与购并、会计、人力资源及人员培训、工程造价审计、鉴证等会计专业服务。会计师事务所的立业基础是社会公信度，通过提供客观、真实的信息，公正、合理、高效的经济鉴证，代表公众行使社会监督权，为促进市场经济健康有序发展服务。

5. 律师事务所

作为第三产业的一种服务和咨询产业，律师事务所在工业发达国家的专业分工相当细，国民经济和生活的每个领域基本上都有专业律师在服务。除诉讼、纠纷调解、信用调查、合同法律评估外，作为生产服务业的律师事务所还能帮助企业防范和规避生产经营中的法律风险，帮助企业依法管理，评估经营决策的合法性。

6. 经纪业

经纪业是为市场主体交易活动服务的行业。经纪业具有加速商品流通、疏通周转渠道、提高交易效率、降低交易费用、改进市场主体决策和管理的功能。经纪人从事信息收集和加工工作，并据此充当交易双方的媒介，与生产劳动一样，都耗费和凝集了社会必要劳动时间，起到了实现商品价值的促进作用。经纪业按交易产品类型可分为木材经纪业、体育经纪业、文化经纪业等。

7. 贸易和批发业

贸易和批发业主要从事市场信息的收集和处理、客户网络的构建和维护。贸易是一个国家经济实现对外开放和经济全球化的方式，按照贸易对象又可将贸易分为服务贸易和商品贸易。世界贸易组织将服务贸易分为商业性服务、通信服务、建筑服务、销售服务、环境服务、金融服务、健康及社会服务、旅游及相关服务、文化娱乐及体育服务、交通及运输服务和其他服务。

8. 传媒业

为生产服务的传媒业体现了信息业的特性，它主要提供各种信息产品和信息服务。按照载体可将传媒业分为广播、电视、报纸、书籍、杂志等行业。传媒业提供各种事物的信息，包括国内外的政治、经济、文化、社会等领域的信息。为什么不将为生产服务的传媒业算作知识技术密集型产业？因为为生产服务的传媒业提供的信息是反映事物原貌的信息，这种信息只有做到真实、不被歪曲，才能有效地为生产决策服务。

9. 人才市场

人才市场提供人才供求信息。人才作为经济投入要素，需要合理流动和有效配置，人才市场为此提供了交流的平台。人才市场按照人才交流的层次可分为劳务市场、一般人才市场和猎头公司。人才市场属于经纪业中的人才经纪，只是因为它在市场经济中的重要作用以及巨大的交易规模才被单独列出来。

10. 会展业

会展业是会议业和展览业的总称，会展业是生产企业对外展示的窗口和对外交流的平台。在国际采购和地区业招商中，会展业越来越体现出强大的市场交易功能。会展业是当代经济中最有前途的产业之一，据测算，不但本身利润率高达30%—50%，而且还会产生1∶10的产业连带效应。英国的一项研究表明，展览会是优于专业杂志、直接邮寄、推销员推销、公关、报纸、电话等手段的最有效的营销中介体，营销推介功能强大。

(四) 技术密集型生产服务业

技术密集型生产服务业主要进行技术开发、推广和支持工作，包括管理咨询服务业、技术咨询和推广服务业、设备安装和维护业、售后技术服务业（如各类维修服务中心）。下面介绍前两类服务业。

1. 管理咨询服务业

管理咨询服务业能为生产企业提供管理问题诊断、经营规划、管理决策支持。咨询人员将优秀的管理工具、先进的理念带到企业，为企业的经营管理设计各种量身定做的方案。就本质而言，管理咨询是有关企业管理技术的研发和推广的产业部门。随着信息技术的发展，管理和工程的进一步融合，管理咨询的技术特征越来越鲜明地体现出来。广义的管理咨询涵盖了一切管理理论、管理工具、技巧和方案的咨询；狭义的管理咨询主要包括基于业务流程重组（BRP）的管理咨询、企业管理软件（ERP）实施、企业电子商务咨询等（许建钢和刘慧，2000）。

2. 技术咨询和推广服务业

技术咨询和推广服务业是一个技术要求高、实用性非常强的产业部门。随着现代科学技术的发展，技术咨询服务在各国社会经济发展中的地位越来越重要，并逐步成为一个发展潜力巨大的产业。印度的软件服务业发达，除了英语优势，更得益于其技术咨询和推广服务业的发达。

早在20世纪50年代后期,印度就开始发展技术咨询服务,建立技术咨询服务组织,扩大技术咨询服务人员队伍。印度的技术咨询和推广服务业不仅服务队伍庞大,而且服务领域广泛、综合性强、服务层次高,近年来,技术咨询服务贸易也得到了很大的发展。

(五)知识密集型生产服务业

知识密集型生产服务业主要以知识密集投入为特征,包括科研院所、大中专学校、社会研究机构和各类培训机构。科研院所、社会研究机构、大中专学校主要进行科学研究、技术开发和理论培养,是知识和理论密集的产业部门。科研院所和社会研究机构主要产出科研成果,大中专学校培养出高中级科学技术人才、各类专业和职业人才,对推动基础生产力发展、技术创新发挥着重要作用。根据开发的层次,研究院所分为基础型研究院所和技术开发型应用研究院所,大学又分为研究型大学、教育型大学和职业型大学。为生产服务的各类培训机构主要培训一线技术人员和熟练工人,对生产技术的推广、引进产业的消化和吸收、企业的知识更新和发展起着重要作用。为生产服务的培训业发达与否影响一个国家工业素质的整体水平。

要素角度的生产服务产业分类情况如表4-2所示。

表4-2　　　　　　　要素角度的生产服务产业分类情况

产业类型	劳动密集型	资本密集型	信息密集型	技术密集型	知识密集型
产业部门	零售业、物流业、后勤产业等	金融业、保险业、房地产业	广告业、信息服务业、市场调查业、会计师事务所、律师事务所、经纪业、贸易和批发业、传媒业、人才市场、会展业等	管理咨询服务业、技术咨询和推广服务业、设备安装和维护业、售后技术服务业(如各类维修服务中心)	科研院所、大中专学校、社会研究机构、各类培训机构

五　结语

要素角度的分类体现了生产服务业结构高度化的趋向,一般而言,产业结构高度化顺序为劳动密集型—资本密集型—信息密集型—技术密集型—知识密集型。以上分类只是根据目前我国生产服务业发展状况做出的划分，随着中国生产服务业的进步，有些低层次的生产服务业可能在某些环节实现升级，如第三方物流业。第三方物流企业是独立于供方与需方的专业物流企业，它通过与第一方或第二方的合作提供专业的物流服务，自身不拥有商品，不参与商品买卖，而是为顾客提供以合同为约束、以结盟为基础的诸如运输、储存、包装、装卸、搬运、流通加工、配送、物流信息、物流系统分析与设计等服务。传统物流业的购货、运输、制单均由人工完成，货物流转周期长、库存量大、成本高，属于典型的劳动密集型生产服务业，但是，随着科学技术的发展，尤其是计算机技术、条码技术、卫星定位系统的应用，储运作业流程大大加快，第三方物流业将具备更多信息和技术密集服务方面的特征。因此，上述分类法具有时效性，随着生产服务业的发展，需要对其中的某些业类做出动态调整。产业中的业种向更高层次调整体现了产业的升级和进步。

第五节 从资源基础看物质产业和文化产业的分野

精神文明建设需要通过产业来推动，而不能仅仅通过宣传和说教来促成。将物质产业和文化产业相提并论是基于物质文明和精神文明均衡发展的需要。建设和谐社会是我国的基本国策，而要真正建设好和谐社会，离不开物质文明和精神文明的均衡发展。在研究和具体规划中，将物质产业和文化产业分开，并且给予同等关注，有利于推动两个文明建设的均衡发展。本节首先围绕人类生存的两类资源基础即自然资源和人文资源展开；其次分析由对这两种资源的开发利用而发展出的两种产业类型；最后论述这两种产业发展的梯度性和均衡发展的重要性。

经济不发展不能够带来社会的和谐，但经济发展并不一定就能够带来社会的和谐。经济基础决定上层建筑。作为上层建筑的社会和谐来自经济基础的稳定，如果在马克思生产力理论中加入现代产业经济学内涵，那么经济基础的稳定可以看作经济结构的稳定。更进一步地说，是产业结构的平衡发展。

经济发展必然带来产业结构调整。在经济社会发展过程中，一些产业在整体经济中所占的比重以及重要性将趋于下降，而另一些产业的比重和重要性又会得到提升。过往的历史基本上经历了物质产品短缺、供不应求、物质产品不断丰富、人们过分追求物质消费这样一个过程。因为物欲的膨胀，目前自然资源已经成为制约经济发展的"瓶颈"，自然资源滥用引起的环境恶化也在威胁着人类生存。工业发达国家大多将自然资源密集型污染产业由本国转移到发展中国家，在国内保留清洁产业。具体而言，工业发达国家主要通过发展技术密集型产业和知识密集型产业，尤其是发展基于人文资源的文化产业来规避环境保护风险，放松经济增长的资源约束。进入 21 世纪以来，工业发达国家在经济发展中都出现了自然资源的开采和消耗比重不断下降，同时人文资源的开发和利用不断上升的趋势。在世界范围内，创意经济和文化产业方兴未艾就是这一趋势的反映。

随着文化产业的异军突起，对无形资源和人文资源的开发力度不断增强，技术水平不断提升，整个产业格局发生了重大变化。建立在有形资源、自然资源开发和物质生产基础上的产业分类框架似乎难以反映这一变化情况。日常生活中，许多人虽然有丰富的物质生活，但又在抱怨人情冷暖、精神生活的贫困，这些都说明人类的产业结构需要调整，以营造更加人性化的生产环境和社会氛围。

一 两种资源观：自然资源和人文资源

整个社会资源大致可以分为自然资源和人文资源两类。自然资源是指在一定的技术经济条件下，自然界中对人类有用的一切物质和能量，如土地、水、草地、森林、野生动植物、矿产、水产动植物、阳光、空气等。自然资源是人类赖以生存、社会赖以发展的不可缺少的物质基础。

人文资源是一个内涵极为丰富的概念，可分为三类：①文化资源，包括政治、法律、宗教、文艺、价值观、道德准则、社会历史传统等。②社会资源，包括社会制度、政党、宗教组织、群众团体、社会等级制度、家庭婚姻关系等。③精神资源，包括理想、信仰、意志、荣誉感、献身精神等。与自然资源相比，人文资源有着更为重要的开发利用意义。开发利用人文资源，既可以最大限度地调动和释放人的文化能量，又可以使各种文化的作用向人们的预期目标转化，形成强大的社会文化合力。人文资源和巴尼资源基础理论中所描述的无形资源范畴类似。无形资源具备隐含、专用和复杂三种特性，人文资源也如此。人文资源包括大量隐含的成分，很难解读或者解码，如一个国家的工业文化。还有相当程度的专用性,这种专用性使一些文化资源在公司内部富有价值,但移植到公司外部却价值大减或没有价值,专用性使文化资源的扩散得到遏制。另外,人文资源还具有复杂性,人文资源产生的根由很难认定。人文资源是一个国家经济竞争力的根本。中华文化历史传统悠久,更兼容并蓄世界各民族文化,从而形成博大精深的体系。产业研究和规划者如果能在经济建设和社会发展中注意激发人们的文化潜能,必定能使中华民族的社会文化合力转变成国家各项事业发展的强大推动力。人文资源的开发利用对促进人类社会生活的全面发展具有重要意义。

除了隐含、专用、复杂方面的区别,自然资源和文化资源还有多方面的区别(见表4-3)。

表4-3　　　　　　　　自然资源和人文资源区别一览

区别属性	自然资源	人文资源
可消耗性和不可消耗性	可消耗	不可消耗
再生利用和重复利用性	可再生利用,但再生成本高	可重复利用、成本低
技术创新和创意创新	技术创新	创意创新
自然为本和以人为本	自然条件	以人为本
挖掘手段不同	机器和体力劳动	大脑思维和智力劳动
满足的需求不同	物质需求	精神需求
人文资源重在保护,自然资源重在合理开发	合理开发	保护
对两种资源的开发存在梯度区别	低层次开发,先开发	高层次开发,后开发
体现的生活水平不同	基本生活	高尚生活

(1) 可消耗性和不可消耗性。矿产资源经由年代久远而形成地质储存,而文化在历史的尘埃中不断积淀,两者未开发前都处于储存状态。对于矿产资源的采掘是一次性的,矿产资源不可再生,越采越少,直至枯竭。而对于人文资源的挖掘则会越挖越丰富,挖了一次还可挖第二次,能够被无数次挖掘,无数次消费,不会引起资源枯竭。在这个意义上说,对自然资源的开采是有限的,是一种减法效应;对人文资源的追求却可以是无限的,是一种加法效应。

(2) 再生利用和重复利用性。自然资源虽然可能被再生利用,但这种再生利用需要花费转换成本且有相当高的技术要求。当前大多数由自然资源制成的产品使用完后，被当作垃圾扔掉，资源再生率很低，环境污染大。而人文资源则可以被开发成各种不同版本，可以被低成本地拷贝和传播。

（3）技术创新和创意创新。对自然资源挖掘效率的提高和利用水平的提升需要依靠技术创新。而对人文资源的利用和加工需要依靠创意创新，通过挖掘更新更深的文化内涵，使文化产品不断满足人民群众的精神和文化需求。

（4）自然为本和以人为本。基于自然资源的产业严重依赖于自然条件，是一种基于自然力的产业发展观念，解决整个社会发展的基本物质问题。而基于人文资源的产业以人为本，着重于人的内在精神需求，解决整个社会发展的精神文化问题。

（5）挖掘手段不同。自然资源的采掘依靠机器和体力劳动。人文资源的挖掘有赖于大脑思维、智力劳动和精神活动。自然资源是工业化时代的主要社会产业资源基础，人文资源是知识经济时代的主要社会产业资源基础。

（6）满足的需求不同。对自然资源的消耗满足了人类的物质需求，对人文资源的开发满足了人类的精神需求。现在，许多工业发达国家文化产业繁荣，对人文资源的更多开发，对文化产品的更多追求体现了人类在疯狂地追求物质生活之后，开始回归人文本位的倾向。

（7）人文资源重在保护，自然资源重在合理开发。人文资源虽然在文化上可以不断地加以利用，但它的附载物则是不可再生的。如果附载物被破坏掉了，其上承载的人文内涵则不能够被后人继续挖掘，这样，某种文化也就只能成为历史的记忆，欣赏和启迪价值大减，因此，需要重视人文资源保护。现在有研究者提议开征人文资源保护税，以防大量人文资源特别是历史名称被人们在商业中滥用，这是对抽象人文资源的保护。而自然资源需要得到合理开发，对自然资源的掠夺性开采将造成灾难性的后果。

（8）对两种资源的开发存在梯度区别。在人们的衣、食、住、行等基本生活问题没有解决的时候，社会产业主要以对自然资源的开发为主，对人文资源的开发为辅。当人们过了温饱线，特别是在物质产品供过于求的时代，社会产业中以对人文资源开发为主的产业比重将上升。

(9) 体现的生活水平不同。对自然资源开发而生成的产品主要满足人的基本生活需求,对人文资源的开发而生成的产品主要服务于人的高尚生活追求。后者更多地消费体现了社会由物质生活向精神生活的进步,生活质量的提高。可以预见,未来整个社会的文化产业将获得更快的发展。

二 由两种资源利用而形成的两种产业类型

通过对资源的采集或挖掘,进一步加工和利用,人类社会形成了各种各样的产业形式。产业发展必须以资源为基础,资源密集型产业往往在整个产业梯度体系中居于基础地位。

(一) 由自然资源利用而形成的产业

由自然资源利用而形成的产业可分为直接利用自然资源的产业和服务于自然资源利用的产业,前者包括工业和农业,后者包括服务业中的生产服务业和一部分公共服务业。工业和农业及其服务业的发展无不以自然资源为基础。

自然资源是农业发展的基础。农业自然资源主要包括土地资源、生物资源、水资源和气候资源。其中,土地资源又包括农地、草原、水域、森林。土地资源可用来种植农作物,生物资源可为农业提供作物品种和水产品种,水资源既可用来养殖水产品又可为农作物提供水源,气候资源则可为农业提供适宜的温、光、水、气、热。

矿产资源是矿产资源密集型产业发展的基础。矿产资源密集型产业主要包括:①能源工业。所用矿资源包括煤、石油、天然气、水、核原料等。②钢铁工业。所用矿产资源包括铁矿石、锰矿石、钢铁合金矿产(包括铬、镍、钴、钒、钛、钼、钨、稀土)、冶金用炼焦煤和辅助原料。③有色金属工业。所用矿产资源包括铝、铜、铅、锌、钨、锑、钼、稀土、黄金、银等。④化学工业。所用矿产资源包括硫、磷、钾盐和无机化工原料盐、天然碱等。⑤建材及非金属工业。随着科技发展,非金属应用日益广泛,在工业发达国家,非金属应用不但在发展速度上,而且在产值上均超过了金属。

人类对自然资源的利用水平可分为单纯采掘、粗加工、次加工和深加工四个层次。随着对自然资源加工利用水平的提高,产业可按梯度分为资源密集型产业、劳动密集型产业、技术密集型产业和知识密集型产业。对物质型产业从要素角度进行论述的文献很多,在此不再多赘述。

总之，层次较高的产业都必须以层次较低的产业为基础。因此，自然资源是整个物质产业体系的基础。

（二）由人文资源利用而形成的产业

由人文资源利用而形成的产业可分为直接利用人文资源的产业和服务于人文资源利用的产业，前者包括文化产业，后者为服务业中的生活服务业和一部分公共服务业。文化产业主要以人文资源为基础，通过对文化元素的挖掘和利用来推动产业发展。尽管这种人文资源也需要依附于一定的物质载体，但纯物质载体在文化产品价值中所占比重极小。

文化产业发展建立在对人文资源的利用基础上。对传统儒家文化遗产和本民族历史题材的挖掘是韩国影视文化产业近年来得以在全球扩张的重要基础。又如我国西部民族地区悠久的历史，独有的草原文化，东西方文明曾经交互影响的痕迹，直接催生了西部的历史旅游业。又如凤凰卫视因为立足于东方文化的诠释而成为全球极具影响力的华语传媒。

人类对人文资源的利用水平可分为单纯发掘、粗加工、次加工和深加工等产业形式。随着对人文资源利用水平的提高，文化产业类似于物质产业，也可按梯度分为资源密集型文化产业、劳动密集型文化产业、技术密集型文化产业和知识密集型文化产业。比如，历史遗迹旅游就是一种资源密集型文化产业，通过保持原物古貌，供游人访古。而文化工艺品制造业则是劳动密集型文化产业，主要通过大量劳动的投入来传播文化。对于电视节目制作业而言，主要通过高技术手段，提高组织水平，或者对现实生活，或者对历史题材，或者对未来走向的文化挖掘，属于典型的技术密集型文化产业。出版业属于知识密集型文化产业，属于技术密集型文化产业的电视制片业往往从出版业中获得文字脚本，出版业服务于文化知识的创造和传承。任何一种文化产业都主要建立在对人文资源的挖掘和创意上。

综上所述，由自然资源的利用，人类发展出了物质产业；由人文资源的利用，人类发展出了文化产业（见图4-5）。从资源利用的脉络我们可以清楚地辨析两类型产业的分野。但可能存在两种情况会模糊这种分野，因为两种产业可能都同时得到两种资源的支持。一是物质产业的发展同样引入了人文资源基础。如我们在工业产品生产中，同样需要考虑文化因素，以便在机器使用中贯彻以人为本的思想。又如制造业商品需要注意品牌营造，而品牌建设主要关乎人文资源的发掘和利用。二是文化产业的发展同样离不开自然资源的利用。如电影业的胶片来自化工原料，电视摄录设备的制造来自工业材料。笔者认为，这些因素仅仅涉及产业划分的标准问题，一个产品总会呈现出独特的资源密集特征，或者自然资源，或者文化资源。

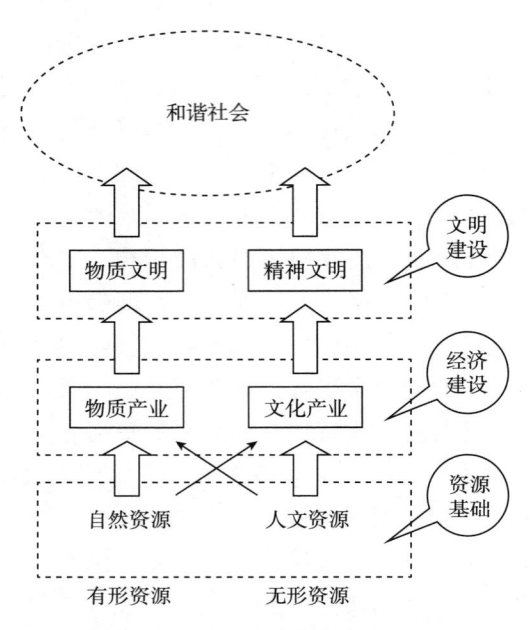

图 4－5　和谐社会的资源和产业结构

三　物质产业和文化产业分类的标准

物质产业和文化产业可能都同时得到两种资源的支持。但是，要判定一个产业是物质产业还是文化产业主要看其主导投入要素。衡量某种要素是否为主导投入要素，可从以下三方面着手：①作用大小。关键和重点投入要素一般在产业发展中起主要作用。如决定少数民族旅游区旅游产品购买的不是产品的物质功能，而是文化特色。以一根烟斗为例，游客买回去并不是主要为了吸烟，而是一种文化欣赏。文化决定了旅游产品被购买，因此，旅游产品不是物质产品而是文化产品。②成分构成。主导投入要素一般构成产品的主要成分。如胶鞋主要以橡胶为材质，所以胶鞋业为物质产业。著作以知识和文字为产品的主要成分，所以出版业为文化产业。③要素特征。通过投入要素的典型特征来判断。如对废弃厂房开发出的工业旅游项目,厂房里面的一大堆破铜烂铁的典型特征是文化特征,而不是物质特征。

物质产业中尽管也有文化因素,但这种文化因素在物质产业中并不是主导因素;文化产业中尽管也有物质因素,如电视剧的载体光盘,但这种物质因素不是文化产业的主导因素(雷蔚真,2004)。从量化操作的角度,我们可设计出简单的计量经济学模型来辨析两种产业。通过测算投入价值对产业增加值的影响系数,我们可以对两种产业加以区分。设产业的增加值 Y 为因变量,自然资源的投入价值为 X_1 和人文资源的投入价值为 X_2,计量模型为:

$$Y = aX_1 + bX_2 + \varepsilon$$

式中,ε 为随机扰动项。

通过相关检验和回归分析,假如系数 a 较大,则该产业为物质产业;反之,系数 b 较大,则该产业为文化产业。

就文化产业而言,根据高新技术使用情况,可分为传统型文化产业和现代新兴文化产业,以下是常见的文化产业类型(见表 4-4)。

表 4-4　　　　　　　　　文化产业类型

传统型 文化产业	新闻业、出版业(包括图书出版、报纸出版、期刊出版)、装潢创意设计业、文艺创作业、文艺表演业、博物馆、纪念馆、图书馆、档案馆、群众文化服务业、文化团体(如歌舞团)、剧院、风景名胜区、公园、野生动植物区、其他游览区、娱乐业(如室内娱乐、游乐场)、休闲健身、礼仪(如模特服务、礼仪队)、文化活动组织及策划服务、广告
现代新兴 文化产业	音像制品制作及出版、电子出版物制作及出版、广播节目制作及播出、电视节目制作及播出、电影制作及放映、网络文化产品制作及传播、互联网服务业、网吧、游戏产业

四　以往产业分类的局限性及相应影响

以往的产业体系研究主要遵循以下几种产业分类方式,且都有其局限性。

(1)三次产业分类法。三次产业是指包括农、林、牧、副、渔的第一产业；包括采掘业、制造业、煤电水等工业和建筑业的第二产业；包括流通部门和服务部门的第三产业。在这种产业分类中，没有文化产业独立存在的位置，文化资源被看作一种次生产要素，主要为物质产业服务。三次产业的划分体系建立在对自然资源的利用基础上。

（2）联合国标准分类法。该分类法将产业分为农业、狩猎业、林业和渔业；矿业和采石业；制造业；建筑业；批发和零售业、餐馆和旅馆业；运输业、仓储业和邮电业；金融业、不动产业、保险业及商业性服务业；社会团体、社会及个人服务，以及不能分类的其他活动。这种产业分类法基本上没有兼顾到产业的自然属性和文化属性。

（3）国家标准分类法。如中国国家标准局将产业划分为16个门类，该分类法将教育、文化、艺术和广播、电影、电视业、社会服务业等单独划分出来，在一定程度上体现了文化产业存在的独立性。

另外，还有两大部类分类法，即把产业按产品经济用途分为生产资料生产和消费资料生产，这是一种典型的重物质产业、轻文化产业的分类法。还有农轻重分类法，即把产业分为农业、轻工业和重工业，其局限性与两大部类分类法相似，都忽视了文化产业的存在。对物质产业来说，这两种产业分类法都只适用于工业化初期阶段，随着产业结构的高度化，这种分类法在实践中的应用越来越少。

产业分类是产业研究的基础，关系到产业研究的重点和产业规划中产业地位的确定。应该说，以上产业分类都体现了重物质产业、轻文化产业的倾向。现行的产业分类法和实际运行都不利于两种文明建设的均衡发展。现实研究和产业规划工作中应用得最多的是三次产业分类法，从以上分析可知，三次产业分类法主要关注物质产品生产，将文化产品生产放在一个次要的位置，文化产品被淹没在物质产品生产的大潮中。产业分类方法的不合理性也反映在学科教育的布局上。目前存在重基于自然资源基础的理工学科、轻基于人文资源基础的人文学科的倾向。进入21世纪以来，我国新建了不少理工学院，但人文学科却在不断萎缩，传统的中文系等人文学科正被边缘化。

理论研究往往是经济实践的反映，同时理论研究又推动了实践的发展。无论在生产层面还是消费层面，都普遍体现了重物质、轻文化的倾向。重物质、轻文化带来了严重的生态问题和社会问题。以农业自然资源利用为例，当今耕地占用、森林砍伐、水土流失、水源枯竭、物种灭绝、生态失衡及灾害等问题已成为阻碍农业发展的重要因素。有关资源枯竭、环境恶化、社会堕落的文献研究已有很多，在此不再多赘述。但是，对于引起这些社会问题的根源，笔者认为，是物质文明和精神文明发展不协调的结果，而这种不协调发展与产业研究和产业发展思路中物质产业和文化产业不均衡发展密切相关。

文明的发展需要通过产业化建设来推动。现在产业研究和产业规划没有将两种文明建设的产业基础放在同等位置对待，存在严重的重物质、轻文化的倾向。文化是人的创造物，是人之所以与动物相区分并获得价值提升的标志，它使人本性得以体现、精神文明得以彰显。不追求文化，追求物质是对人本性的扭曲。因此，建议在产业研究和产业规划中增加物质产业和文化产业的分类方法，并且进一步强化文化产业发展和理论研究，尤其在城市的经济规划中应重点加强文化产业的内容。

五 物质产业和文化产业分类的意义

上文探讨了两种产业之间的不同，以及以往产业分类不完善之处，以下分析将两种产业分开而且相提并论的意义和重要性。两类产业的协调发展能够推动物质文明和精神文明的均衡发展。文化产业关注人的精神生活，人类已与自然斗争了几千年，目前在物质生产领域已经取得了决定性胜利，但相比之下，人类的精神生活却没有获得同步发展，许多人感叹精神的荒漠，现在到了将两种产业相提并论，更多地关注人的内心需求的时候了。可以说，这种追求既有雄厚的物质条件作为基础，也有现实的迫切需要。

将两种产业相提并论是世界产业结构调整的趋势，也是中国抓住发展机遇进一步发展自己的需要。在对人文资源的保护和文化遗产的开发方面，工业发达国家走在前列。美国的文化产业增加值已经超过其汽车产业增加值；文化产业在日本的产业经济中也占有重要地位；英国为挽救其经济的颓势，早在20世纪就提出了"发展创意产业"的口号，创意产业也是以文化产业为基础；韩国也提出了"国家文化战略"，影视文化产业在21世纪初就已占世界市场份额的5%以上。综观世界上工业发达国家和地区的产业经济，其人文资源和元素的开发利用强度在不断增加，技术水平不断提升，文化产业在整个国民经济中所占的份额迅速提高。中国应紧跟潮流，牢牢抓住产业转型机遇。

将两种产业相提并论还是建设和谐社会的需要。目前人类社会最严重的矛盾冲突之一是人与自然的矛盾,对自然资源的掠夺式开采,恶化了人类的生存环境。为了人类社会的长期可持续发展,引导人们的生活追求朝文化方面发展非常重要。有识之士早已提出,人类在现代社会生活中应多消费比特,少消费原子。在对人文资源的盘点和创意开发中,人类能够重新焕发出心灵的光芒,迸发出精神的力量,物质产业和文化产业的均衡发展能够推动以人为本的健康文明生活。

第五章　产业环境经济前沿问题研究

现代社会，在产业发展与社会和谐、环境和谐之间陷入了一个两难境地。比如，我们的生活中充斥了大量化工产品，世界上每个社区、每个家庭、每个人几乎都在使用化工产品，我们对化工产品的需求是如此广泛，如此不可或缺，以致一刻也不能离开，但大多数化工产品的生产可能都会带来不同程度的环境污染，那么，化工产品由谁生产，在什么地方生产呢。最开始，工业发达国家找到了发展中国家，强势群体找到了弱势群体，把环境危机进行转嫁。但最后发现，大家都在一个地球村，环境污染可以"漂移"。比如一些原来被认为仅限于小范围传播的污染，如粉尘，工业发达国家理所当然地把产生粉尘的产业环节转给了发展中国家，并美其名曰产业转移，帮助发展中国家发展。殊不知，环境问题是全球性的，在达到一定临界值时，区域问题就变成全球问题，比如上述粉尘，还有气候变化，经过多年积累，现在几乎影响到世界的每个角落。因此，环境污染既损人又害己，需要大家警惕和共同应对。倡导资源节约型、环境友好型产业、产品，或者生产过程、环节已经成为全社会的共识。

但是，规避环境风险，几乎相当于企业在以往的传统生产线上，又多了一条环境生产线，或者以环境保护生产线替代传统生产线，这需要花费成本，而且这种成本很多情况下在实体产品中得不到有形体现。比如，同样一个化工产品，有减排设施的企业和没有减排设施的企业所生产的化工产品在市场上的实体表现是一样的，那么，市场如何甄别环境友好型企业和产品呢？这需要设计出弥补环境市场失灵的机制，这是产业节能减排关注的重要议题。在已有的产业市场机制中嵌入产业节能减排机制，是近来产业经济学研究的重点领域。

本章主要研究产业自愿节能减排问题，并对中国以广东为代表的东部节能减排前景作了分析。

第一节 中国沿海地区工业深化能带来节能减排吗?
——以广东为例

节能减排,既制约着中国沿海地区一些产业的发展,给沿海地区经济发展带来了压力,又给中国沿海地区带来了产业结构调整和产业升级的契机。产业节能减排应主要从工业节能减排着手,本节首先以广东为例,论证了中国沿海地区工业演变的一般过程,得出中国沿海地区工业发展基本上符合一般工业演化规律的结论。然后又以广东的发展实证了工业结构高度化和工业深化能够带来节能减排的机理,研究结论表明,工业结构调整和深化带来了自身能源利用效率的提高,同时,通过催生服务业又带来了节能减排更有效的生产方式。

一 中国沿海地区节能减排的迫切性

中国沿海地区经济虽取得了飞速进展,但这种发展是以牺牲环境为代价的。种种迹象表明,中国沿海地区污染排放严重超标,图5-1表明了2007年世界部分城市污染状况,我国北京、上海、广州的工业化不及东京、首尔和纽约,人均收入水平也有距离,但空气污染的各项指数均比东京、首尔和纽约高。

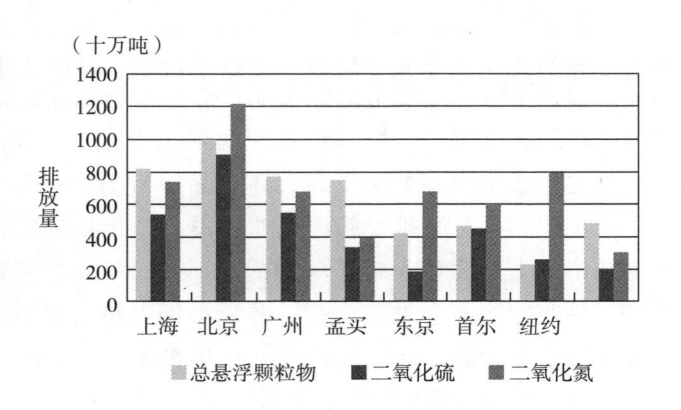

图5-1 2007年世界部分城市排污状况

中国沿海地区能源消耗也在逐年递增，供求矛盾日益突出。图 5-2 显示，1998—2000 年广东总体耗能和工业耗能逐年增加，其大部分来自工业耗能，所以，工业节能是整个社会节能的最主要方面。

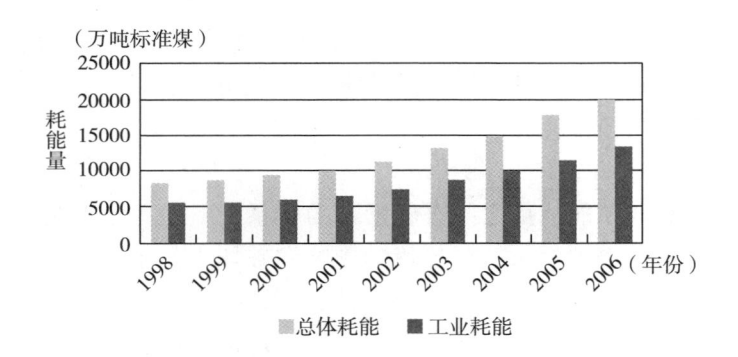

图 5-2　1998—2006 年广东总体耗能和工业耗能
资料来源：根据《广东统计年鉴》整理。

二　工业演变与节能减排

（一）工业演变的一般规律

工业化是一个国家经济发展的关键性过程，工业化一般包括几个主导产业发展阶段（杨建文等，2004）：①以轻纺工业为主导的阶段。在这个阶段，轻纺工业建立在大众需求旺盛、技术要求不高、因农业充分发展而释放的大量廉价劳动力基础上。②以原料、燃料、动力、基础设施等基础工业为主导的重化工业先导阶段。在这个阶段，基础工业是重化工业和服务业发展的先行产业或者制约产业，必须先行加快发展才不会成为制约其他重化工业和服务业发展的"瓶颈"。③以机械、钢铁、造船等低度加工组装型工业为主导的重化工业初级发展阶段。在这个阶段，初级组装产业大多具有传统型、技术要求不高的特点。④以精密机械、精细化工、石油化工、机器人、电子计算机、飞机制造、航天器、汽车及机床等深加工产业为主导的重化工业高级发展阶段。在这个阶段，由于高新技术的应用，传统产业得到改造，技术水平要求较高，同时附加值也较高的工业得以发展起来。在一定程度上说，工业深化是指主导工业从较低层次向更高层次的高度化（阿尔弗雷德·韦伯，1997）。工业化是一个不断提升的过程，但产业结构由低级向高级发展的各个阶段是难以逾越的,虽然某些发展过程可以缩短以及在全球化背景下某些阶段可以借助其他国家或者地区来发展(保罗·克鲁格曼,2000)。一个国家经济发展所需中间产品资源既可以自己生产,也可以通过交易获得。通过全球化经济布局,一个国家或者地区某些产业发展阶段虽然可以缩短跨越的时间,但是发展水平和发展程度却不能降低(周勇和王国顺,2006),一个国家或者地区只有前一阶段产业充分发展了,才能有足够的后劲推动后一阶段产业进步。

(二) 工业深化中的节能减排

工业深化与节能减排之间有着紧密的联系,不同主导工业的工业化阶段对资源和能源的要求,对环境的影响和破坏力是不同的(R. Lopez,1997;Porter,1995)。重化工业先导阶段的原料、燃料、动力、基础设施等基础工业,需要结合当地的自然资源禀赋,主要通过本地采掘、利用或者向外采购,直接在当地消耗所能获得的自然资源来发展,因此要求的能源供给量大,污水、废气、废弃物排放量多,单位产值能耗多。重化工业初级阶段发展的机械、钢铁、造船等低度加工组装型工业,主要通过利用基础工业提供的资源密集型中间产品,辅以简单的加工来发展,但因为主要进行加工,所以要求的能源供给量较基础工业低,污水、废气、废弃物排放量也较基础工业少,同时单位产值能耗也较低。重化工业高级阶段发展的精密机械、精细化工、石油化工、机器人、电子计算机、飞机制造、航天器、汽车及机床等深加工产业虽然仍要耗费一定的资源密集型中间产品,但因为其较高技术的利用,生产效率提高,单位产值的耗能量远远低于重化工业初级阶段和先导阶段。因此,尽管整个重化工业是耗能大户,但不同的重化工业发展阶段,其耗能情况并不一样,层次越高,耗能越少,节能减排效果越明显。

三 中国沿海地区的工业演变

中国重化工业经过几十年的发展,通过首先解决关系国计民生的重要原料、燃料、动力和基础设施问题,蓄积了经济腾飞的能量。作为中国改革开放最前沿以及重化工业基地的东部沿海地区,在经历了改革开放以来的高增长后,其基础工业发展速度在 1997—2001 年发展放缓。图 5-3 为 1998—2001 年广东部分基础工业增长情况,在大多数年份增长速度都为负数。经过基础工业发展阶段后,中国沿海地区将迎来初级重化工业和高级重工业较快发展阶段。但通过分析历史经验数据,中国 20

世纪末和 21 世纪初的初级重化工业和高级重化工业发展并不快，而且轻纺工业的增长速度反而在加快（周勇，2007），由此我们提出疑问：中国沿海地区工业演变是否偏离了常规？

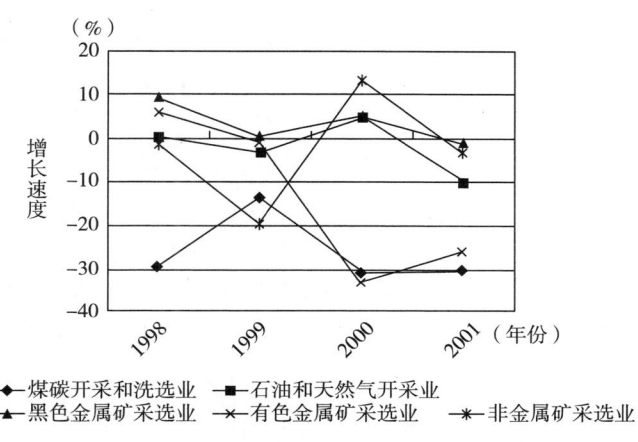

图 5-3　1998—2001 年广东部分基础工业增长情况

资料来源：根据《广东统计年鉴》整理。

（一）中国沿海地区遵循了一般工业发展规律吗

轻纺工业阶段后期应大力发展基础重化工业，我国沿海地区 20 世纪 90 年代大致遵循了这一发展规律。随着基础工业的壮大，初级加工和组装型重化工业应大力发展起来，轻纺工业则应开始衰退。但是，20 世纪末和 21 世纪初，直至 2005 年，我国沿海地区轻纺工业仍在不断发展。从表 5-1 可以看出，2003—2005 年轻纺工业和初级重化工业增加值相当。

表 5-1　2003—2005 年轻纺工业和初级重化工业增加值　单位：万亿元

年份	2003	2004	2005
轻纺工业	3303	4577	5360
初级重化工业	3135	4184	5292

资料来源：根据《广东统计年鉴》整理。

同时，与一般的产业演化规律有所差异的是，轻纺工业还没有开始衰退，我国基础工业却开始走了一段下坡路。图 5-3 显示，1998—2001 年广东部分基础工业普遍经历了负增长。对此的解释可能要归结到中国的具体国情,由于长期蓄积的巨大劳动力资源量还没有被消耗尽,中国劳动密集型轻纺工业尽管经历了较长时间发展,但仍然有竞争力,从而延长了中国沿海地区轻纺工业的发展阶段。由此中国沿海地区一方面发挥了劳动密集型产业优势,另一方面却延缓了重化工业的发展时间(周勇,2006)。在基础工业已经初具规模的20世纪末,因为初级重化工业的发展规模不够,致使已经累积的基础工业生产能力过剩,从而经历了1998—2001年基础工业的负增长。其间我国大量资源型企业减产或者亏损(史忠良和柯维达,2004;刘志彪和陆国庆,2002)。

但是,中国2002年后的产业发展开始回归一般规律。经历了基础工业多年的低增长和负增长后,中国沿海地区很快迎来了初级重化工业和高级重化工业的高速发展期。2002—2006年,我国基础工业又获得了恢复。图5-4显示,2003年后广东基础工业得到了恢复和增长。同时,中国沿海地区的轻纺工业虽然仍在发展,但2005年开始的"民工荒"标志着中国沿海地区劳动密集型轻纺工业开始衰退。2006—2007年,珠三角有大量轻纺工业企业因招不到工或者要素成本高而被迫关门或者转往劳动力价格便宜的中国内地或者东南亚国家,如越南、印度。因此,我们可以得出基本结论:我国沿海地区工业的发展符合一般产业发展规律,工业正在不断深化。

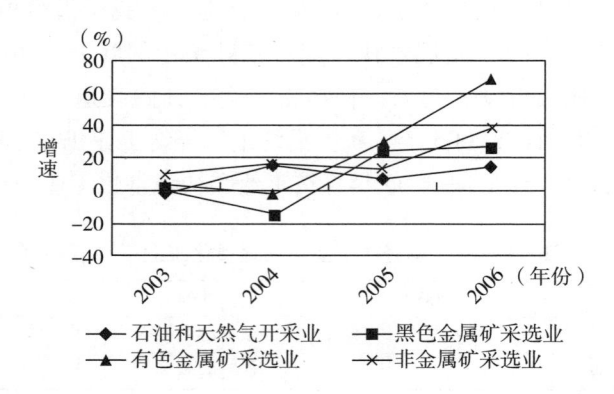

图5-4 2003—2006年广东基础工业的恢复和发展

资料来源:根据《广东统计年鉴》整理。

(二)中国沿海地区工业深化的具体表现

中国沿海地区工业深化表现出多样化特征。

1. 从总量上看中国沿海地区工业在深化

中国沿海地区的高技术产业产值近年来在不断创历史新高，中国高级重化工业迎来了较好的发展时期。从图 5-5 中可知，2003—2005 年，广东重化工业在不断增长，其中高级重化工业占有很大比重。

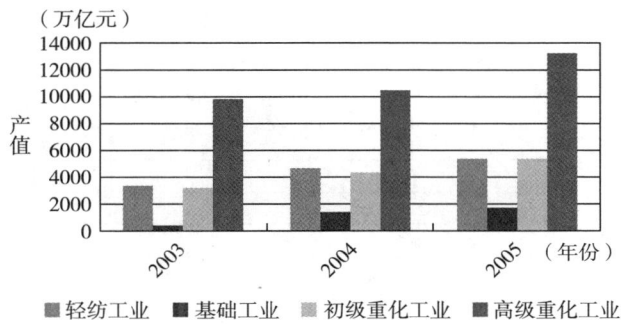

图 5-5　2003—2005 年广东工业产出构成

资料来源：根据《广东统计年鉴》整理。

2. 从增长速度上看中国沿海地区工业在深化

20 世纪末和 21 世纪初，中国沿海地区的轻纺工业增长速度较慢。图 5-6 显示，1998—2006 年，广东部分轻纺工业在大部分年份增长缓慢。

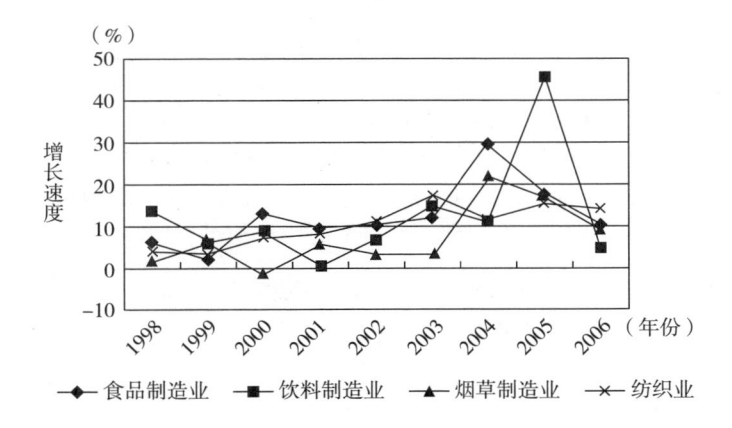

图 5-6　1998—2006 年广东部分轻纺工业增长情况

资料来源：根据《广东统计年鉴》整理。

尽管有一段时间停滞，但广东初级重化工业和高级重化工业在20世纪后半期和21世纪在整体上都获得了发展，其中高级重化工业的发展明显加快。从图5-7和图5-8中还可发现，相比初级重化工业，广东高级重化工业的增长速度在加快。

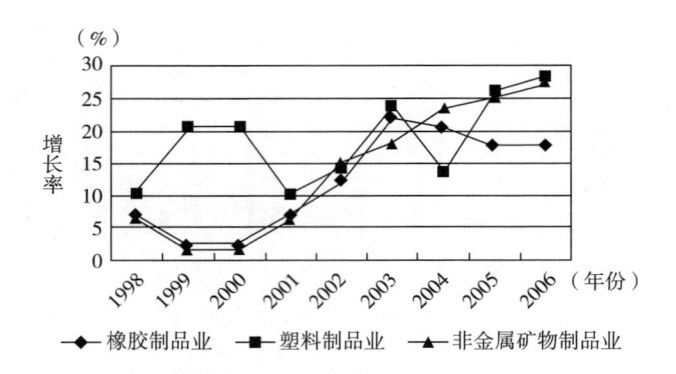

图5-7 1998—2006年广东部分初级重化工业增长情况

资料来源：根据《广东统计年鉴》整理。

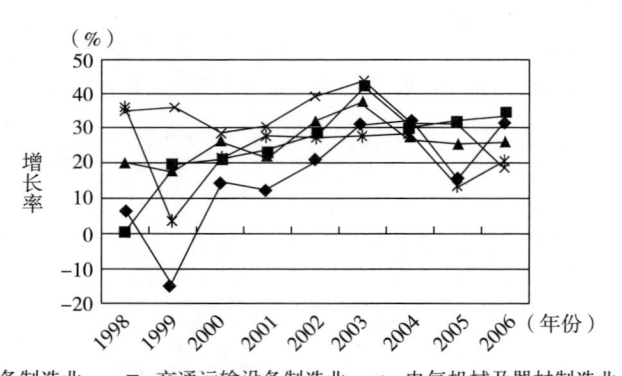

图5-8 1998—2006年广东部分高级重化工业发展情况

资料来源：根据《广东统计年鉴》整理。

3. 从结构上看中国沿海地区工业在深化

中国沿海地区工业结构从21世纪初开始不断深化，大量高技术产业群在沿海地区布局和发展。从2005年广东工业产出结构（见图5-9）可以看出，高级重化工业已经占到广东工业的一半以上，其中轻纺工业已经降至21%，预计未来劳动密集型出口导向型轻纺工业如玩具、鞋等产业将经历严重的产业衰退过程。特别是随着中西方贸易不平衡普遍扩大，中国西部地区产业开发战略的推行，2007年中国外贸新政的出台，新的《劳动合同法》颁布实施，沿海地区劳动密集型轻纺工业的要素成本将进一步提高，劳动力可获得性越来越差，出口形势将更趋于不利，中国沿海地区的轻纺工业在2008年后的产出下降比重将更快。同时，基础工业经历了20世纪90年代的大发展后，由于资源约束，其发展速度也将趋缓。

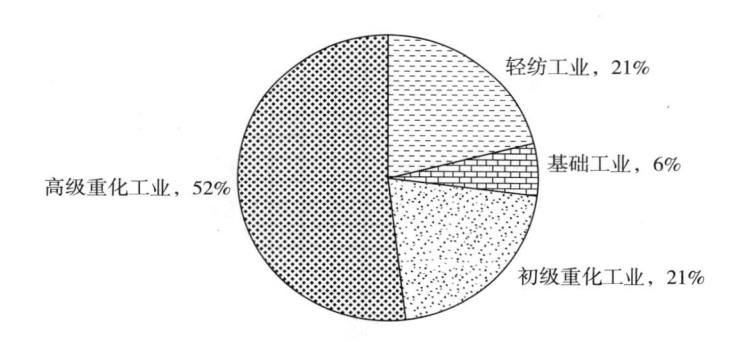

图 5-9　2005年广东工业产出结构

资料来源：根据《广东统计年鉴》整理。

四　中国沿海地区工业深化中的节能减排

自环境危机出现以来，工业深化开始与节能减排相提并论，因此，需要关注中国沿海地区工业深化与节能减排的关系。

（一）由基础工业到初级重化工业，再到高级重化工业的深化与节能减排

中国沿海地区工业经历了从基础工业到初级重化工业，再到高级重化工业的深化过程，这种深化同时也伴随着不同的能源消耗和污染排放过程。表5-2为2003—2005年广东工业产出结构和能耗结构情况。在重化工业中，2003—2005年，基础工业所占产出最少但耗能量却很高，高级重化工业所占产出量最多，但耗能量却最少，初级重化工业耗能量最多。这充分说明中国沿海地区工业结构调整和重化工业深化发展能够带来显著的节能效果。

表 5 – 2　　　2003—2005 年广东工业产出结构和能耗结构情况

单位：万吨标准煤

年份	产出结构			能耗结构		
	2003	2004	2005	2003	2004	2005
轻纺工业	3303	4577	5360	1652	1888	2181
基础工业	1358	1364	1669	3034	3884	3727
初级重化工业	3135	4184	5292	4225	4822	5595
高级重化工业	9828	10489	13227	1121	1426	1821

资料来源：根据《广东统计年鉴》整理。

产出能耗比能够衡量单位能源能够生产的 GDP 数量，我们通过计算 2003—2005 年广东工业产出能耗比（见表 5 – 3），发现广东高级重化工业的产出能耗比远远高于初级重化工业，而初级重化工业又高于基础工业，这再一次印证了工业结构高度化能够带来节能减排效果。

表 5 – 3　　　　　2003—2005 年广东工业产出耗能比

年份	2003	2004	2005
轻纺工业	1.7	2.4	2.5
基础工业	0.45	0.35	0.45
初级重化工业	0.74	0.87	0.95
高级重化工业	8.8	7.4	7.3

资料来源：根据《广东统计年鉴》整理。

2002 年、2003 年和 2004 年，广东工业增加值分别为 17531 万亿元、21513 万亿元和 26720 万亿元；2004 年比 2003 年增加 5207 亿元，2003 年比 2002 年增加 3982 亿元。在耗能量方面，2002 年为 8847 万吨标准煤，2003 年为 10150 万吨标准煤，2004 年为 11532 万吨标准煤，2004 年比 2003 年多耗能 13%，2003 年比 2002 年多耗能 15%。也就是说，广东 2004 年比 2003 年以低于 2 个百分点的耗能量获得了高于 2003 年的工业增加值，应该说，广东取得的节能成绩是产业深化、产业升级的结果。

（二）各产业内部深化与节能减排

中国沿海地区各产业内部通过引入新技术提高能源资源利用水平，

同样能够达到节能减排的效果。图 5-10 显示了 2003—2005 年广东部分工业的产出能耗比情况，从图 5-10 中可以看出，广东的产业内部节能减排在进步，能源利用效率取得了一些进展。

（三）由工业深化催生的服务业与节能减排

工业深化和重化工业发展还能带来服务业的快速发展。重化工业深化是服务业升级的前提。从服务业的竞争力来源看，应先有工业优势，才能发展好服务业。只有生产技术达到一定水平，与生产相关的生产服务业才会具备相当的竞争力。比如为生产服务的售后服务业，除了提供保养维修等服务，还提供后续的技术支撑服务和扩容升级服务。生产服务业竞争力来源于生产技术水平，这充分说明只有工业和制造业充分发展了，服务业才可能大力发展。同时，从服务需求产生对服务业影响的角度可知，只有工业充分发展，劳动生产率提高，竞争力提升，人民群众才可能获得更高的收入和更多的闲暇，才能由关注温饱转为关注自身的其他需求。这些需求的产生是服务业建立的基础。因此，仍旧只有工业充分发展，服务业才可能充分发展。从发展服务业的资源能力角度看，只有工农业生产充分发展了，满足了人民的基本生活需求，才可能腾出经济能力来发展满足更高层次需求的服务业。

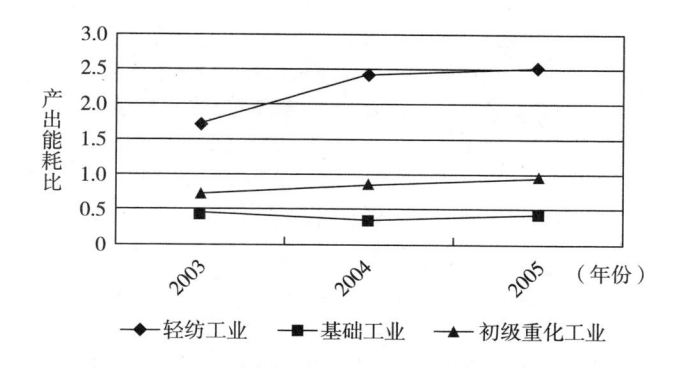

图 5-10　2003—2005 年广东部分工业的产出能耗比情况

资料来源：根据《广东统计年鉴》整理。

通过对比世界部分国家或者地区单位能源生产的 GDP（见图 5-11）可发现，中国香港一直居于前列，甚至还远高于以节能著称的日本。中国香港的能源利用效率高得益于其产业发展以服务业为主导和较高的城市化水平。相对于工业，服务业是低耗能产业，因此，通过催生服务业而带来节能减排是中国沿海地区工业深化的另一种显著环境效应。

五 结语

节能减排既制约着中国沿海地区一些产业的发展，给沿海地区经济发展带来压力，同时又给中国沿海地区带来产业结构调整和产业升级的契机。本节通过中国广东的工业实践，印证了世界工业发展的一般规律及工业深化能够推进节能减排的原理。本节研究得出了一些产业发展和环境保护方面的相关启示。

中国沿海地区因经济发展而带来的节能减排形势严峻，相关环境问题已经对沿海地区城市的竞争力和产业发展产生了很大的负面影响，因此，对环境保护的关注应融入区域经济决策者和企业家的产业布局中。但同时中国沿海地区的环境保护形势有着其自身的演变规律，随着产业结构的调整，产业结构高度化，节能减排的形势将朝着对中国沿海地区有利的方向发展。因此，既要有解决环境问题的紧迫感，又应有解决环境问题的信心。

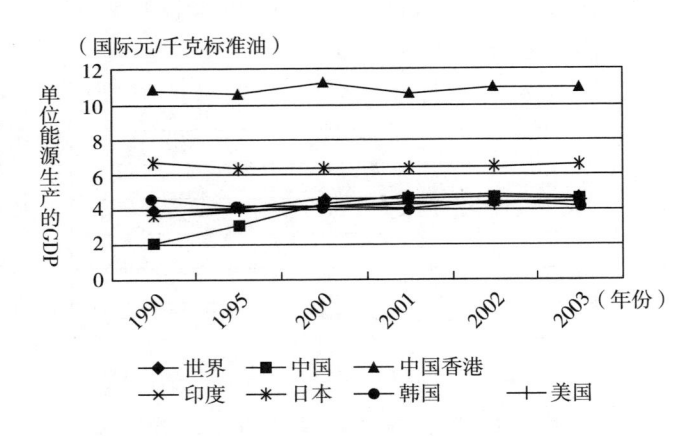

图 5-11　部分国家或者地区单位能源生产的 GDP

要找到当前中国沿海地区节能减排的正确思路。中国现阶段的节能减排问题可归结为产业调整和升级问题，尤其是工业结构调整和升级问题。中国沿海地区产业发展基本上符合世界产业演变的一般规律，如果能够适应产业发展的基本规律，在现阶段产业基础上，不断推进高级重化工业的发展和服务业的发展，中国沿海地区目前出现的严重的环境问题可能仅仅成为阶段性问题，经济发展而带来的环境保护负效应将随着产业升级而不断降低。

要通过推动产业升级，提高环境保护的高度。推动产业结构升级，深化工业发展，不仅从发展经济和提高人民生活水平的角度看，我国应该这样做；从环境保护和节能减排的角度看，也同样如此。世界能源利用率高的国家和地区如中国香港、日本、美国、韩国，要么是采用了很高的环境保护技术，节能效果好，要么是产业结构高度化。其中，中国香港取得远高于其他地区的节能效果，主要得益于其服务业的高度化。日本取得高于韩国和美国的节能效果，主要得益于其节能技术的升级。

节能减排和产业升级都是目前中国经济发展亟须解决的问题，都对中国未来经济社会可持续发展产生重大影响，两者互相促进，相辅相成。改善中国沿海地区的节能减排效果，需要从工业深化、更多发展高级重化工业、加速发展服务业、提高生产技术和节能技术方面着手。同时，产业结构升级也离不开节能减排，因为资源和环境的约束，不能实现节能减排的产业发展难有后劲，目前工业发达国家在开发新技术方案时都必须融入环境保护思路，比如汽车的发展始终贯穿着环境保护的主题，通过节能减排来促进产业升级。

第二节 产业自愿节能减排行动的外部压力源、作用机制及对我国的启示

我国目前已经进入环境政策调整的关键时期，经济发展中节能减排的重点在于产业节能减排，自愿节能减排模式是在国际上较为流行且被证明有效的一种产业节能减排模式。本节分析产业自愿节能减排行动之所以会由企业主动发起的各种外部压力源，包括社会公众、行业协会、环境保护组织、绿色消费主义、投资者、劳动力市场和社区，深入探讨各种压力源影响产业节能减排的作用机制。并就我国现阶段产业节能减排的政策实践提出建议，包括疏通公众与立法机构和政府之间的环境保护沟通管道；加强行业协会建设，引入行业协会自律管理的环境保护内容；依靠民间力量开展环境保护，促进环境保护组织的建立和活动开展；

加强绿色消费主义宣导，推动整个社会绿色消费氛围的形成；在投资政策中增加环境保护条款，健全环境保护的市场约束机制。

一 前言

产业自愿节能减排行动之所以能够由企业自发开展，自律实施，绝不是企业单方面自觉的结果，而是因为社会各方面力量的制衡（Arora, Seema and Timothy Cason, 1996）。在产业自愿节能减排行动中，企业成员需要向包括政府、股东、顾客、员工、兄弟单位、邻近社区、各种社会组织等发布环境保护表现报告，沟通信息。企业为什么需要自愿节能减排？为什么需要向各利益群体报告产业环境保护信息？这种报告能否或缺？笔者认为，企业自愿节能减排行动除一般研究认为的是为了提前采取行动、化被动为主动、避免政府严厉的环境保护政策外，还因为企业需要缓解各类外部压力，包括同行、产业链的上下游及其他各利益相关者。正是因为有广泛的社会外部压力，产业自愿节能减排行动才重视信息披露和报告制度，产业环境保护信息披露和报告制度不可或缺（Gene M. Grossman and Alan B. Kruger, 1996）。一方面，企业需要向社会利益团体报告自己的节能减排表现，信息披露促使企业做出环境保护努力，实现承诺。在广泛的公众视野中，企业难以作假和隐瞒信息。另一方面，各社会利益相关者越严格，越有使命感和责任心，企业的各种环境保护违规行为就越无法隐藏（James T. Hamilton, 1995）。因而就信息经济学的角度而言，披露机制有利于揭示真实的信息。各利益相关者给的压力越大，企业的环境保护表现可能就好。因此，需要重点研究除政府外各类外部压力源及其作用机制，为我国正在起步和试点阶段、有广泛前景的产业自愿节能减排制度建设提供有益的政策建议。

二 产业自愿节能减排行动的外部压力源及压力实现机制

（一）社会公众

产业界可能面临来自社会公众要求保护环境的压力，这些社会公众可以是企业产品的消费者，但并不必然是企业产品的直接消费者（Tyteca, D., Carlens, J., Berkhout, F., Hertin, J., Wehrmeyer, W. and Wagner, M., 2002）。社会公众压力的形成途径有道德约束、社会舆论和媒介监督。具体运作中，日益重要且有效的途径有两种：一是社会公众通过立法和行政程序来施加群体压力；二是社会公众通过对企业进行直接游说来施加压力。这种压力之所以能够有效地形成是来自可信的威胁，如果企业和产业界没能有效应对，并作出满意答复，公众将通过法律途径来解决问题。

据 Maxwell、Lyon 和 Hackett（1998）的实证研究，有许多因素能够促进压力集团的形成，减少游说成本，从而促使产业界有效地节能减排。使用国家层面的数据，他们发现，中等收入的人口比例、拥有大学及以上学历的人口比例、成为环境保护团体成员的人口比例等对企业节能减排效率有显著影响。他们的实证发现与相关的一些理论假设一致，如有经济条件且受过良好教育的社会成员对未能有效节能减排的企业能够形成可信的威胁；环境保护组织对环境保护具有重要作用。公众表达环境保护诉求最普遍的方式是通过各级政府的立法程序以及在各级政府的选举中表达自己的意愿。选民的意愿最终将通过法律法规的实施来得到体现。由于苛刻的节能减排法律法规的可信威胁，产业界不得不通过自愿节能减排行动来化被动为主动，通过自觉和自愿行动来避免不利的法律条款出台；对于不可避免出台的环境保护法律规范，通过自愿节能减排行动，也能够在实施中为自己创造一些回旋余地。Karamanos（1998）发现，节能减排表现较差的美国私人电器设备制造商更愿意加入自愿节能减排行动——EPA 气候挑战项目；Khanna 和 Damon（1998）的研究也表明，某些有毒气体排放严重的制造业主愿意创造条件来影响相关环境保护政策的出台，他们加入自愿节能减排行动——30/50 环境保护项目的比例非常高。如果这些环境保护表现不佳的企业不积极回应选民和公众的诉求，选民和公众就会转而要求政府对整个产业实施严厉的政策，因而公众通过游说来影响企业的节能减排政策以促使产业界改进环境保护是一种极为有效的环境保护促进机制。

（二）行业协会

Khanna 和 Damon 研究发现，化学制造业协会成员相比非成员更愿意加入 30/50 环境保护项目，而且协会成员的污染排放量比非成员的污染排放量更大，往往是行业中的污染大户，他们实施自愿节能减排行动所需要花费的成本更多，因自愿节能减排行动而导致的经济效益损失也更大，这显示了行业协会在促进产业节能减排方面能够发挥重要作用，是能够有效形成产业自愿节能减排压力的另一支有效力量。协会成员间能够彼此监督，互相构成压力，因为需要采取行业的一致行动，以避免给整个行业带来威胁和损害的环境保护政策及规则出台，或者影响未来环境保护政策规则的形式和实施步骤，以给本行业营造更多的回旋空间（G. S. Amacher and A. S. Malik，1998）。相应地，如果某个成员的环境保护表现很差，将会威胁到其他成员的生存和安全，从而破坏整个行业的发展。因此，协会成员之间有彼此监督、共同抵制违规现象的激励。此外，行业协会出台的一些行规也对产业节能减排行为有一定的约束力。

（三）环境保护组织

在世界范围内，代表社会和公众环境保护声音的环境保护组织早已成为整个社会环境保护中最大的信息源和最强有力的声音（Hatchuel A. Aggeri，1996）。单个人的环境保护信息有限，但是，整个社会公众组织起来，其环境保护信息资源不再有限。单个人的环境保护行为可能有限，但是，整个社会公众组织起来，其行为的影响力巨大。社会公众也不再是被动地开展环境保护行动，等待和接收环境保护信息，通过其代表即环境保护组织，他们不仅能够积极行动，主动地采集信息，发布信息，而且在环境保护行动和信息采集传播的灵活性、广泛性、深度、单一关注、长远关注、边缘关注、专业关注方面，很多情况下，要远远胜于政府和媒体（周勇，2004）。单一关注是指第三方组织往往围绕某一特定项目，针对某一特定使命而设立，在一个具体问题上开展行动或者积累起密集的信息。长远关注是指第三方组织往往是特定项目或者问题的长期跟踪者和信息收集者，确保特定问题解决的连续性，在一个具体问题上积累起时序信息。边缘关注是指第三方组织往往有效地补充了政府和私人功能的不足，将政府不能办、私人不能办而社会又急需的事务承担起来，在一个具体问题上积累起一般途径很难提供的信息。专业关注是指第三方组织往往吸纳专家志愿者的参与，成员受过专业培训，因为信息的专门性，保证了其服务的专业性。

（四）绿色消费主义

绿色消费主义能够促使企业自愿节能减排，是构成企业环境保护压力的另一个因素。Arora 和 Cason（1996）以及 Khanna 和 Damon 已经在实证中找到了一些支持绿色消费主义能够有效地构成对产业界环境保护压力的证据。Arora 和 Cason（1996）发现，广告额占销售收入比重越大的产业更有可能加入产业自愿节能减排行动；Khanna 和 Damon 的研究也说明，在化学品工业中，从事最终产品销售的企业比中间产品销售的企业更有可能加入产业自愿节能减排行动。广告额占销售比重越大，说明产品的销售更多地受到消费者需求意愿的制约,而不是仅仅决定于供给因素。这样一来,绿色消费主义能够影响企业的销售,从而迫使企业自愿节能减排,以满足绿色消费主义的要求。又因为最终产品要面向最终消费者,其销售要受到绿色消费主义制约,而中间产品离最终销售市场还有一段距离,绿色消费者很难监控和感受到,所以,最终产品相比中间产品制造商有更强大的外部压力来实施产业自愿节能减排行动。

(五)投资者

根据环境取向可将投资者分为两类:一类是绿色投资者,为了环境保护表现可能牺牲投资回报率给企业施加环境保护压力;另一类是传统投资者,可能为了投资回报而回避环境保护方面的努力,或者仅仅在节能减排能够带来经济效益、有助于最小化环境方面带来的负面影响,如罚款、吊销执照等,才要求企业开展环境保护。绿色投资者在西方工业发达国家投资者中占的比重仍旧较小,对传统投资者的关注,研究其环境保护行为,促使其开展节能减排,依旧是环境保护政策设计的主流。

传统投资者并不一定认为节能减排政策能够给企业带来更好的收益。有多个研究报告分析了有关环境保护的有毒物质排放(TRI)信息披露给公众后投资者的反应。要理解投资者的反应,有必要弄清楚在有毒物质排放信息披露后,环境污染大户是否在资本市场如股市中遭受了重大损失。有充分的证据表明,环境污染大户并没有在污染信息披露后股价下跌。Konar 和 Cohen(1997a)以及 Khanna、Quimio 和 Bojilova(1998)都发现,在股市上遭受重大损失,每股盈余显著下降的并非污染密集型企业,而是实际污染和预期污染之间的差别。也就是说,不是已有的污染水平影响资本回报,而是预期污染水平影响回报。因此可以得出结论,当实际污染高于预期污染时,环境保护信息披露将给投资回报带来负面影响。对此做出的理论解释可能是:没有污染增量的环境污染大户被认为是理所当然的环境表现不好的企业,新的环境保护信息的披露并没有给投资者带来什么新的信息,而影响投资者意愿和决策的可能只是新信息,比预期高的污染排放量才是新信息,新增污染成为促使污染型企业股价下跌的触动因素。持续的环境保护恶化是影响投资者决策的重要因素。

(六)劳动力市场

外部劳动力市场影响企业的环境保护行为(S. Arora and S. Gangopadhyays,1995)。员工可以通过是否提供自己的要素资源来影响产业自愿节能减排行动，企业为吸收或者保留高素质的人力资源而被迫开展环境保护行动。一些污染密集型产业不仅影响公众环境，也影响自身的工作和生活环境，对员工的身心造成不良影响。员工在社会交往中有自己的尊严，有研究表明，来自环境保护污染型企业的员工有某种社会"罪恶"感。因而无论是来自员工的自我评价，还是来自外界的社会评价，都促使员工加入环境保护型产业，退出污染密集型产业。员工自身的环境保护素质也影响企业自愿节能减排行动的开展，因为企业自愿节能减排行动作为一种企业管理行为，必须融入员工的理解和良好的环境保护沟通，才能在具体的流程和细节中实施。但员工对产业自愿节能减排行动的影响依旧十分有限，尤其在经济不发达的发展中国家，生存和工作机会仍然是员工面临的重大挑战。员工对企业节能减排行动的影响离不开社会经济条件、文化氛围和教育水平。

（七）社区

社区是环境污染最直接、最严重的受害者，因而有强烈的动机以及邻近的优势，对产业自愿节能减排行动形成压力（Konar, Shameek and Mark A. Cohen, 1997）。在产业移入方面，社区拥有否决权，对污染密集型产业，社区能够通过多种途径予以否决。许多污染大户最后之所以不得不关闭或者搬迁就是社区长期不屈不挠抗争的结果。企业环境污染体现在很多方面，而且也体现在不同的时点，光靠政府监督难以有效。很多地方的企业污染排放之所以屡禁不止，就在于企业在同政府玩"猫捉老鼠"的游戏。比如污染物处理是有成本的，企业可能为了应付政府的压力而添加环境保护装置，但不使用，至于何时使用，政府难以跟踪，只有依靠社区的力量，才能对排污企业形成有效监督。很多环境污染事故就是在社区的配合下才得以彻查的。

三 外部压力机制对我国现阶段产业自愿节能减排行动的启示

产业自愿节能减排行动实施过程中，尽管存在多种有效的外部压力促进源，但是，如果不注意培育这些压力源，不注意培育这些压力源发挥节能减排功效的制度环境，产业自愿节能减排行动依旧无法实现。外部压力机制可概括为：作为理性人的企业总是最大化自己的收益，当因为采取节能减排措施而带来的收益高于其成本时，企业将加入自愿节能减排行动，否则企业就没有压力和激励开展环境保护行动，以及积极加入自愿节能减排行动（J. Barde, 1995）。

综上所述,企业节能减排的收益和成本由各种外部因素引起,包括社会公众、行业协会、环境保护组织、绿色消费主义、劳动力市场、社区等。比如,大量绿色消费者的存在将增加企业因环境保护行动而带来的收益,因为绿色消费者偏爱环境保护型产品,相应地增加环境保护企业的产量。但同时众多有环境保护意识的公众将增加不搞环境保护企业的成本,既可能不购买非环境保护企业的产品,还有可能通过民意表达影响环境保护立法和行政,从而影响非环境保护企业和产业的发展空间,从而让其付出代价。企业自愿节能减排行动能否成功实施,关键在于有效的惩罚和激励,建立起能够充分有效地显示成本和收益的制度。

(一)疏通公众和立法机构、政府之间的环境保护沟通管道

社会公众这个压力源能否发挥作用,除公众受教育水平、经济条件、环境保护意识和知识的提高外,更重要的是公众能够成功投票,公众意愿能够成功表达,纳税人能有效跟踪评估社会环境效益。目前,我国公众环境保护投票的意愿还不高,公众环境保护意愿表达的积极性还不强,这与我国的经济发展条件和社会发展水平不够有关,但更重要、更具体的原因在于沟通成本过高。政府对公众的环境保护要求反应得还不够及时,甚至还有置之不理、不作为的状况出现。政府应积极鼓励公众加入环境保护建设,而不是将其看作提意见者,敷衍应付。应认识到政府要搞好环境治理,离不开公众的参与,公众的环境保护参与是对政府工作的支持。此外,各级立法机构在环境保护立法时应广泛听取公众意见,以加强法规的可执行性。公众与政府、公众与立法机构之间沟通渠道建设可以成为将来我国产业自愿节能减排制度建设的努力方向之一。

(二)加强行业协会建设,引入行业协会自律管理中的环境保护内容

加强行业组织建设,我国已经呼吁多年,但是,由于没有从根本上改革自上而下的第二政府建设模式,我国行业协会的活力,对经济和社会的贡献能力远没有发挥出应有水平。依靠行业组织搞环境保护,在我国也还处在探索阶段,鉴于欧美工业发达国家的成功经验,以及严峻的节能减排形势,我国有必要在行业协会建设中充实环境保护内容。行业协会环境保护自律管理内容可以先从环境保护技术、环境保护经验交流、影响政府环境保护政策、维护行业利益而采取主动的环境保护行动来避免政府硬性制裁方面入手。行业协会以行业利益维护为己任来号召组织成员,能够在环境保护政策实施的广度和深度上协助政府,从而降低政

府和产业界之间的硬性环境保护政策摩擦，既保证行业发展环境的有序过渡、业务工作的有效运行，又保证政府环境保护政策能够落到实处，实现对公众的环境保护施政承诺。

（三）依靠民间力量开展环境保护，促进环境保护组织的建立和活动开展

在小政府大社会的时代，依靠民间力量办环境保护，发挥环境保护组织的作用对政府环境专项治理非常重要。目前，我国专业性非营利组织正在步入一个较为快速的发展期，以汶川地震为例，国内外许多非营利救援组织为中国的救灾工作成功开展提供了巨大支持。数以万计的志愿者以及各种非政府组织从四面八方奔赴现场参与救援。民间救援活动的规模、所表现出来的行动能力和专业能力，均达到中国迄今为止的最高水平，这也体现了民间力量在社会事务中的重要作用。民间组织对节能减排和环境保护的影响同样巨大，在这方面，西方工业发达国家的环境保护组织无论在数量上还是在服务水平上都远远领先于中国。比如成立于1997的 The Global Reporting Initiative（GRI）是一个长期的独立组织，其使命是开发、提升和宣传可持续报告指南，为全球环境保护做出积极贡献。目前全球环境保护组织发布的环境保护信息日益多样化，如关于环境保护表现的信息，包括已记载的伤害或者疾病案数、有害水排放量、有毒化学物质排放量、因违反环境保护法规而接到的警告数、非日常使用物质的回收类型和回收量、非日常使用物质的丢弃类型和丢弃量、环境保护罚款金额、可记录的气体排放类型和数量、能源使用量、水使用量、年环境控制成本、常规环境保护检查次数、臭气减排装置的使用量等。可以说，只有民间力量的广泛参与，我国产业自愿节能减排行动才可能具备广泛实施的可能性。

（四）加强绿色消费主义的宣导，促成社会绿色消费氛围的形成

绿色消费主义能够给产业自愿节能减排行动施加直接影响。在以消费者为主导的消费经济时代，消费者对企业的经营拥有充分的话语权。公众环境保护权利表达需要通过政治制度设计才能完成，但绿色消费主义意愿可以通过消费者的产品购买，选择直接投票来表达。绿色消费主义目前已经形成制约西方工业发达国家产业环境污染最重要的力量之一。在国外，随着2004年二噁英污染和流行病的大规模频繁暴发，公众的环境保护意识日益高涨，消费者越来越倾向于购买绿色产品，这为环境保

护企业带来了机遇。积极选购绿色产品的消费者，在人口中的比重不断增加，在美国和英国超过了 20%，德国为 50%。绿色消费者一般是收入和教育程度较高的人群，他们普遍认为，环境保护生活是时尚的表现。越来越多的消费者愿意付出较高的价格购买绿色产品。在美国，绿色产品比非绿色产品的价格高 20%。美国、欧盟和日本已为多种消费品制定了环境保护规则，以尽量减少消费品中的有害物质和使用后产生的废料，鼓励人们有效使用能源。不符合这些规定的产品不得销售，而符合规定的产品往往有着很大的市场空间和竞争优势。我国在绿色产业倡导方面还有赖于观念提升和绿色消费意识的唤醒。

（五）在投资政策中增加环境保护条款，健全环境保护的市场约束机制

以政策来鼓励产业界开展自愿节能减排行动是我国未来投资政策设计的重要方向。我国东部地区经济发达，但节能减排形势严峻。在节能减排政策的推行中，应注意东中西部地区综合协调。东部沿海地区目前应当摆脱以环境换产业的污染型发展思路，在资源要素压力和节能减排压力下，走以产业换环境之路，淘汰污染型产业，扶持清洁型高端产业发展。环境保护政策调整早已引起我国决策层的高度重视，比如 2008 年被认为是环境保护政策调整较为集中的一年，有官员称为"环境保护政策调整年"。中央经济工作会议提出，要加快出台和实施有利于节能减排的价格、财税、金融等激励政策，加快制定和实施促进节能减排的市场准入标准、强制性能效标准和环境保护标准。2007 年，我国发布和出台了包括节能减排综合性工作方案，与地方政府签订节能减排目标的一系列政策和措施。但是，有专家指出，总体上看，这些政策和措施从行政角度考虑得多一些。在地方政府追求 GDP 的环境下，效果会差一些。国家环境保护主管机构也呼吁，相关部门要联合起来，进行环境经济政策的研究和试点，争取尽快出台若干项政策，完成相关政策的试点，拟定环境经济政策的体制框架。我国除建立环境保护经济政策体系外，还需要建立完善污染防范的体系，包括加强环境评价制度；实行污染淘汰和限期治理；强化环境收费制度；制定区域开发与保护政策。另外，还需要实行污染物总量控制制度，落实环境保护责任追究制。环境保护政策的出台影响投资者的决策，一定要在政策制定和实施中将投资者的环境保护收益、环境保护成本、环境污染信息揭示出来，避免市场外部性而导致的环境保护失灵问题。

第三节　产业自愿节能减排模式的抢先行动动机研究

产业自愿节能减排模式在西方工业发达国家环境保护中已日渐成熟，其成功实施离不开个体企业和产业界的抢先行动动机。该动机得以形成的原因在于：政策制定中，政府与企业需要信息权衡；生存压力下，产业界需要积极自救。产业界实施自愿节能减排模式的抢先行动动机在于取代苛刻的环境保护政策，削弱即将实行的环境保护政策强度，减少政策性环境保护监控，促进反竞争规则的建立。中外经验表明，产业环境保护政策出台有阶段性，新的模式和原有政策工具应配合使用；环境保护组织的监督，公众、媒体的参与和企业生存危机形成了产业自愿节能减排必要的内外压力；产业环境保护政策的一手硬和一手软同样重要；注意节能减排政策对产业竞争的负面影响。

一　产业自愿节能减排模式在西方工业发达国家兴起的背景

20 世纪七八十年代，西方几个工业发达国家相继出台了一系列新的环境保护规章制度，旨在应对生态失衡的挑战，遏制环境的日益恶化。当时采用的主要环境保护政策措施都是命令控制型，强调通过立法来规定硬性的环境保护标准，并且强制性要求企业有配套的环境设备和环境技术革新（John W. Maxwell and Christopher Decker，1998）。该类政策遭到了产业界的强烈批评，企业难遵守，于是不遵守，对新政策采取应付态度。政府的环境保护监管难度很大，政策运行效果很差。该类政策的政治有效性也被环境保护主义者广泛质疑（Christopher S. Decker，1998）。而且从一开始经济学家就强烈反对硬性的命令控制型环境保护政策，反对的焦点集中在它的执行成本高，没有灵活性。20 世纪 80 年代以后，市场导向型环境保护政策工具开始广泛应用，主要运用市场工具如税收、补贴、贷款等手段，调控实施环境保护政策。90 年代，最重要的环境保护政策成果是产业自愿节能减排模式的广泛引入，这又比市场导向型环境保护政策更进了一步。通过产业自愿节能减排行动，企业承诺在法律规章规定的标准或标准之上改善它们的环境保护表现。

企业之所以会实施自愿节能减排行动，与其抢先行动动机（Proactive

motivation) 紧密相关。抢先行动动机促使企业参与自愿节能减排行动，可以说产业自愿节能减排模式的政策设定是否有效、执行效果如何有赖于政策制定者对产业界或者企业抢先行动动机的激发（D. Tyteca, J. Carlens, F. Berkhout, J. Hertin, W. Wehrmeyer and M. Wagner, 2002）。产业自愿节能减排模式无论在理论上还是在实践中，我国引入的时间都还不长，尚处于节能减排自愿模式的试点阶段，对它的理论研究也还比较粗浅，需要对自愿节能减排原理作进一步深入认识。自愿节能减排协议在西方工业发达国家早已经被证明是一种成功的环境保护政策（Arora, Seema and Timothy Cason, 1996）。产业自愿节能减排模式能否在中国成功实施关系到中国经济社会环境能否和谐发展，抢先行动动机的研究对中国产业自愿节能减排协议的实施具有重要的理论和现实意义。

二 产业自愿节能减排模式的抢先行动动机形成的原因

产业自愿节能减排有赖于产业界自愿动机的促发，在深入认识各类抢先行动动机之前，有必要对各类动机产生的原因作深入分析，以便为有效的产业自愿节能减排行动提供制度基础。

（一）政策制定中政府与企业需要信息权衡

首先看产业节能减排政策的形成。政策的形成可分为自上而下、联合制定和自下而上三种途径（G. S. Amacher and A. S. Malik, 1998）。其中，自上而下是指政府单方面形成政策决定，企业被动执行政策。联合制定是指政府参考行业组织、龙头企业或有代表性企业的意见形成政策措施。自下而上是指在政策没有设限的情况下，由企业和行业组织率先行动起来，形成行业规范，再上升为政策措施。在这三种途径中，自上而下途径给予企业的自主性和企业自身的积极性最差，只能被动地依政策和制度行事；联合制定给企业和产业组织提供了一定程度的自主权，因而企业有一定的主动性；自下而上模式能够使企业获得广泛的参与权，因而企业积极性和主动性都较高。到底该采用哪种政策制定模式，这与双方的信息结构有关，如果企业信息都是公共信息，政府对企业具有完全信息，那么自上而下的政策制定模式就可行；如果政府掌握一定程度的企业私人信息，但有信息不对称和不完全问题存在，较为理想的模式是联合制定政策；如果对于一项新的管理议题，政府对其知之甚少，企业具有极大的自由随意性，而且政府以往执行的政策均失灵，那么自下而上的政策制定模式将有其必要性，这是由严重的信息不对称而引起的逆向选择和道德风险所决定的。

（二）生存压力下产业界需要积极自救

产业自愿节能减排模式是在西方工业发达国家被证明极为有效的环境保护政策措施和方式。它的兴起与产业发展阶段有关，在工业化前期，西方工业发达国家通过以环境换产业，在牺牲环境的前提下发展，包括经济发展和社会发展，此时环境发展退步或者停滞；在工业化后期，特别是服务业时代，西方工业发达国家开始实施以产业换环境，通过转移出自己的污染类产业特别是资源密集型制造业来改善环境，并且同时朝经济、社会和环境均衡发展的方向迈进（B. Peter Pashigian，1985）。西方工业发达国家表面上通过对外投资支持了全球经济的发展，给发展中国家带来经济发展的机会，而且因为产业特别是劳动密集型制造业转移到发展中国家而给本国经济带来一定的损失，所谓产业"空洞化"就是这种现象的集中表现，但实质上西方工业发达国家是在以产业换取环境。自后工业时期起，西方工业发达国家政府面对日益严重的环境保护压力，开始在选民支持下对污染密集型企业进行严酷清洗和限制，对非污染密集企业也设定了严格的节能减排标准。再加上能源危机、资源紧缺和原材料价格上涨的影响，致使西方工业发达国家大量产业和企业难以为继（M. Maloney and R. McCormick，1982）。为避免政府、环境保护组织和社会公众的进一步打压，企业界和产业界开始积极行动起来，自愿自觉地搞环境保护，因此，产业自愿节能减排行动的方兴未艾是西方工业发达国家产业界和企业变被动为主动，化消极为积极争取生存空间的结果。

三　产业自愿节能减排模式的抢先行动的几种动机

有多种动机能够促成产业自愿节能减排行动，多动机促发是产业自愿节能减排行动有效实施的基础。

（一）取代苛刻的环境保护政策

严厉的环境保护政策已经在西方工业发达国家实施了几十年，产业界意识到环境保护政策只可能往更加苛刻的方向发展，政府不可能放松管制；环境保护组织活动深度不断强化，范围不断扩大，公众对节能减排也越来越关注，不注重环境保护就可能产品在市场上没有销路（Ann P. Bartel and Lacy Glenn Thomas，1986）。产业界既可能预测到未来的环境保护政策走向，也可以预知更加苛刻的环境保护立法和规则将给自己带来的后果，企业正面临着各种正式和非正式的环境挑战，因此，明显的政策预期给产业界节能减排形成了巨大的压力。为求得生存和发展，企业需要将未来的环境保护政策纳入自己复杂的战略发展框架，积极应对各种可能危及生存的危机，需要化被动为主动，与其等政府出台政策打压，还不如迎合政府和社会公众的需要。如果主动应对，积极采取措施，严格自律，采取实实在在的行动，企业就有可能安抚环境保护主义者，适应政府的需要，减轻公众对政府的环境保护压力，从而成功阻止苛刻的环境保护政策出台。

（二）削弱即将实行的环境保护政策强度

在很多情况下，阻止政府环境保护政策的出台对产业界而言并不可行，但采取自愿节能减排行动的企业能够在环境保护政策的实施阶段对环境保护监管机构施加影响。比如在美国环境保护部门1990年的清洁空气修正案中，189种有害化学物质被规定应当适应新的环境保护标准，并且必须在2000年前达标。因为标准的实施细节并没有在国会法案通过时确定，所以，发起自愿节能减排行动的企业有很大的空间影响标准的实施（Khanna，Madhu and Lisa Damon，1998）。美国大西洋里奇菲尔公司（ARCO公司）是采用清洁方式生产，实行这项策略，进行新燃料评价自愿节能减排行动而获得成功的典型。新燃料评价自愿节能减排行动使ARCO公司在新闻媒体上获得阵阵赞誉，其产品被《财富》杂志定格为美国该年度的优秀年度产品。此外，根据《洛杉矶时报》，ARCO公司1991年的每股收益达到29.3%，这使ARCO公司成为美国石油业该年份表现最好的公司。ARCO公司的成功归因于其史无前例的新产品发展战略即环境保护战略。ARCO公司首席执行官洛德里克·库克（Lodwrick Cook）坚信，对于20世纪90年代的公司而言，能带来竞争优势的最大机会将在于环境保护促进型产品和服务的利用，ARCO公司可用环境保护产品或服务将自己与竞争对手区分开来（Gene M. Grossman and Alan B. Kruger，1995）。

（三）减少政策性环境保护监控

政府的环境保护监控往往对企业的经营活动有所干扰，如现场暂停生产、生产人员需停下工作配合检查、文员提供各种数据资料、企业接待等。企业通过自愿节能减排行动也能够减少政府监控的强度。Maxwell 和 Decker（1998）认为，企业可以通过自愿节能减排行动以确保更严格地遵守现有的环境规则，作为回报，政府环境保护部门将减少环境检查的频率、次数和强度，从而更少地干扰企业的日常经营。企业可以进行不可逆转即专用、不再用于其他途径的投资（这种投资可以做到专款专用，从而减少应付检查的机会主义），并且减少未来被动遵守环境保护标准的成本。如果环境保护部门能够观察到这种投资，那么他们就能据此推测：进行过环境保护专门投资的企业不大可能在未来违反环境保护标准，起码具有遵守节能减排规定的相关条件，因而将放松对该企业的环境监控。环境保护部门的监控是有成本的，对于污染严重的企业，环境保护部门降低环境污染获取环境保护效益的边际成本是很低的，因而污染密集型企业值得他们大力监管。对于实施了自愿节能减排行动的企业，环境保护部门实施监控的边际成本是很高的，因而他们当然会放松对它们的监控。Decker（1998）进一步发展了 Maxwell 和 Decker（1998）有关环境保护的自愿节能减排投资的研究，在模型中加入了多个企业，研究发现，企业可以采取可被观察到的事先环境保护行动，让环境保护规则制定者确信它们会遵守环境保护规则，从而能够成功地转移环境保护部门的监控视线，让他们集中关注其他企业的环境保护行为。

（四）促进反竞争规则的建立

自愿节能减排投资能够增加进入或者退出成本，很多企业开展自愿节能减排行动的目的就是减少竞争。早期研究如 Bartel 和 Thomas（1987）、Maloney 和 McCormick（1982）、Pashigian（1985）认为，企业有强烈的动机促使政策制定者制定提高产业整体效率的环境保护规则。自愿节能减排行动就是该动机的一种表现。比如政策制定者并不清楚某项新的环境保护规则出台将给企业带来的成本。如果这种执行成本非常高，中小企业将不得不退出产业市场，但大企业将从中小竞争对手退出中获利，于是大企业有强烈的动机让政策制定者确信，对于某项环境保护政策，其执行成本是很低的，以诱使政策制定者出台它们期望的环境保护政策。通过实施自愿节能减排行动，大企业能够降低节能减排水平，并以此让政策制定者确信，环境保护是可行的，而且成本低，因而自愿节能减排行动成为大企业诱使政府出台环境保护政策，最终限制竞争让大企业获利的重要手段。有许多案例能够说明企业可从实行这类环境保护行动中获利。比如，杜邦（DuPont）公司的自愿节能减排行动加速了一种污染型原料使用的分阶段退出，从而成功地让政府出台一些给其他制造商带来压力的环境保护政策。节能减排的反竞争战略普遍应用可能是在国际贸易领域，Cairncross（1992）提供了多个案例说明一个国家环境保护政策措施如何构筑对另一个国家的贸易壁垒。

四 启示

从环境保护的政策出台过程来看，先要有严厉的政策出台，让企业建立起环境保护的未来预期，才可能让企业树立起环境保护理念，对节能减排不存侥幸心理。也就是说，产业自愿节能减排行动在中国的实施不可能一蹴而就，中国是工业化发展的后起国家，在节能减排方面，可能缩短发展的时间，但阶段不可跨越。相关的政策启示是：目前硬性的严厉的节能减排政策可能还有存在的必要性，尽管我们的目标是要培育起全民全社会参与的产业自愿节能减排模式。

产业自愿节能减排行动是在压力和生存危机的倒逼下形成。没有环境保护组织的监督和公众、媒体的参与，产业自愿节能减排行动就没有压力（Hamilton, James T., 1995）。目前，中国已经经历了几十年的工业化发展，资源"瓶颈"问题凸显。另外，对于中国沿海地区而言，低层次产业已经过剩，已经到了以产业换环境的社会发展阶段，因而已经具备了产业自愿节能减排行动所需要的生存危机和压力条件。但中国的环境保护组织、公众环境保护参与和媒体对环境保护的介入还远远不够，这是制约中国产业自愿节能减排模式开发的不利因素。中国有必要在产业环境保护的社会参与和监督方面多下功夫。

从制度保障来看，有了一个严厉的环境保护政策，才足以威胁污染密集型产业或者企业。值得注意的是，西方工业发达国家的节能减排政策是一个多层面的体系，有了自愿节能减排模式后，并不代表已有的其他命令控制型环境保护举措已经失效（J. W. Maxwell, T. P. Lyon and S. C. Hackett, 1998）。在已经实施了自愿环境保护措施的领域，这些政策工具被保留了下来。如果自愿节能减排行动不成功，原有的工具仍有可能被搬出来，从而促进实施了自愿节能减排行动的企业自觉自愿搞环境保护。对于没有实施自愿节能减排行动的领域，原有政策工具仍旧有效。而且从近年的情况来看，无论是强制命令型工具、市场导向型工具，还是社会导向型工具如自愿导向行动，都在严密性、系统性方面不断加强，从而给产业界编织了一张疏密有致的环境保护约束网。

政府在节能减排政策的设定方面要重视自下而上的自愿节能减排模式设计。因为信息的不对称，政府有效的环境监管必须配合现有企业强烈的自律。强制命令型的节能减排政策失效正在于逆向选择和道德风险行为的存在。在传统的政府主导型节能减排政策框架下，企业和政府总是在玩"猫捉老鼠"的游戏。自愿节能减排模式因其非强制性而易于被企业所接受，能够激发企业环境保护的积极性和主动性。企业能够自己决定自己的环境保护行为，因而愿意发表自己的真实意见，设定自己的真实目标。自愿节能减排模式是政府和产业界为推动社会可持续性发展、关系千秋万代、惠及子孙的行为，因此，企业有强大的感召并愿意投身于环境保护。自愿节能减排模式是能够帮助企业和政府获取经济收益与环境保护效益的行为，政府对企业的环境保护行为实施奖励和税收减免等政策激励，企业能够根据自身的利益决定环境保护行动和措施的执行，因此，即便从理性人的角度出发，企业和政府都有激励自己说真话（S. Arora and S. Gangopadhyays，1995）。自愿节能减排模式还能使企业的管理理念发生变化，在自己的管理体系中自觉纳入环境保护的考量，因而使管理决策更加科学和可行。

  注意自愿节能减排模式的反竞争性。为保证市场的完全，营造公平有序的市场竞争环境，政府应对环境保护政策的企业实施成本进行深入考察，以免损害市场（Panagiotis Karamanos，1998）。自愿节能减排行动被企业用来作为打击竞争对手的手段，被一些国家用来作为打击其他国家的对外贸易的手段，类似的案例已经屡见不鲜。尤其是欧盟的环境保护政策，已经对中国企业的出口造成重大影响。中国企业和行业组织应在欧盟产业环境保护政策形成阶段积极发出自己的声音，同时对欧盟未来环境保护立法的走向有了解，积极防范新政策可能对中国企业造成的外贸风险。我国目前已被西方工业发达国家标为全球污染倾销的国家，有必要应用产业环境立法来维护自己的产业利益，保护好自己的环境。在大力扶持中小企业发展时，应检查我国已有的环境保护法律法规，以针对中小企业出台一些特别条款。因为环境保护不达标而被关闭的企业在我国不在少数，应注意是否涉及了反竞争问题。

  既要重视自愿节能减排模式带来的积极意义，又要关注其可能带来的其他负面影响。如果实施不当，政府用控制命令型环境保护政策即可实现的环境福利有可能反而被自愿节能减排行动削弱。为避免我国对企业自愿节能减排模式探索的积极性因实施不当而受到削弱，深入理解是什么因素促使企业采取自愿节能减排行动非常重要。对于政府而言，企业的动机决定企业对于一项政策的反应：是接受、应付、规避还是变通，因此，对企业动机的理解是政府环境保护政策执行的基础。对于企业而言，弄清楚自愿节能减排行动能够给自己带来的好处体现了企业对自己经营环境的适应能力，借助环境保护营销和参与环境保护行动，企业可能收获环境保护给自己带来的好处，同时规避环境保护可能带来的经营风险。本节对自愿节能减排行动的抢先行动动机进行了深入细致的考察，企业自愿节能减排行动还有其他动机，如盈利、应对环境保护组织等，后续研究还有必要对企业自愿节能减排行动的动机展开更深入的探讨。

第四节 荷兰节能减排的五项有效政策工具及其在中国的应用

我国节能减排形势严峻而且调控政策工具的有效性亟待加强，为此，有必要借鉴西方工业发达国家节能减排的经验。荷兰节能减排的成就巨大，本节详细介绍其最有效的五项政策工具即《用煤协议》《标杆协议》、排污权交易、政府补贴计划和税收，并分析这五项政策工具在中国的应用情况。我国节能减排政策出台时，需要注意产业发展的阶段性、政策工具运用的层次性以及节能减排治理的专项性、系统性和针对性。中国的能源政策工具设计和具体实施还需要进一步精细、深化、拓展。

一 前言

目前中国的节能减排形势异常严峻，不仅影响产业的进一步发展，影响人民生活质量的进一步提高，而且对我国的国际形象、国家竞争力和产业安全形成巨大的挑战。"三废"（废水、废气和废弃物）的产生影响产品质量和基本人权，世界各国已对中国制造的生态安全不断提出疑问。先不考虑污染的扩展效应，仅从环境本身来看，我国北京、上海、广州的工业化远远不及东京、首尔和纽约，人均收入水平相比也有距离，但空气污染的各项指数均远高于这三个城市，中国节能减排形势严峻可见一斑。

欧盟在节能减排方面走在世界前列，而荷兰十多年以来在节能减排方面又走在欧盟的前列，荷兰的节能减排经验值得其他国家学习。探讨荷兰节能减排成功之处，特别是借鉴其在实践中成功运用的政策工具，能有助于我国节能减排。节能减排作为一项公共管理和社会管理难题，是我国政府和社会各界普遍关注、关系和谐社会建设急需破解、为建设和谐社会迫切需要解决的重大问题。

二 荷兰节能减排的巨大成就及五项有效措施

根据《东京议定书》，荷兰制定了2008—2012年的排放总量（折合为二氧化碳排放量）为每年201.7兆吨，比《京都议定书》中的一般标准214.6兆吨还要低6%。这对荷兰来说是一项艰巨的任务。因为荷兰用于电力生产的原料有近一半来自天然气。此外，荷兰产业已经普遍成为能源节约型，热电联产型①发电厂提供了全国35%以上的电力需求。在此情形下，要再改进能源利用效率已经相当困难。据欧盟环境委员会的一项调查，荷兰每吨二氧化碳减排的边际成本高于100欧元，这个成本高于欧盟其他国家两倍以上。

为履行《京都议定书》的承诺，荷兰主要从两个方面入手开展节能减排工作。一是"一揽子"政策措施，主要是命令型制度和规章；二是一些灵活的协议，以社会机制来推动节能减排，如共同行动方案（Joint Implementation，JI）、清洁发展机制（Clean Development Mechanism，CDM）。经过努力，荷兰的节能减排取得了显著成就，一些温室气体的排放量逐年下降，工业、能源、农业、交通运输等部门的排放量已经达到2010年规定的水平。在建筑等方面的排放量也低于目标排放量。荷兰节能减排取得巨大成就，得益于以下五项有效政策工具。

（一）《用煤协议》

在自愿的基础上，荷兰发电厂承诺，通过生物原料替代以减少20%以上的煤炭使用量，从而减少300万吨二氧化碳排放量。这创造了"双赢"的局面，既有利于环境，又有利于发电企业的持续发展。政府也承诺，通过提供额外补贴，弥补发电企业因使用生物原料所增加的成本，来营造有利的投资氛围。在市场准入方面，政府还提供更加便捷的手续。《用煤协议》（Coal Covenant）被认为是荷兰生物原料发电量快速增加的主要促成因素。《用煤协议》已有成熟的运作经验，荷兰所有的煤电企业都已成功开展生物发电。荷兰为达成《用煤协议》所规定的煤电转化标准，共发展了475MWe生物发电能力，这相当于实现以往煤电总量12%

---

① 热电联产（CHP）是指在接近热电使用的地方生产电力，发电过程中排放的热能能够就近用于空间加热、水加热、工业蒸汽、温度控制、空气调节、水冷、产品干燥，以及其他的热能用途。最终结果是热电联产比分散发电的能源利用效率更高。

的生物原料发电替代，近年来，荷兰每年需要 200 万吨以上的生物原料发电。在 2004 年，荷兰大约 100 万吨的生物原料创造了 15 拍焦（PJ）的电力，这个数字在 2005 年又有了显著增长。为达成 2008 年的《用煤协议》目标，荷兰生物原料发电量还要翻番。2008—2012 年，荷兰 6 家大型煤电厂与荷兰政府经济事务部和环境部共同签署了《用煤协议》，承诺要进一步增加生物原料发电比例，从而减少 600 万吨以上的二氧化碳排放量。

（二）《标杆协议》

荷兰《标杆协议》（Benchmark Covenant）是一个关于节能减排标杆的协议，由荷兰政府和荷兰能源密集型企业签订，能源密集型企业是指每年能源消耗在 0.5 拍焦以上的企业，包括交通、能源、化工、电子制造等部门。签约企业决心 2012 年前在节能减排装置的处理效率方面达到世界一流水平。作为回应，政府对签约企业将不再采取其他有关能源节约和二氧化碳排放的特别干预措施。对于非能源密集型企业，一项新的长期协定也已经确定下来。这些企业自己根据国际标准，设定自己的标杆目标。第一步就是找出世界范围内节能减排效率最好的 10% 的企业，再从这些企业中提炼出世界级的节能减排标准，通过对照世界级标准，企业能够找出自己的差距，从而制订自己的能源效率计划（Energy Efficiency Plan，EEP）。能源效率计划明确规定了企业在采取节能减排措施时的具体行动计划和步骤。长期协定的企业参与率非常之高，产业部门有 84% 的企业参与了，它们的能耗占产业部门整体能源消耗的 94%，所有能源制造部门都参与了。据当时估计，《杠杆协议》实施后，2000—2012 年所带来的二氧化碳减排量将达 3.2 亿—4 亿吨。

《标杆协议》是在自愿基础上产生的，在具体运作中，荷兰产业界承诺其设备和工厂的能源技术效率不会低于最好的可得技术效率 10%，这使每台设备都有能源效率计划，该计划评估了经济上可行、接近盈亏平衡和不可行三种情况。对于最后一种情况，企业往往会停止设备的使用，并且将其排污权卖掉，这样，在经济上往往更有效。《标杆协议》的最大好处是让荷兰产业界能够继续发展，避免因达不到硬性节能减排规定而被关闭工厂。

（三）排污权交易

排污权交易（Emission Trading Scheme，ETS）是一种通过提供经济激励使污染排放减少，从而控制污染的管理政策措施。一般由中央监管部门，往往是政府或者国际组织，设定排污的限制标准，并且给产业部门分配排污配额。这种配额代表企业能够进行一定量的合法排污，是一种所有权。企业在生产经营中的污染排放不能超过分配的限额，如果企业排污需要超过分配的额度，就必须从那些有配额剩余或者节能减排效果好的企业那里购买污染排放配额。排污权的交换被看作交易。实际上，排污权购买者是在为排污付费，排污权出售者因为节能减排而获得奖励。从理论上讲，排污权交易能够使整个社会在节能减排方面最经济、最具可行性的部门先开始减少污染，从而使社会整体环境保护成本最低。对于不同污染物，有不同的交易项目。在温室气体方面，最大项目是欧盟减排交易项目，该项目是欧盟气候政策的重要支柱，目前已经涵盖欧洲能源和产业部门1万多个设施，这些设施的二氧化碳排放量占整个欧洲的50%以上和温室气体排放的40%以上。在酸雨方面，美国有一个全国性交易市场。在一氧化氮方面，美国有几个区域性市场，其他污染物的市场规模小些，而且偏向于地方化。

温室气体排放权交易是欧盟促使产业界和发电企业有效降低二氧化碳排放量的关键性政策工具。欧盟要求排污未达标的设施停产，其排污指标可以转售。2008—2012年，凡是没有停产的未达标设施将被处以100欧元/吨的罚款。在每个交易期开始时，通过参照由欧盟环境保护委员会确定的一整套规则，每台设备都被赋予一定的排污指标。在《京都议定书》有效期间，荷兰被分配到的排污指标大约为9000万吨。70%以上的产业排污量和100%的发电厂排污量都规定了上限，从而有效地限制了这些部门的排污量，并且激励这些部门减排。荷兰排污指标的分配过程也进一步激励各个部门减排。产业依据上一年度的历史排放量可以免费获取一定的排污指标。这其中包括额外的增长额度，以使产业界发展生产；一个效率额度，以补偿早期的节能减排努力，激励更好的环境保护表现。对电力生产部门而言，指标分配时涉及两种减排额度。减少的部分来自政府的生物燃料的利用和排污权交易成本降低的能力。电力部门减少的排污额度大多数被转移给了产业部门，余下一部分用作拍卖或者转售。总体来说，荷兰排污交易计划允许产业界一定的排污量增加，但要求电力部门减少15%—20%的排放量。

（四）能源税

目前荷兰能源消费中有40%用来支付能源税。在早期能源税较低并且政府通过收入税降低和能源补贴,将税收返还给消费者。荷兰的能源税快速增长。2001 年后,荷兰政府能源税的纯收入远远高于政府返还给消费者的能源补贴。2006 年,荷兰政府对能源节省措施实施补贴。但一些实证数据表明,能源税对能源需求的影响不大,尽管很难估计没有能源税,能源需求将是什么情况。很显然,只有能源价格显著提高,才能对能源消费产生明显的影响。

具体而言,能源税主要针对终端用户,旨在改变能源消费行为,培养节能习惯,也促使产业界投资于更加节能的项目。能源税对能源消费调节具有一定的杠杆作用,有利于节省能源和能源再生的措施出台。通过能源税的杠杆调节,节能更加有利可图,更有吸引力,从而改变能源消费行为,使节能产品更有市场前景。通过运用节能技术,投资者在项目早期就可以获得成本效益。从短期来看,能源税对能源消费价格弹性的影响较小,在 -0.1 — -0.25 之间;但是,从长期来看,通过能源税对能源消费习惯的改变,能源消费价格弹性将变大。能源税对电力、天然气、汽油、液化石油气的影响较大。在居民户部门,能源税率决定于能源消费量,消费越多,能源税率就越高。能源消费税由能源供应者代收,政府的能源税收入通过工资税或者收入税的降低来返还给纳税人。从而既不影响居民的整体消费支出,又节约了能源。《能源税条例》由荷兰财政部制定,能源企业负责收税。

(五) 政府补贴计划

政府补贴计划主要是针对节能措施引入有困难的企业、家庭或者个人,通过资助来帮助他们克服技术能力、信息条件方面的不足。低收入家庭节能有两个障碍:一是资金。哪怕是很少的一点节能投资,他们也可能负担不起。二是有效信息的缺乏。补贴计划由当地管理部门,或者能源及其他类型企业,或者居民组织负责实施,由他们向低收入家庭提供节能信息、节能技术支持。比如说节水龙头的安装、管道绝缘的维护。交通部门补贴计划对企业或者其他组织开展交通方面的节能减排项目提供资助,主要包括货物运输和旅客运输两类项目。每减少 1 吨二氧化碳的排放,补贴 10 荷兰盾。在 2006 年前的 4 年中,有 4 个交通部门实施补贴计划,每个部门预算为 600 万荷兰盾,这些项目是清洁技术和车辆、运输效率、轨道变换和私人小汽车的替代。

在经历一段停滞期后,可再生电力占总发电量的比重已经从 2003 年补贴计划刚开始时的 3.3% 提高到 2005 年的 6%。依照此进度，2010 年 9% 的目标很可能实现。2010 年可再生电力生产将达到 1171.8 万千瓦时，其中大约 1051.8 万千瓦时是通过补贴计划来促进的。补贴计划尽管非常有效，但被认为比政府所估计的更加昂贵，因而 2005 年 5 月，荷兰政府不再资助新的生物能源和海上风能计划。

（六）对以上五项措施的效果评估和结论

通过综合评估可接受性、实用性和可达成性（见表 5-4），可得出五项措施的有效性排名：《用煤协议》《标杆协议》、排污权交易、政府补贴计划、能源税。如果把环境效果加以考虑，排名将有显著变化：《用煤协议》、政府补贴计划、排污权交易、《标杆协议》、能源税。综合评估表明，生物能源对煤的替代利用被证明对减少二氧化碳的排放很有效，而且在短期内可行。这种方案能够产生显著节能减排效应，与政府补贴紧密相关。补贴使企业得以进行必要的减排投资，或者减少转向利用生物能源的成本。补贴计划对节能减排的显著效果证明其有效，尽管获得这种效果需要付出代价。在执行补贴的过程中，政治意愿和持续性是关键。通过排污权交易也能够带来节能减排效果，但全球的认可度和可执行性是这种政策措施有效的前提。否则排污权交易将带来竞争的扭曲，产业将转向对减排不那么严格的世界其他地方，继续污染我们这个地球。《标杆协议》对节能减排也有相当效果，但可能受到投资环境的显著影响。只有当一个国家具有足够的竞争力去吸引投资时，产业界才可能进行自愿环境保护，采取措施，减少排放。能源税在荷兰对能源需求几乎没有影响，唯一的积极效果是能源税使政府有足够的收入补贴电力生产企业，使其生产更多的可再生能源。而且这种效果也不再可能，因为政府正决定取消能源补贴。

表 5-4　　　　　　　　各项工具政策效果评估

政策措施	可接受性	实用性	可达成性	效果
《用煤协议》	5	4	4	5
《标杆协议》	4	3	3	3
排污权交易	4	4	2	4
能源税	2	2	1	2
政府补贴计划	4	5	1	5

注：表中为分值，分值越高，效果越好。

三 五项政策工具在我国的应用情况

在荷兰节能减排有效的五项政策工具中，我国以往运用得较多的是税收和补贴。我国在新产品减免税申报中规定，如果"在节能、省料、节约资源等方面独具特色，先进实用，有重大推广价值"，可以申请减免税。在高技术产业认定中规定，能源科学、新能源和高效节能技术是必备条件之一。我国的环境保护补贴主要以基金的形式来体现，包括节能专项基金、国家科技创新基金中用于节能的部分、节能公益基金、国际合作节能滚动基金、节能产业投资基金等。

但是，我国的减免税和补贴政策的项目针对性较差。中国的节能经济政策绝大多数不是专门为节能制定的，而是在鼓励开发和推广、科技创新等优惠政策中，包括涉及节能降耗、环境保护的内容。因此，这些经济政策向节能倾斜的力度不大，降低了节能项目的吸引力和与其他项目的竞争力。荷兰在节能减排方面已经广泛采用专门的项目管理模式。他们专门区分针对各产业界的项目计划，如早在1999年荷兰的能源政策就专门针对不同产业，实施专项节能减排治理，如化学工业、钢铁制造业、石油工业、造纸业、电子电器工业等。还有专门针对家庭、农业和服务业各个部门的专项计划。

另外，我国节能减排税收和补贴政策的社会综合协调能力不强。更多的情况是政府唱独角戏，企业被动参与、应付或者与政府玩"猫捉老鼠"的游戏。而荷兰的节能减排项目是一项全面参与、实实在在的社会系统工程，参与的主体不仅有当事人企业和政府，还有专家顾问第三方、独立权威部门和社会公众组织。完善的节能体制应包括中央、地方、行业协调一致的法规政策、自上而下的节能执行机构体系、积极的节能融资机制、具有法律效应且互动的节能监督机制、提供优质服务的节能服务机构、鼓励公众参与节能的机制、节能信息传播机制等若干方面。

排污权交易是当前受到各国关注的环境经济政策之一。我国环境保护监管部门在1991年就进行了实施大气排污交易政策的试点，但总的来看，我国有关排污权交易的政策和法律相当滞后，排污权交易市场还没有建立起来，排污权交易作为实现污染物排放总量控制计划的一种经济手段，还没有发挥其应有的作用。另外，我国在《用煤协议》方面还没有开展试点，类似的研究也很少。能源消耗标杆管理在我国已有实施。武汉钢铁（集团）公司（以下简称"武钢"）是新中国成立后由国家投资兴建的一个特大型钢铁联合企业，2004年，在全国钢铁企业中，钢产量排在第4位，居世界钢铁生产企业第24位，是一个年耗能源约600万吨标准煤的特大型重点耗能钢铁联合企业，并拥有从矿山、焦化、烧结、炼铁、炼钢、轧钢的完整钢铁生产流程。"十五"计划以来，武钢针对企业能源消耗量大、能源消耗占企业成本比重高（≥25%）等特点，采用标杆管理方法，使企业能源消耗不断降低，保证了企业市场竞争力的提高和武钢的可持续发展。但是，我国标杆管理还处于较低的水平，还仅仅处于企业层次，未上升到产业层次和社会层次，标杆管理在我国的成功引入还需要在体制上进行改革，在环境保护政策上进一步严密，增强实施有效性。我国无论是企业还是政府部门，对能源利用的标杆管理认识还有待于深入。能源标杆管理在实践中虽然表现为一整套方法和程序，容易模仿，但这仅仅是显性知识，并没有深入到诀窍和机理，过程中蕴含的原理和经验绝非轻易能够学到。标杆管理背后体现的信息报告机制、信息披露和保密机制、监控机制、标杆设定机制、评价机制、协议修改增补机制、成员进入和退出机制、惩罚机制等对于支撑标杆管理的有效性具有重大意义。

四　启示

在荷兰节能减排五项政策工具中，中国目前运用较多的是税收和补贴，其他三项措施或在起步、试点阶段，或者未涉入。从有效性排名来看，恰恰是税收和补贴这两项我国运用较多的工具在荷兰的运用效果较差，我国目前也正在大力改进。通过对比荷兰和我国节能减排效果及政策工具运用，可以得出多方面的启示。

首先，荷兰和我国处在不同的产业发展阶段，因而节能减排发展的阶段也不同。荷兰早已经进入后工业化和服务业时代，已经迎来了以产业换环境的时期，国家有充分的能力和产业机会来淘汰污染产业或者项目。而中国大多数地区还在前工业化时代，服务业比重不高，除沿海部分地区外，大部分地区还处在以环境换产业的时期，国家还没有充分的能力和产业机会来淘汰耗能型产业。这是我国在进行节能减排中外对比时首先要注意到的产业基础和经济发展阶段差异。

其次，节能减排政策工具具有层次性特征。税收和补贴是具有命令和强制性质的政策工具，而排污权交易、《标杆协议》《用煤协议》属于社会协调型自愿项目。我国目前需要多运用命令和强制性工具，与我国节能减排事业的发展历程有关，西方工业发达国家自愿节能减排行动建立在以往苛刻的产业节能减排政策之上，企业迫于生存压力，为寻求发展机会，不得已而先行动起来，采取自愿节能减排行动，千万不能认为目前西方工业发达国家比较成熟而且有效的自愿节能减排行动是建立在企业自律的基础上，反而是他律的结果。基于此，目前我国的节能减排工作还需要政府多付出严格的监管努力。

最后，政策工具的利用和设计水平我国与西方工业发达国家差距明显。节能减排的效果和政策工具的应用水平紧密相关。仅以税收和补贴来看，我国在政策设计方面针对性不强，节能减排政策工具的专门设计在我国还刚刚开始。以往政策设计和执行仅停留在面上，没有深入到产业纵深层次，没有扩散到社会生活的方方面面。在西方工业发达国家，节能减排政策可以分解为许多项目指南，政策措施中涉及各式各样的为各类产业和各项社会事业量身打造的政策小工具。比如说针对居民家庭的节能减排，除全社会一般规定的税收政策、能源投资减少计划、长期协议和《标杆协议》外，还专门有其他项目：①针对新建住房的住宅条例；②针对住宅能源利用的能源执行标准；③以推进各种特殊消费群体节能为目标的 Milieu Central、COEN（Consumer & Energy）和 HIER 挑战项目，其中，COEN 针对中间部门，Tlieu Central 和 HIER 针对直接消费者；④为提升居住和工作能源节约意识的 KOMPAS 项目；⑤帮助低收入家庭节能减排的 TELI 补贴项目；⑥帮助现存房屋建筑节能减排的临时补贴项目；⑦扶植节能项目的绿色基金项目；⑧对绿色投资提供低息贷款的绿色投资项目等。中国的能源政策工具设计和具体实施还需要进一步做细、做深、做广泛，其中，做细是指项目应细化以保证实施的针对性；做深是指项目运作水平提升；做广泛是指扩大社会的参与度。

第五节　食品产业卫生安全的有效调控：从市场调节到政府监控和自愿模式

微观分析表明，应从供给方角度设计食品卫生调控方案。食品产业卫生安全调控中有市场调节、政府监管和自愿模式三种模式。不同模式分别有其制度适应性，尤其是产品信息基础。对食品产业中的搜寻型产品、经验型产品和征信型产品应采取有针对性的卫生安全调控模式。我国曾经一度实行自由放任式的食品产业卫生安全政策，"三鹿事件"后，这种单一模式的时代一去不复返了。尽管各级政府应切实对公众食品安全尽职尽责，在市场机制和社会机制的能力薄弱时，应通过公务机构的勤勉努力来缓解食品卫生安全问题，但在小政府大社会的时代，政府能力和资源有限，吸引社会各界广泛参与，加强企业界自觉努力的志愿调控模式建设很有必要，且越来越具有现实的可操作性和紧迫性。

随着事故频仍，中国食品产业卫生安全正面临严峻考验。"三鹿事件"爆发以来，除了让人感受到人民群众身体健康受到了严重威胁，更让人看到，中国食品产业乃至整个中国产业的诚信受到了挑战，产业发展和整体经济进步受到了严重挑战。在对责任人苛责、惩罚的同时，要进行深刻反思，科学重建调控体系，才能给中国产业经济的未来发展带来新希望。本节从安全调控体系的微观市场基础——成本效益和信息入手，深入研究中国现行食品卫生安全政策的失误之处，为中国食品产业卫生安全调控提供有益的建议。同时，通过参照西方工业发达国家，如欧盟、美国、日本在食品产业卫生监管方面的经验和教训，指出中国食品产业卫生安全政策的可能走向。

一　食品卫生安全市场调节有效性理论分析

食品卫生安全市场调节有赖于发挥市场机制的作用。市场通过价格调整来显示供求信息，如果产品安全有问题，在极端严重的情形下，消费者将赋予问题产品零价格，即在市场中排除问题产品；在产品安全能够得到充分保障时，消费者可能将优质品赋予平均水平以上的高价格，即在市场中更加偏好优质品。要使消费者价格调整有效，产品安全信息的完全性和可得性是关键。具体而言，在产品出现安全问题不能给供应商带来收益时，食品供应商采取产品生产安全措施，或者在产品出现安全问题能够给供应商带来收益时，食品供应商不采取危害产品安全的行为。其中的决定因素有两类：企业保障产品安全带来的企业收益变化量和企业保障产品安全带来的成本损失变化量（Arora，Seema and Timothy Cason，1995）。可用图 5-12 进一步细化此问题的分析。

采取安全措施	不采取安全措施	采取危害安全行为	不采取危害安全行为	
				成本或者损失
				收益

图 5-12　企业安全行为的损益

注：图中内容为成本、损失或者收益情况。

当产品卫生安全的市场价格机制发挥作用时，对隐患采取安全措施的收益将高于成本和可能的损失，对隐患不采取安全措施的损失将高于收益，采取危害安全行为的损失和成本之和将高于收益，不采取危害安全行为的收益将高于损失。在选择任何一种行为时，企业都要衡量收益和损失，毕竟采取措施和实施行为都要付出成本。收益、成本和损失决定企业的产品安全决策。在微观经济学中，企业的收益、成本和损失又决定于销售量（产量）和价格。根据供求原理，价格决定均衡产量。当出现消费者对产品价格零赋值时，企业的生产也将趋向于零，问题产品将被排除出市场。供求原理实际上说的是企业生产量、消费者需求量和价格之间的均衡机制，市场食品安全监管的内在作用机制为：如果出现食品安全问题，消费者需求将下降，直至为零，同时市场价格也不断下降，直到引起生产者产量为零，生产者被逐出市场。市场食品安全监管的内在作用机制可由图 5-13 来表示。

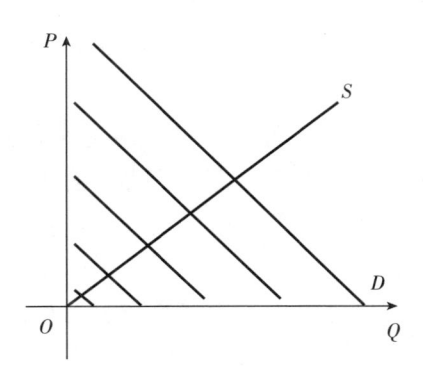

图 5-13　问题产品的价格作用机制

假定企业生产函数或者说供给曲线 S 不变，消费者需求曲线 D 因为安全问题的出现而不断向左下平移，直至收缩到原点，在此过程中，价格 P 也收缩到原点，问题企业的产量 Q 也一路下降直至收缩到原点，问题企业在市场中消失。这就是传统的微观经济学对安全问题产品的监管解决方案：用消费者零价格或者低价格来否决问题产品。

二 食品卫生安全市场调节的失灵及政府和社会干预

零价格否决是许多国家对食品卫生安全采取市场调节自由放任政策的理论基础，但问题是，消费者能够有效地表达自己的价格吗？当消费者缺乏产品安全的信息时，或者说被貌似有效的其他信息误导时，产品价格表达机制将被严重扭曲。

J. 安特尔（J. Antle，1998）根据消费者对产品安全信息的可获得性，将产品分为搜寻型产品、经验型产品和征信型产品三类。

搜寻型产品是指消费者能够自行检查出安全信息，或者通过获取资料自己判断出安全信息的产品。消费者在购买这种产品之前能够获取接近完全的市场信息，因而市场机制监管能够发挥有效的作用。如果出现安全问题，这类产品能够被消费者立即排除。

经验型产品是指消费者能够通过自己反复购买或他人购买，通过由社会公众建立的名声，建立起安全信息的产品。在这类产品购买的初期，消费者可能难以获取有关产品安全的完全信息，但在长期购买这种产品中通过自己和他人的购买，消费者能够自己获取接近完全的产品质量信息。正因为消费者能够在购买这种产品过程中获取接近完全的市场信息，市场机制在调节这类产品时仍然能够发挥有效作用。尽管问题产品在短期内或者局部范围难以被消费者发现，但从长期来看，从整个社会来看，问题产品难以在市场上生存。

征信型产品是指消费者不能够自己获取完全信息，即使多次使用，社会上普遍使用也难以获取安全信息的产品。对于这类产品，信息不完全问题不可能被消费者解决，因而市场机制失效，需要有政府监管或者社会公众监督。

在实际生活中，很难说哪一类产品是完全的搜寻型产品、经验型产品和征信型产品，而是对同一产品的不同检测项目有相应的搜寻型、经验型、征信型特性。而且事物也是发展变化的，原来可确定的搜寻型、经验型和征信型特性，随着信息条件的改变，以及随着技术的不断更新，可能需要重新评估。因此，食品卫生监管模式的采用与食品属性有关。对不同类型产品的监测，或者同一产品不同项目的监测需要采取不同的监管模式。目前,食品卫生监管模式主要有以下三种:①市场机制。企业确保食品卫生安全的激励来自市场中消费者可确定的声誉、信用、证明和标签,卫生安全良好的产品能够获得消费者青睐和购买激励。②政府监管。政府通过设计公共政策,如规定对卫生安全损害的赔偿,对产品生产加工过程或者质量水平直接规制,促使企业安全卫生生产,确保产品质量。③自愿模式。自愿模式是结合市场机制和政府监管,开创的一个全社会共同参与的卫生监管模式(L. J. Unnevehr and H. H. Jensen,1996)。

这三种模式的信息可获得性、信息成本均有不同(见图 5 – 14)。其中,市场机制由消费者作为监管的推动方,通过消费者需求—价格—企业供给模式对产品卫生安全施加影响,政府能够通过改变市场中的一些变量如税率、补贴和贷款等来影响市场运作模式,是在信息零成本、完全信息情况下的有效卫生监管模式。政府监管由政府单方面推动,通过政府政策规章—企业行为模式对产品卫生安全施加影响,是在信息高成本、存在严重的信息不对称问题时,政府不得已而为之的强制措施,政策逻辑不是促进信息的完全性,而是假定信息是不完全的,从而仅凭单纯几个监测指标来行使监控政策。自愿模式是社会各界包括企业管理者、员工、投资者、行业组织、环境保护组织、第三方治理者、政府等综合施加影响的卫生监管模式,信息成本能够逐步降低,有效缓解信息不对称问题,其在实施过程中需要纳入多层次、各主体的综合指标体系,以尽可能保证信息的完全披露。

市场机制	政府监管	自愿模式	
完全信息	信息不对称	有效缓解信息不对称	信息可获得性
信息零成本	信息高成本	信息成本能够逐步降低	信息成本

图 5 – 14　食品卫生不同监管模式的信息可获得性和成本

三　"三鹿事件"和我国食品卫生监管政策

(一)"三鹿事件"及其由来

进入 21 世纪以来,最引人注目的食品卫生安全事件——"安徽阜阳劣质奶粉事件"刚过去不久,紧接着甘肃、陕西、江苏等九省份连续发现数百名婴儿因吃了三鹿奶粉而患上肾结石甚至死亡的事件。2008年9月初，由卫生部牵头，农业、公安、质检、工商、食品药品监管等部门及相关专家组成联合调查组，在全国范围内对"三鹿事件"进行全面调查和评估。同时，卫生部还在全国范围内对可能由此造成的婴幼儿患病情况进行全面调查，并且紧急组织专家研究制订诊疗方案。同时，按照国家工商行政管理总局的要求，全国各地工商行政管理局就新发现问题的22家69个批次婴幼儿配方奶粉向商家发出紧急下架通知。并且提醒消费者，如发现有小店、商场或超市等营业场所仍在销售问题奶粉的，请立即拨打"12315"电话举报。随即问题一环扣一环，全国超市出现婴幼儿奶粉退货潮，全国医院出现婴幼儿治疗和检查潮，公安部门对此次事件中涉及违法违纪违规生产、经营"三聚氰胺"、提供"三聚氰胺"使用配方、组织在原料乳和饲料中添加使用"三聚氰胺"的行为进行调查。

"三鹿事件"涉及利用复杂的高科技造假问题。我国奶粉卫生检查需要检测蛋白质含量，但是，直接测量蛋白质含量在技术上比较复杂，成本也比较高，实际操作不可行，不适合大范围推广，所以，只能采用间接方法即凯氏定氮法，通过食品中氮原子的含量来间接地推算蛋白质的含量。该方法的原理是：如果蛋白质含量高，那么氮原子含量高。但这并不意味着如果氮原子含量高，蛋白质含量就一定高。作为一种替代检测手段，凯氏定氮法无可厚非，在没有更先进的检测手段的情况下，凯氏定氮法有一定的现实可行性。但问题的要害之处是：在没有人为添加氮的情形下，凯氏定氮法可能有效，但在有人为添加氮比如添加三聚氰胺的情形下，凯氏定氮法则没有任何意义。不法分子正是利用了凯氏定氮法的这一致命弱点，使各地质量监管部门的检测形同虚设。《国际化学品安全手册》表明：长期或反复大量摄入三聚氰胺可能对肾和膀胱产生影响，导致产生结石。以三氯氰胺代替蛋白质原料可以给造假者带来巨大的利益。三聚氰胺含氮量高，生产工艺简单、成本低。有人估算，为使植物蛋白粉或饲料中蛋白质检测增加1个百分点，用三聚氰胺的花费只有真实蛋白原料的20％。

（二）"三鹿事件"发生以前我国食品卫生监管政策及失效原因分析

"三鹿事件"发生以前，我国食品政府监管很少，以奶制品为例，基本上实行免检制度，食品卫生主要依赖企业的自愿自觉，整个控制体系处于"放羊状态"。这导致长期以来食品卫生安全事故不断，阜阳毒奶粉、苏丹红辣酱、石蜡火锅底料、瘦肉精猪肉、毒酒毒大米等。过去可能由于媒体曝光不足、公民信息知情度不够，很多事故没有引起人们的应有重视。随着中国强化新闻媒体社会监督，保障公民信息知情权，食品安全问题越来越容易暴露于公众视野，置于国际监督之中。特别是在激烈的中西方意识形态较量中，中国没有事时一些反华势力都能搞出一些风波，一旦有事，国际舆论给中国政府和人民形成的压力不言而喻。潜在的食品安全问题如同一颗颗定时炸弹，随时有引爆的危险。中国已发生的食品安全事故在数量上不仅呈上升趋势，而且随着中国"世界工厂"地位的确立，食品卫生安全影响范围不断扩大。稍有不慎，就会由区域性安全事件扩大到全国性，甚至演变成全球性的灾难（Arora，Seema and Timothy Cason，1996）。"三鹿事件"是 21 世纪初至今对中国产业安全构成严重威胁的由国内信息披露的最重大卫生安全事故。

"三鹿事件"出现以后，一味谴责企业的无良并不是问题解决的有效途径。康芒斯（1962）说，不好的制度可以使好人变坏人，良好的制度可以使坏人变好人。很明显，中国奶制品行业出现的卫生事件和产业危机是由监管缺位造成的，需要首先反思奶制品行业的监管模式。"放羊式"的市场自行调节机制保障不了我国的食品安全，通过参照以上监管模式和产品属性的理论分析，显而易见，我国在食品安全监管政策设计中忽视了监管对象的信息基础，没能根据产品属性来确定相应的监管模式，监管体系需要重建。婴幼儿问题奶粉中出现的三氯氰胺只是一种白色结晶粉末，没有什么气味和味道，掺杂后不易被发现。消费者不能够自己检查出婴幼儿奶粉中是否含有三氯氰胺，或者通过获取可得的资料自己判断，以得出是否安全的信息，因而婴幼儿奶粉不属于搜寻型产品。消费者也不能够在自己反复购买和他人购买后得到有效的安全信息，因而婴幼儿奶粉绝非经验型产品。婴幼儿奶粉属于典型的征信型产品，对于这类产品，卫生安全市场调节机制失效，需要有政府监管或者社会公众监督。对奶制品监管，政府责无旁贷。

四　"三鹿事件"发生以后我国食品卫生安全政策走向

只有在产品安全信息完全时，传统微观经济学所倡导的市场机制才能发挥作用，产品安全可由市场机制来调节，自由放任的产品安全政策才能有效。信息的获取要考虑成本，在完全信息时，产品安全信息成本为零。也就是说，政府市场监管成本为零；在信息不完全时，政府和社会需要付出监管成本,中国食品卫生监督需要改变自由放任政策。

(一) 西方工业发达国家食品卫生安全监管经验

食品安全问题也曾经困扰西方工业发达国家,尤其是20世纪80年代末90年代初在美国爆发的几次食品事故(J. Antle, 1998)引发了广大公众的重大关注,他们质疑政府的卫生监管措施是否能够充分保证公民的生命健康和安全。能够致病或者致命的食品污染可来自多个方面,包括生产、加工、销售和使用环节。前三个环节和生产商紧密相关,后一个环节虽然主要由消费者控制,比如清洗和食物储存,但生产商的产品设计也能施加影响。因此,食品卫生安全最主要和最重大的责任者是生产者,对企业的监管构成整个西方工业发达国家食品卫生安全工作的最主要环节(A. Alberini and K. Segerson, 2002)。西方工业发达国家政府对待食品卫生安全也曾采取过自由放任政策。从历史来看,他们对食品卫生安全外部性问题的解决首先是借助政府监管机制,政府对潜在污染企业有着严格的要求和限制(Khanna, Madhu et al., 2007)。政府控制命令型的监督机制确实对食品卫生安全产生了积极影响,有效地遏制了一些食品卫生安全事故,但不可忽视的是,政府的监管成本过高,同时硬性政策对产业发展也有一定的副作用,更为关键的是,食品卫生问题层出不穷,政府往往疲于奔命,工作效率不高。比如政府政策容易造成"一刀切",因为缺乏灵活性,从而使企业不能采取对自己而言最有效、成本最低的卫生安全战略(OECD, 2003)。在这种背景下,20世纪80年代,自愿型食品卫生自律行动开始在西方工业发达国家出现,并在后来的几十年中获得了巨大发展。西方工业发达国家的食品卫生安全实践和研究表明,在很多情况下,实施自愿模式比市场调节和政府监管模式更有效。目前,西方工业发达国家在食品卫生安全管理中普遍采取"三条腿"走路的方法,即依据不同行业和产品特征,分别实施不同的监管政策。以婴幼儿奶粉为例,美国实施市场准入制度,美国只有几家婴幼儿奶粉生产厂,美国的婴幼儿奶粉监管部门是一家对几家,而中国的婴幼儿奶粉监管是一家对几百家,谁需要的信息量多,谁处理信息的难度大,一看便知。

(二) 中国食品卫生安全政策走向

目前中国各级政府应该对食品安全负起责任来,在市场机制失灵和社会机制调节能力薄弱时,应通过公务机构的勤勉努力,尽量解决食品卫生安全问题。奶粉事件发生后,国务院办公厅立即发出通知,废止

1999年12月5日发布的《国务院关于进一步加强产品质量工作若干问题的决定》（国发〔1999〕24号）中有关食品质量免检制度的内容，要求各地区、各部门切实加强领导，狠抓落实，严格履行职责，按照有关食品质量安全的法律法规要求，加强对食品质量安全的检验和监督检查，确保食品质量安全。此外，国家质检部门对《产品免于质量监督检查管理办法》（国家质量监督检验检疫总局令第9号）予以废止。可以说中国食品安全自由放任的时代从此一去不复返了，但是，如何有效监管却绝非一朝一夕所能解决。参照西方工业发达国家食品安全监管经验，中国食品安全监督可以有以下几种走向：一是加强政府监管，以强力遏制日益严重的安全事故，比如整顿市场秩序，打击不法造假行为。二是加强产业调控和引导，坚决关闭环境保护不达标、卫生不达标的企业。产业层次低、低水平竞争也是造成食品卫生安全事故的罪魁祸首。"三鹿事件"中受"污染"的都是最便宜的18元一袋的婴儿奶粉，显然，三鹿集团为了占领农村奶粉市场，采取了低价倾销战略。但是，如果按照正常配方，卖18元一袋的奶粉，连本钱都不够，于是三鹿集团为了节省成本，在奶粉中大量添加廉价大豆蛋白粉来替代奶粉，从而制造出这起轰动全国的"三鹿事件"。因而"三鹿事件"也可以说是低层次产业竞争的结果。三是加强食品安全的社会治理。食品安全监管需要重新部署，在小政府大社会的时代，以及政府人员激励普遍不如市场企业激励有效的情形下，政府监管对食品安全问题的解决能力有限，资源也有限，容易造成疲于奔命的局面，效率并不高。中国的食品安全监管需要社会的广泛参与和企业界的自觉努力，加强中国卫生食品安全的自愿模式建设乃大势所趋、情势所迫。自愿模式已在西方工业发达国家被证明是食品安全监管方面的有效模式（OECD，2003），我国在这方面的研究和实践还有待于加强。

第六节　产业自愿节能减排模式的有效性基础
——信息披露

本节分析产业自愿节能减排模式有效性的重要基础——信息披露。信息披露对于产业自愿节能减排模式之所以重要，其原因在于民间机制和公共举措需要克服信息不对称和不完全问题；信息披露作用于自愿节能减排模式的机理在于信息公开和沟通，真实信息揭示。通过对国内外经验材料的分析和提炼，本节总结提出了建立产业自愿节能减排模式信息披露机制的关键举措：一是确保第三方的参与；二是确保承诺、自我实现、公开公正和平等协商；三是确保具备科学性和可操作性的产业节能减排指标设定。

自日本1964年率先实施自愿节能减排模式以来，欧盟成员国也相继引入产业自愿节能减排模式。20世纪80年代后，自愿节能减排模式在欧盟得到迅速发展。1996年约300项自愿节能减排协议在欧洲达成，覆盖了包括能源、工业、气候变化、废弃物管理和空气污染等领域，涉及产业的各个部门。21世纪以来，自愿节能减排模式已经是一种欧美工业发达国家普遍采用的产业节能减排政策手段，其有效性已经被充分证明（Barde，J. Ph.，1995）。我国也进行过产业自愿节能减排项目的试点，由国家经贸委和美国能源基金会共同实施的"中国节能自愿协议试点项目"，直接促成了山东省人民政府和济南钢铁集团总公司、莱芜钢铁集团有限公司于2003年4月22日签订的《自愿节能减排协议》，两家企业承诺三年内节能1Mtce（百万吨标准煤），比先前设定的标准高0.145Mtce。我国的产业自愿节能减排模式当前仍处在摸索阶段。相比西方工业发达国家，我国的产业自愿节能减排模式的研究才刚刚起步，目前已有一些零星的方法介绍、概念解释的文献出现，深入研究者不多，相关研究有郑亚男（2004）、沈满洪（2004）等。通过搜索中国期刊网中的文献，在核心期刊中出现的有关产业自愿节能减排的文章少而又少，在非核心期刊中出现的介绍性文献也仅二十来篇。已有关于自愿节能减排协议的研究仍不够深入，比如大多数文献论及中国的自愿节能减排模式时，只粗略地说过程，没有对制度实施的重要基础如信息披露机制作重点说明。作为"世界工厂"，我国已经形成珠三角、长三角和环渤海湾三大世界制造业基地，正面临日益紧迫的能源资源供应紧缺危机；环境问题严重，节能减排问题迫在眉睫；受世界经济疲软的影响，中国劳动密集型产业和资源密集型产业正面临重大挑战，产业结构调整和升级迫在眉睫。中国亟须借鉴世界先进管理经验，引入和开展具有中国特色的自愿节能减排模式，以保持经济、社会、环境可持续发展。对一项理论的研究要重点阐明其机理，对一项政策的分析要重点探索其可行性基础，本节对产业自愿节能减排模式的有效性机理——信息披露机制进行研究，本节的研究说明，信息披露机制的有效建立是产业自愿节能减排模式得以成功实施的基础。

一 产业自愿节能减排模式为何需要信息披露：从《法国报废机动车处理协议》说起

签订于 1993 年的《法国报废机动车处理协议》旨在 2002 年之前实现减少法国报废机动车 15% 的入土掩埋量。从 2002 年开始，法国机动车行业必须保证 90% 的废旧机动车零配件可修补率、再使用率或者可循环利用率。该协议的签约方包括法国工业和环境部、2 个法国汽车制造厂、12 家法国汽车进口商，包括拆装、切割粉碎、循环利用、原材料生产和设备供应在内的 8 个行业协会组织。该协议不涉及任何明显的有关没有达到预定目标所要受到的惩罚，但却有明显的来自立法方面的可信威胁，如果没有达成预期目标，政府将通过强制命令式的立法来解决机动车行业节能减排问题。该协议实施初期的效果并不理想，原因在于监督和信息报告机制不健全。刚开始信息监控和披露由一个委员会来执行，委员会中成员来自每个签约方。该协议被批评为缺乏公众监督后，一些非营利组织作为第三方组织被邀请作为观察员参与协议执行。该组织刚开始的报告内容也很空洞，如 1996 年的进展报告仅涉及很少的综合定量数据。后来，该组织通过改进指标系统，提高了信息的可靠性、有效性和全面性。《法国报废机动车处理协议》是欧盟成员国中一个较为成功的自愿产业节能减排模式案例，信息披露的失误一度使其备受争议。

西方工业发达国家的产业节能减排包括单边项目、公共项目和谈判协定（Konar, Shameek and Mark A. Cohen, 1997）三种自愿模式。

单边项目是在没有政府参与的情况下，参与自愿节能减排行动的企业自我设定目标，自我监督协议的实施。根据西方工业发达国家的经验，单边项目看起来是企业在自觉自愿环境保护，当然不能否定企业的环境保护意识，但实际上单边项目更是社会公众和利益集团要求的结果。企业的环境保护意识和意愿可看作产业自愿节能减排行动的内在驱动力，利益群体的监督则是保证单边项目能够严格坚持下去的外在压力。只有内在驱动力，单边项目也能够建立起来；没有外在压力，单边项目容易虎头蛇尾，难以坚持下去。而要有外在压力，良好的信息披露机制是关键。

公共项目由政府提出环境保护政策菜单，企业从菜单中挑选节能减排项目，企业可自行决定是否参与以及参与的程度。公共项目中，企业的弹性非常大，如何约束企业成为政府环境保护部门最为棘手的事项。政府往往在公共项目中处于信息不对称的地位，企业掌握了大量私人信息，可以规避各种经营上的环境保护风险，而将节能减排包袱甩给政府。因为政府对企业的资源、能力和能源利用方式了解有限，企业还可能过低设定自己的环境保护目标，从而影响整个社会的环境保护进程；或者过分强调自己的环境保护困难，不履行或者少履行自己的环境保护责任和义务。

谈判协定由政府和产业部门之间磋商达成，设定双方的权利、义务和责任及时间表等。相比公共项目，谈判协定在节能减排方面的责任、权利和义务更加明确，政策规避的空间在下降，自愿节能减排模式执行的弹性空间在缩小，但政府仍然无法避免信息不对称问题。政府部门的人力、物力、财力有限，一个部门要针对成千上万个企业，管理难度大。实施产业自愿节能减排模式是有代价的，模式一旦实施，政府必须在强制性政策的制定实施上有所让步，比如作为回报，在自愿节能减排模式执行期间，不再对企业采取执行关停并转的强硬政策（G. S. Amacher and A. S. Malik，1998）。

西方工业发达国家在20世纪80年代后期开始大幅实施自愿节能减排模式的原因在于：为了避免强制命令型节能减排措施的低效率和高社会成本。如果在自愿节能减排模式中存在严重的信息不对称问题，不仅强制措施中会使所有的政策目标都达不到，而且可能恶化已有的良好环境，破坏已有强制措施所获得的节能减排成果，最后，在产业节能减排方面，又不得不回到低效率的老路（S. Arora and S. Gangopadhyays，1995）。可以说，自愿节能减排模式要解决信息不对称问题，就必须在模式开展过程中建立起良好的信息披露机制；信息披露机制的有效建立关系到自愿节能减排模式的发展前途。

二　产业自愿节能减排模式的信息披露机制

（一）信息公开和沟通

自愿节能减排模式特别注重与重要关系人的沟通，如与股东、顾客、员工、兄弟单位和邻近社区的沟通。信息除由企业自身发布外，还有政府发布和社会第三方组织发布。目前第三方组织发布的信息具有越来大的影响力，甚至企业的信息主要由第三方组织发布，公众信息也主要由第三方组织收集和整合。既包括定性方面的信息，也包括定量方面的信息，如环境保护方案方面的信息有定量信息，包括开展采购物品环境保护检查的次数、环境保护自愿参与数、原材料使用数、社区联系活动数、完成的内部自我评估数、防范环境事故发生的次数；定性信息，包括实行自我评估的内部制度、促进社区环境保护的活动、ISO14001 认证及标准执行情况。另外，还有关于环境保护管理系统建立信息、环境状况信息、环境保护基准信息、环境保护 ISO14001 信息系统等大量关于环境保护各个层次、各个环节、各个主体的信息。其中 ISO14001 关注的信息包括环境政策、环境保护计划、环境保护措施执行和运营、环境保护检查和修正行为、环境保护管理回顾。目前全球环境保护信息的披露方面有如下重要趋势（Gene M. Grossman and Alan B. Kruger, 2003）：①增加全球化信息披露；②增加可持续发展的环境信息和为达成可持续发展而付出努力的环境保护信息披露；③增加环境管理系统的应用，如基准管理；④强调将环境表现和经济表现整合起来，以降低成本和物耗能耗，增加产量、市场份额和盈利低。

（二）真实信息揭示

产业自愿节能减排模式实施的重要目标是让各参与方、各利益相关者揭示自己的真实信息，从而防止信息经济学意义上的事前逆向选择行为和事后道德风险行为。强制命令型节能减排政策失效正是在于两类风险行为的存在（James T. Hamilton, 1995）。在传统的政府主导型节能减排政策中，企业和政府总是在玩"猫捉老鼠"的游戏。自愿节能减排模式以其非强制性而易被企业所接受，能够激发企业环境保护的积极性和主动性。企业能够自己决定自己的环境保护行为，因而愿意发表自己的真实意见，设定自己的真实目标。自愿节能减排模式是政府和产业界为推动社会可持续发展，关系千秋万代、惠及子孙的行为，因此，企业有强大的感召，愿意投身于环境保护。自愿节能减排模式是能够帮助企业和当地政府获取经济效益和环境保护效益的行为，政府对企业的环境保护行为实施奖励和税收减免等政策，企业能够根据自身的利益决定环境保护项目和执行措施，因此，从理性人角度看，企业和政府都能激励自己说出真话。自愿节能减排模式还能使企业管理理念发生变化，在自己的管理体系中自觉纳入环境保护的考量，因而使管理决策更加科学和可行。自愿节能减排模式在企业和政府间建立起良好的沟通和互信,因而促进双方真实的共同意愿表达。在一个信息更加完备的环境中,因为信息不完全、不对称而造成的节能减排政策失效的可能性大大降低。信息完备促进了市场完全性,因而有可能使经济更加有效率,节能减排更加有效果。

三 建立产业自愿节能减排模式信息披露机制的关键举措

(一) 确保第三方的参与

在中国,信息披露似乎是政府、媒体和专家的专利,公众的声音很少被外界所知。但实际上,在世界范围内,代表公民社会和公众声音的第三方组织早已成为整个社会最大的信息源和最强有力的声音(J. W. Maxwell, T. P. Lyon and S. C. Hackett, 1998)。

第三方组织是公众意思表达、社会共识形成的基本形式,是产业自愿节能减排模式能够成功实施的重要条件。没有第三方组织,就无法形成社会公众的参与,第三方组织代表了自愿节能减排模式中的反馈和监督机制(Panagiotis Karamanos, 1995)。在自愿节能减排模式中,企业需要向各利益相关者如股东、顾客、员工、兄弟单位和邻近社区等发布信息,如果没有很好的回馈和反应机制,企业和社会的互动就不能形成,企业的信息披露就失去了意义,或者企业没有激励披露信息,甚至企业也没有激励改善自己的节能减排行为。第三方组织也称中介组织,离开了这一中介组织,自愿节能减排模式机制的功能作用链条就断开了(周勇,2004)。要建立起有效的产业自愿节能减排模式信息披露机制,第三方组织的有效参与是关键。

(二) 确保承诺,自我实现,公开公正,平等协商

自愿节能减排模式是企业主动做出通过提高能源利用效率和减少污染物排放量而改善环境质量,增加社会效益和经济效益,促进社会可持续发展的承诺。古语云:一诺千金。可见承诺对于个人行为、企业行为、行业行为、群体行为的重大自我激励和自律功效。自愿节能减排模式正是基于承诺这一最基本的人性而实施的一种更加人性化的环境保护政策(Madhu Khanna and Lisa Damon, 1998)。自愿节能减排模式也是企业通过自主设立自己的环境保护目标,提出自己的环境保护方案,自我监督自己的环境保护行为,实现经济、社会和环境平衡发展的自我实现机制。因此,自愿节能减排模式也符合马斯洛的需求五层次理论,人有自我实

现的需要，强制实现并不符合人性的要求，节能减排政策由强制命令型向自愿模式转变顺应了人性的这一内在需求，因而更加科学。自愿节能减排模式只能在公开和公正的社会环境中才有可能实现，公开确保企业节能减排在一个透明的环境中展开，其积极性和消极性、环境污染和环境改善能够在瞬间获得环境反馈。在一个由各利益相关者织成的网络中，企业有权实施有利于自己的环境保护行为，但无权实施危害其他利益相关者或者危害社会的环境行为。公开对于自愿节能减排模式的有效实施不可或缺。节能减排作为一种公共产品，必须有效防范"搭便车"行为。另外，公正的社会环境又是自我承诺、自我实现的基础，没有公正的社会环境，人类、企业家的良知容易被扭曲，环境保护作为一种高尚精神也很难被焕发出来（Hatchuel A. Aggeri，1996）。平等协商是自愿节能减排模式实施的工作机制，很多环境保护措施之所以缺乏可操作性，就在于签约方对话的广泛性和深度不够。

（三）设定具备科学性和可操作性的产业节能减排指标

反映到企业层面节能减排表现的指标如每年所消耗的能源量、单位产品耗能量，很适合在基准设定时的差距度量，或者跟踪不同时点的节能减排表现。指标代表一个测量系统，包括所测定的对象即测量单位和每单位的赋值（Geisler，1999）。Gallopin（1996）将指标界定为一种变量，是系统中某个属性（包括品质、特征和内容）的可操作性代表。指标也是体现变量的载体，指标值体现变量值。Rigby 等（2000）对指标所需要具有的特征（目的、功能）做过一个文献回顾。Piere 等（1995）也对合适的指标做出过如下界定：①体现了最显著信息的选择；②能对信息进行量化，所以，其显著性更加显而易见；③是复杂现象的简单化；④是信息的传递，尤其是信息使用者和信息收集者之间的信息传递。除了定量指标，定性指标也有可行性。定性指标用于描述难以量化的无形项目，比如，企业实施的环境战略类型特征。量表系统能够用来评估定性指标。不同的系统有相似的指标，如国家、区域、企业、组织、生产线或单位。

指标形成时，需要对数据进行处理。将数据转化成统一单位是指将所有数据用统一的单位系统表示，比如将所用能源用加仑表示，将温室气体排放用全球暖化潜力（GWP）表示。将数据标准化是为了使数据具有可比性，据标准化方法不同，可以形成相对指标，如单位产品耗能量和指数指标。数据整合是指将同类但来自不同地方的数据整合起来。整合数据可能模糊潜在的有用信息，如有关企业的表现，数据可能来自不同的产品、不同的流程、不同的地理区域，将这些数据整合起来以后，会将个体单位的细节信息模糊掉。

凯弗等（Keffer et al., 1999）认为，企业层面的指标应适应以下原则：①与环境和健康保护以及增进生活质量相关；②与增进组织绩效有关；③认识到业务的内在多样性；④随时对基准和监控提供支持；⑤能够被清晰定义、评估、求证和透明；⑥能够被各利益相关者理解并对其有意义；⑦基于企业运营、产品和服务的整体评估，特别关注那些能够进行直接管理控制的领域；⑧认识到与上游和下游相关，并对其有意义。

GRI（2002）认为，报告起草应满足以下原则：①为报告建立框架。要求透明、概括和可跟踪。②决定报告内容。要求完整、关联、上下衔接。③确保报告的质量和可靠性。要求准确、中立和可比较。④报告操作的可行性。要求清晰和时间允许。

UNCSD（1996）认为，指标有赖于数据，故所需要的数据必须是可获得的或者说是在成本允许范围内是可获得的、合理的成本效益比例，是完整记录的，确保质量，定期更新。节能减排指标根据不同属性又可分为定量指标和定性指标，还可分为权重指标、绝对指标、相对指标、指数指标和整合指标。此外，还可分为两种类型：一是环境核心指标。普遍适用或者普遍指标，或者几乎与所有组织相关。二是环境扩展指标。主要是一些补充性或者部门性指标。科学的指标体系是环境信息披露的重要基础。

第六章　产业经济宏观前沿问题研究

　　进入21世纪以来，经济学研究更加注重知宏察微。以往提出的学术研究基本原则，用一句通俗的话讲，就是"顶天立地"，既要有理论高度，又要有政策和实践的可操作性。现在，又更进一步对理论认知和实际观察进行了强调，认为要得出对实践有指导意义的对策建议，离不开对现实生活的"全面观察和深刻认知"。为了全面观察和深刻认知，又必须既通晓宏观，又充分把握微观。这种提法有新意，进一步找到了理论研究和对策分析的问题根源。多年来，我们制定的政策难以操作。归根结底，首先还是一个认识问题。但在产业经济学者看来，这种提法还稍显不足。知宏察微是告诉人们既要懂得宏观背景，又要了解具体问题，但认识是一个体系，由微如何一下子达宏，由细小的局部如何一下子到达粗线条的全局呢？关于这个问题，新古典经济学没有解决，微观经济学与宏观经济学并不是一个完整的体系，各自的理论假设都有较大的差异，由微观到不了宏观，由宏观也到不了微观。在复杂系统中，有一个突变现象，在由局部到整体的过程中，并不是有序渐进的，而是一定时候的突然变化，知宏察微绝不容易，这也启示我们需要关注宏观和微观之间的中间层次。在经济学中，产业就是这样一个中间层次。

　　产业经济宏观分析是为了打通经济分析如何由微观通达宏观，由宏观回归微观，突破中间的突变。由产业这个中间层次，更容易到达宏观层次，因此，笔者认为，对宏观现象的把握必须在产业层面找到问题的出发点。局限于微观的企业或者消费者，容易出现只见树木、不见森林的问题，只有对木进行组合，对微观企业和消费者进行分门别类，站在产业层面，从敏感性强的维度出发，才能把握宏观世界。

　　本章涉及几个产业层面的宏观经济分析，比如由产业层面的创业从业开始宏观经济中的就业分析，从小城镇达到宏观经济面的分析，由文化资源达到区域经济发展的分析。本章的价值在于启示出宏观经济把握的产业分析方法。

第一节 产业发展中创业从业影响就业研究

经济进步需要解决产业发展问题，社会稳定需要解决就业问题，本节将这两个命题联系起来考察，探讨创业从业对就业和产业发展的影响。通过建立一个差分模型，同时引入产业周期理论和产业层次类型理论，对产业发展周期中创业从业对就业的影响机理、产业发展选择中创业从业对就业的影响机理进行分析，并给出相关政策建议。

创业从业、就业和产业之间有着显著的相关关系。对它们之间关系的研究文献已有不少。产业是同类型生产活动的总和，在企业还未组成股份公司时，企业是创业者个人的企业。无论是企业的财务活动还是生产组织活动，乃至中小企业产出的增长，都与创业者或企业家个人的行为有关（Berkowitz, White, 2004; Carroll, 2000; Robb, Wolken, 2002; Mueller, Spitz, 2001）。现有文献不仅仅考察企业中企业家的人力资本，而且越来越多地关注雇员的人力资本，即从业对企业的影响（Rauch, Frese, Utsch, 2005; Robb, Wolken, 2002）。在创业从业对就业的影响方面，洪银兴（2007）认为，在20世纪90年代中期之前，乡镇企业是农村非农产业就业的主要贡献者；20世纪90年代中期之后，乡镇企业创业量和对就业的吸纳量越来越有限，同时城市开始出现大规模工人下岗失业，国有部门和城镇集体部门的就业在大幅减少，平均每年减少696万人。但统计数据表明，同一时期，中国非农化就业实际增长仍然高于90年代中期之前的水平。1996—2005年，城镇就业以平均每年829万人的速度迅速扩大，而且在2000年之后呈加速增长势头。重要原因之一在于城镇个体私营企业的创业和就业以每年391万人的速度增加（蔡昉，2007）。通过建立一个差分模型，引入产业周期理论，并在其中纳入创业和从业概念，应用产业层次类型理论，本节推进了现有相关文献的分析。通过模型分析发现，有必要将创业者区分为自主创业和引致创业，前者发生在新兴产业成长阶段，后者发生在一般产业成长阶段。本节重点回答如下问题：创业如何影响从业？创业从业如何影响就业？创业如何影响产业？充分就业和经济增长是宏观经济调控的重点目标，通过分析创业从业、就业和产业之间的关系，有利于厘清相关宏观经济政策思路。

一 研究假设

就业人口假设：就业人口由创业者和从业人员两部分组成，前者定义为雇佣者（以 E 表示），后者定义为雇员（以 W 表示）。从业人员由两部分构成，一是已有企业（由先期创业者创办）雇用的人员（以 W^1 表示）；二是新办企业（由新创业人员创办）雇用的人员（以 W^2 表示）。一个创业者对应一个企业，且假定所有创业者在创业初期的创业规模一致即员工吸纳数为 m，而先期创业的企业不受此规模限制，因为原有经济规模在发展，原有企业的雇员在不断增加。

经济规模和就业规模动态累积假设：经济规模和就业规模是一个历史积累的过程。经济之所以能够在观察期增长某个量，是因为基期存在一定的经济基础，假定基期经济规模为 100 个单位，经济按照 8% 的速度增长，则观察期获得了 8 个单位的经济增长。增长量既与基期经济规模有关，也与增长速度有关。同理，就业规模也类似，基期的经济基础对应基期一定的劳动力基础，随着经济增长，观察期的就业量也相应地按照某种速率增长。就业增长量既与基期就业规模有关，又与就业增长速度有关。

就业均衡假设：就业量代表经济中企业能够提供的就业岗位数（类似于国民收入量），创业者和从业人员数量代表在经济中实际就业的数量（类似于支出消耗量），两者只有在均衡时相等。在达到就业均衡（注意：这里所说的就业均衡与人们常说的劳动力市场供求均衡不同，是相对经济所需岗位数是否得到满足而言，而非相对劳动力供给而言）时，企业岗位空缺率为 0，否则未达到均衡，企业就会存在岗位空缺。在达到就业均衡时，经济中吸纳的就业人员数和经济所能承受的就业人员数相等。

自主创业和引致创业假设：创业者分为自主创业者和引致创业者。引致创业者因滞后就业规模而产生，是在已有产业基础和产业人力资源基础上产生的，按照边际倾向 h 而变化。自主创业者不受滞后就业规模及原有产业基础的影响，通过新技术、新产品在一个全新的产业开始创业。本节同时假定从创业者到企业家、从小企业到大企业是一个累积的过程，不存在破产和市场退出。

发展要素相容假设：不相容资源对产业和就业发展的贡献为 0。劳动密集型产业不能促进高技能劳动力就业，同时技术密集型产业也不能促进低技能劳动力就业。劳动密集型产业的发展需要获得低技能劳动力的充分供给，技术密集型产业的发展需要获得高技能劳动力的支撑。

二 创业从业对就业影响的一般讨论

按照就业规模动态累积假设，已有企业 W^1 类从业量取决于滞后就业规模 Y_{t-1}，为讨论简便，先假定两者为线性关系，即：

$$W_t^1 = a + bY_{t-1} \tag{6.1a}$$

假设一部分创业是自主的，初始阶段的创业者为 E_0，即初始企业数为 E_0，观察期新增自主创业者为 ΔE，另一部分创业来自新增引致创业 hY_{t-1}（在以后各阶段均保持此水平）。

$$E_t = E_0 + \Delta E + hY_{t-1} \tag{6.2}$$

因创业增加所带来的新从业人员增加为：

$$W_t^2 = m\Delta E + mhY_{t-1} \tag{6.1b}$$

观察期的总就业量为：

$$Y_t = W_t^1 + W_t^2 + E_t \tag{6.3}$$

将式（6.1a）、式（6.1b）和式（6.2）代入式（6.3），可得：

$$Y_t - bY_{t-1} = a + E_0 + \Delta E + hY_{t-1} + m\Delta E + mhY_{t-1}$$

上式解为：

$$Y_t = A(b + h + mh)^t + \frac{a + E_0 + \Delta E + m\Delta E}{1 - (b + h + mh)} \tag{6.4}$$

均衡的稳定性条件为：$0 < b + h + mh < 1$。为使达到均衡的速度更快，b 越趋近于 0 越好，即从业量曲线越平坦，企业的空缺岗位就越易达到充实。如此一来，b 越小意味着经济发展创造的从业机会越少，这从分母 $1-b$ 中可以看出。

推论 6-1：从业曲线斜率 b 与就业均衡调整所需时间 t 成正比。

证明：用隐函数定理。设由式（6.4）确定的 $t = f(b)$ 连续可微，则：

$$f'(b) = -\frac{Y'_t(b)}{Y'_t(t)} = -\frac{At(b+h+mh)^{t-1} + (-1)\frac{a+E_0+\Delta E + m\Delta E}{1-(b+h+mh)}(-1)}{A(b+h+mh)^t \ln(b+h+mh)} > 0$$

。证毕。

推论 6-2：创业者产生倾向 h 与就业均衡调整所需时间 t 成正比。

证明：用隐函数定理。设由式（6.4）确定的 $t = f(h)$ 连续可微，则：

$$f'(h) = -\frac{Y'_t(h)}{Y'_t(t)} = -\frac{At(b+h+mh)^{t-1}(1+h) + (-1)\dfrac{a+E_0+\Delta E+m\Delta E}{1-(b+h+mh)}[-(1+h)]}{A(b+h+mh)^t \ln(b+h+mh)} > 0_。$$

证毕。

推论 6-3：所能达到的均衡就业规模与从业曲线斜率 b 成正比。

证明：$Y'_t(b) = At(b+h+mh)^{t-1} + (-1)\dfrac{a+E_0+\Delta E+m\Delta E}{1-(b+h+mh)}(-1) > 0$。证毕。

从推论 6-1 可看到，在新兴经济体或者经济发展的高速阶段，就业增加速度快，就业均衡达到的时间相对较长，因此，大量企业岗位会存在空缺，这说明经济中就业创造的潜力。但在成熟经济体或者经济发展速度趋缓时，就业均衡很容易达到。假定新兴经济体和成熟经济体除发展速度外，其他条件一致，新兴经济体所能达到的就业规模要小于成熟经济体，这从推论 6-2 可看出。

推论 6-4：所能达到的均衡就业规模与经济发展初期的经济基础（以 a 表示）成正比。

证明：从式（6.1）和式（6.4）可直接求证。证毕。

推论 6-5：所能达到的均衡就业规模与原有企业家数即创业者数 E_0 成正比。

证明：从式（6.2）和式（6.4）可直接求证。证毕。

推论 6-6：所能达到的均衡就业规模与新创业者数 ΔE 成正比。

证明：从式（6.2）和式（6.4）可直接求证。证毕。

推论 6-7：所能达到的均衡就业规模与创业企业大小（以 m 表示）成正比。

证明：从式（6.4）可直接求证。证毕。

推论 6-8：所能达到的均衡就业规模与已有经济创造创业者的能力（以 h 表示）成正比。

证明：从式（6.4）可直接求证。证毕。

三　产业发展周期中创业从业对就业的影响

本节至此已假定从业者数量、创业者数量与滞后就业规模之间是一种线性关系，且 $0 < b+h+mh < 1$。实际上，人口并非随着时间线性增长，全世界已经出现了几次人口出生高峰期。同时，经济或者产业也并

非随着时间线性增长，经济发展和产业发展有着自己的周期。为了解决就业问题，经济在某些年份需要加速发展，以创造更多的就业机会。经济在繁荣时期或者产业调整时期往往面临很好的机遇，吸纳的从业人数和创造的企业家数呈加速增长。

综上所述，从业人数与滞后就业规模之间是一种曲线关系，在此，我们引入产业发展周期进行分析。仅考虑引致从业者和引致创业者数，可得到以下创业从业人数与就业人数之间的关系，如图6-1所示。产业发展周期分为成长期（A）、高潮期（B）、成熟期（C）和衰退期（D），本节产业发展周期的概念与其他文献略有不同，它们依据产业能够吸纳的引致就业增量来定义。在产业成长期和高潮期，滞后就业规模能够带来高比例的新就业。在现实产业发展中，往往一个新兴产业刚开始时只有很少从业人员，通过这部分人的努力，产业不断成长，吸纳的就业人数也迅速增加，产业就业规模呈几何级数扩张；产业进入成熟期后，不仅市场规模扩张速度降低，吸纳的就业人数也降低；产业进入衰退后，不仅不再吸纳新的就业人员，原有就业人员还要面临就业退出。在图6-1中，A、B、C、D点相应切线的斜率分别大于1、等于1、小于1大于0、小于或者等于0。在产业成长期和高潮期的这段时间，就业不能达到均衡，经济中一方面存在潜在岗位空缺率，另一方面对于发展中国家而言，又存在大量的劳动力失业。只有进入产业成熟期后，才可能达到均衡，在图6-1中体现为切线能够与45°线相交。

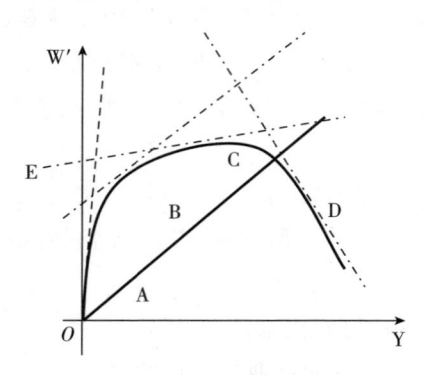

图6-1 产业发展周期中创业从业对就业的影响

推论6-9：在产业成长期和高潮期，就业不能达到均衡。

证明：由式（6.4）可知，当 b + h + mh > 1 时，如图 6 - 1 中的 A 点，产业处于成长期，均衡是不稳定的；当 b + h + mh = 1 时，如图 6 - 1 中的 B 点，产业处于高潮期，创业从业曲线也不会与 45°线相交，均衡也不可能达成。证毕。

推论 6 - 9 说明产业总量和就业总量在不断突破已有规模，产业发展的就业吸纳量大。对于此类就业不能达到均衡的情况，产业人力资源需求方处于紧张状态。

推论 6 - 10：在产业成熟期，就业可以达到均衡。

证明：由式（6.4）可知，当 0 < b + h + mh < 1 时，如图 6 - 1 中的 C 点，产业处于成熟期，均衡可以在切线方向调整到稳定。证毕。

推论 6 - 10 说明产业进入成熟期后，随着新引进人员越来越少，产业实际消耗的人力资源量与产业总体容量所能吸收的人力资源量最终能够达成一致。

推论 6 - 11：在产业衰退期，就业不能达到均衡。

证明：由式（6.4）可知，当 b + h + mh < 0 时，如图 6 - 1 中的 D 点，产业处于衰退期，切线在曲线运动方向（往衰退方向）远离 45°线，因此不可能达到均衡。证毕。

推论 6 - 11 说明产业总量和就业总量在不断缩小，产业衰退对就业的挤出效应越来越大。对于此类就业不能达到均衡的情况，产业人力资源供给方将处于紧张状态。

四 产业发展选择中创业从业对就业的影响

本节从要素利用角度将产业类型简化为劳动密集型产业和技术密集型产业，将从业人员分为低技能劳动力和高技能劳动力，将创业者分为劳动密集型产业创业者和技术密集型产业创业者。同时假定劳动密集型企业仅雇用低技能劳动力，因而该类型企业对高技能劳动力的雇用量为 0；技术密集型企业仅雇用高技能劳动力，因而该类型企业对低技能劳动力的雇用量为 0。经济发展的一项重要任务是解决就业问题，对产业路径的选择要依据创业从业对就业的影响。假定式（6.4）均衡的稳定性条件 0 < b + h + mh < 1 满足，则均衡量由式（6.5）决定：

$$Y^e = \frac{a + E_0 + \Delta E + m\Delta E}{1 - (b + h + mh)} \quad (6.5)$$

假定产业类型为 i（i = 1、2），产业发展的就业均衡量可表达为式

(6.6):

$$Y_i^e = \frac{a_i + E_{i0} + \Delta E_i + m_i \Delta E_i}{1 - (b_i + h_i + m_i h_i)} \tag{6.6}$$

对某类型产业而言，原有从业人员 a_i 和创业者 E_{i0} 对均衡就业量的大小有正的影响，这体现了产业发展中原有产业基础的作用。产业演化体现了人力资本积累的过程，如 Murall Patibandla（2002）认为，印度软件业发展过程体现了原有高技能劳动力和少量机构对起步阶段高技术产业的影响。目前几乎所有欧美工业发达国家主要信息产业企业都在印度设立了软件开发和研究中心，印度国际软件业之所以能够度过艰难的起步阶段，主要得益于印度本国和归国的一部分技术人员，他们充当了印度软件业的引火者，他们或者扮演创业者角色，或者扮演从业者角色。

自主创业者 ΔE_i（如劳动密集型产业发展中的劳动密集型产业创业者）对均衡就业量的大小也有正的影响，自主创业者需要一个国家的风险创业机制及其他促进中小企业发展政策的支持。一般而言，随着企业规模扩大，借贷资金，包括银行信贷和民间信贷的比重越来越大，但在企业成立初期，创业者很难获得信贷资金，融资难制约了创业发展（D. G. Blanchflowe 和 P. B. Levine，2003；刘湘云等，2003；钟田丽等，2003）。但自主创业者往往是一个国家新兴产业的开拓者，很多产业从零开始，由小到大，都决定于自主创业者（J. Jones，2004）。

创业规模 m_i 对均衡就业量的大小也有正的影响，创业规模在很大程度上取决于融资支持、技术帮助和经济环境。如 Brown、Earle 和 Lup（2005）认为，融资活动是否顺利以及融资质量都将影响中小企业的发展规模。

从业引致系数 b_i 对均衡就业量的大小也有正的影响，从业引致系数决定于产业发展中的技术进步机会、市场成长空间、相关政策支持和国际产业转移机遇（Klass，2003）。

创业引致系数 h_i 对均衡就业量的大小也有正的影响，该系数同样决定于创业扶持体系的完善，但是，与自主创业不同的是，因为建立在已有产业基础，引致创业主要发生在产业成长期，而自主创业则主要发生在产业形成期。

假如将 a_i、E_{i0}、ΔE_i、m_i 看作不同类型产业发展所需要素，那么只有相容的产业要素，才能促进相应的产业发展；反之，相应的产业发展，才能解决相应的人口就业问题。

推论 6-12：产业的均衡就业量决定于与产业性质相容的创业和就业。

证明：以一种极端的情况来证明。对第 1 类产业，如果其使用的类型资源为 2，根据不相容资源对产业和就业发展贡献为 0 的假设，可得：

$$Y_1^e = \frac{a_2 + E_{20} + \Delta E_{2i} + m_2 \Delta E_2}{1 - (b_2 + h_2 + m_2 h_2)} = 0。证毕。$$

五　结语

产业在衰退过程中对就业的"挤出效应"越来越大，目前中国沿海地区劳动密集型产业衰退对低技能劳动力存在"挤出效应"。随着出口退税政策、台账实转制、新《劳动合同法》、贸易出口限制、新《企业所得税法》等外贸新政的出台，以及原材料、能源、运费、生活品等价格上涨，未来必然有大批外向型企业在沿海地区停业或者破产，期望沿海地区外向型产业都转向中西部地区，从而保持中国的劳动力就业不变是不现实的，很多企业或者从此歇业，退出市场；或者移往国外。因为中国沿海地区外向型劳动密集型产业占据中国相当的经济总量，因此，有必要进一步研究这种"挤出效应"对中国就业格局及农村劳动力转移的影响，以维护社会稳定，保持经济持续有序发展。

新兴产业的选择应与区域人力资源结构保持一致。在低技能劳动力亟须解决就业的地区，应引导创业者在劳动密集型产业创业；在高技能劳动力亟须解决就业的地区，应引导创业者在技术密集型产业创业；反之，在低技能劳动力亟须解决就业的地区，不应引导创业者在技术密集型产业创业；在高技能劳动力亟须解决就业的地区，不应引导创业者在劳动密集型产业创业。这与我国东西部地区产业发展状况高度一致。对于东部地区而言，不仅要发展技术密集型产业，而且还要减少劳动密集型产业；对于西部地区而言，不仅要发展劳动密集型产业，而且技术密集型产业投资步伐应放缓。

在某些产业衰退时，引导自主创业者到其他新兴产业创业。在新兴产业成长期，引导引致创业者在本产业创业。目前，中国东部地区劳动密集型产业在衰退，但在几十年的快速发展中，中国东部地区劳动密集型产业投资者早已积累了雄厚的资金，应引导其资金投向技术密集型产业。同时，中国东部地区技术密集型产业经过几十年酝酿，已大有起色，打破垄断，促进创新，引导现有产业从业人员创业能够迅速扩大现有技术产业规模。中国东部地区也是中国高技能劳动力扎堆的地区,发展技术密集型产业的自主创业和引致创业对中国解决高技能劳动力就业以及保持经济长期发展具有重要意义。

在产业成长阶段,正确认识人力资源需求的紧张状况非常重要。对于技术密集型产业而言,人力资源的进入需要依赖已有的人力资源规模。对于技术学习而言,只有在"干中学"、在技术的溢出中新人力资源才能够获得,因为技术是一种隐含的、非解码的、难以复制的无形资源(Barney,1986,1991,2001)。对于产业机会而言,只有通过先驱者的创业,后来者才有进一步发挥的空间,因此,产业人力资源的获取是一个累积的过程。21世纪头十年中,中国技术密集型产业在许多领域仍属起步阶段,理解这种创业从业的累积性,以及产业就业均衡需要一个调整过程的规律性,对于树立中国发展技术密集型产业的信心也有重要意义。

第二节 小城镇促进城乡一体化的跳板理论研究

城乡统筹关系到我国经济结构均衡和经济社会可持续发展,在城乡关系协调中,不仅要重视农村发展、城市发展,更要重视城乡协调发展。小城镇在沟通城乡中作用显著。在城乡差距不断扩大的背景下,我国应实施城市、农村和小城镇"三位一体"发展战略,尤其要突出小城镇这块连接城乡的跳板作用。具体而言,我国要实施好小城镇国家助力战略、小城镇社区助力战略、小城镇生态产业发展战略、小城镇服务业发展战略、小城镇素质增强战略和小城镇容量扩充战略。

从人类社会历史来看,城乡协调发展是社会经济发展到一定阶段的必然要求。根据国际经验,在城镇化水平达到30%以前,城镇化速度较慢。城镇化水平在30%—60%时是城镇化加速发展阶段。在城镇化水平达到70%以后,城镇化将进入平稳增长阶段。中国工业化与城市化的发展,是通过二元社会制度,阻挡要素资源尤其是人口在城乡之间自由流动,使广大农村服从于国家工业化战略这一"非均衡赶超战略发展"需要来实现的,在特殊时期产生了显著效果,但代价也高昂。

一　文献综述

改革开放以来，我国城镇化快速发展，但是，城乡二元结构矛盾没有缓和，反而在不断扩大。因此，需要加快统筹城乡经济社会发展。党的十六大提出"统筹城乡发展"，党的十六届四中全会提出"构建社会主义和谐社会"，都是党和国家对新时期加强工业与农业、城市与农村协调发展的重大战略部署。

如何统筹城乡发展呢？不少学者提出了自己的主张，主要归纳为两种意见：一是加快城市化和工业化发展，实现更多农村人口非农化，农村产业非农变迁，农村社会非农转移。如段进军等认为，要加快农村人口非农化，最根本的是要走健康城镇化道路，健康城镇化是统筹城乡发展最重要的基础和动力。通过对工业发达国家城市化和我国城乡关系演变的历史研究，钟荣魁指出，社会发展的趋势是城市化而非城乡一体化。二是通过农村地区自身的发展，实现更多的非农化。最具代表性的是社会学家费孝通先生在20世纪80年代早期提出"小城镇、大战略"思想和80年代中后期提出的区域发展概念。小城镇和乡镇企业在转移农村剩余劳动力、带动经济社会发展方面能够发挥很大的作用。不仅如此，大力发展乡镇企业还能实现农民市民化、农村向城市的转变，加快城市化步伐。

论及城乡协调发展的上述两种观点，或者偏于"城"，或者偏于"乡"，但对于"协调"却论及不够。实际经济中，当谈及城市时，既有大、中、小城市，也有小城镇。当论及农村时，既有乡村，也有小集镇。大、中、小城市是城市的主体，乡村是农村的主体，因而它们自然成为人们讨论时关注的主要对象。而小城镇和小集镇却被忽视了。当今世界，无论是工业发达国家还是发展中国家，都存在大量的小城镇。例如，德国、意大利等都有上千个小城镇，它们对连接城乡起着重要的桥梁和纽带作用。据国家统计局研究，进入21世纪以后的20年，我国有3.13亿人口需要由农村向城镇转移，平均年转移1500万人以上。我国农村需要向城市转移的人口数量之多，仅仅依靠大中城市难以消化，因而必须采取"两条腿走路"的方针，既建设好大、中、小城市，又着力发展小城镇。农村小集镇对于统揽农村要素资源，疏通产品购销渠道起着重要作用。多年来，我国不仅小城镇和小集镇建设被忽视，而且小城镇和小集镇没有纳入城乡发展视野，在区域中的功能有待于进一步统一协调。农村地区广泛兴起的小城镇,更多的是从农村地区自身的角度来规划,忽视了与大、中、小城市之间的依存关系,所以,在一些地方尤其是偏远山区,虽然兴建了一些小城镇,但并没有起到带动周围农村经济发展的作用。而我国沿海地区的小城镇,正是借助于大、中、小城市的辐射能力,带动了地方企业和农村经济的迅速发展。可以说,离开大、中、小城市的辐射功能,小城镇就不可能得到健康发展,更谈不上独立发挥改造农村经济社会的作用;而离开广大农村的基础支撑,小城镇也不可能健康发展,更谈不上独立发挥促进城市经济发展的作用。因而探讨小城镇的独特功能及其作用机制非常重要。

二 假设提出

本节研究建立在发展中国家背景下,根据已有文献及中国改革开放的实际情况,提出以下研究假设。

(1) 城乡边界假设。发展中国家存在严重的城乡二元分割现象。城市的发展水平一般高于农村的发展水平,具体体现于人均 GDP、人均社会福利、人均受教育程度、产业发展层次等。城乡边界不仅体现在以上指标的差别上,还体现在要素资源流动的障碍方面,在城市和农村各自的内部,要素流动相对频繁,流动成本相对较低;而在城市和农村之间,要素流动难、成本高。比如,以往在中国要将一个农村户口转为城市户口,俗称农转非,是很难的,而农村户口在农村之间的迁移则相对简单。

(2) 城乡矛盾假设。由于城乡隔绝的形成,资源投入农村或者城市后,都难以产生自由市场意义上的后续城乡要素互通互换和反馈机制,因此,投入城市的资金只是发展城市工商业,投入农村的资金主要发展农业。由于要素循环机制没有形成,因而城乡要素配置主要靠国家干预。而国家的整体资源有限,是优先城市工商业,还是农业,或者两者平均分配,一直是困扰发展中国家投入的重要问题。为了赶超和重点突破,发展中国家在城乡关系处理上大多采取城市工商业优先投入战略,由此造成城乡资源竞争矛盾。从 21 世纪以后中国的情况来看,随着工业反哺农业、以工补农政策的实施,资源投入开始向农村倾斜,但也因此影响了工业,造成另一种形式的城乡资源竞争矛盾。

(3) 城乡协调主体假设。城乡之间有着天然的经济互促要求,城乡发展不仅仅是城市发展、农村发展,而是城乡共同发展。在城乡非均衡发展的背景下,要让城市和农村两个因发展基础不同而形成相对独立地位的主体共同发展，协作机制不可或缺。据公共决策理论，协作机制一般由第三方供给，当事任何一方提供的协作机制都是主导机制，很难把双方的位置摆正，平等互利。离开中介协调，公平、公正、公开的市场三公原则就难以体现。发挥城乡协调功能的主体必须能够兼顾城乡发展利益，具有城乡互通基础。在这方面，小城镇是城乡之间天然的协调者，小城镇既有农村社会的一面，又有城市社区的一面；既熟悉农村，又熟悉城市；既有农村利益，又有城市诉求。

（4）城乡互通转换假设。传统工业集聚唯 GDP 的城市发展思路，将逐渐被产业均衡分布、注重与自然和谐的生态城市发展思路所代替。城市在拓展以往只有农村才能有的生态景观，如绿地。城市发展中更多地纳入传统农村的自然要素和设施，前者如花鸟，后者如空气净化工程、风沙防护林，并由此带动农村人口在城市就业。而农村则更多地吸收城市工业发展中的技术和组织思路，借鉴工业文明发展现代农业，由此带动城市人口在农村发展，城市资本在农村投入。城乡互换的结果是城乡界线逐渐模糊，城市和农村都成为国民的事业发展之地、生活休闲之地。对城市和农村，大家各选所需，各得其所，人为的障碍没有必要再存在。

（5）城乡共融导向假设。在城乡隔绝的背景下，城市可能不理解农村，农村也可能不了解城市。两者之中尤以前者为甚，农村之所以长期得不到发展，是因为其一直是优势资源要素流出的"山地"，而没有形成其所需资源要素汇集的"洼地"。以中国为例，进入 21 世纪以来，农村经济虽然有所发展，但发展的主要动力来自政府投资和转移支付，在吸纳民营资本，尤其是城市资本方面，以工补农少有发力。中国在未来需要发展要素投入水平提高、产业层次提升、环境更加友好、技术更加先进的现代农业。如同在工业领域没有民营资本的参与，经济难以搞活一样，在现代农业领域，如果没有民营资本的参与，农业也很难进步。因此，需要消除制度的樊篱，出台更多促进民营资本投入农业的优惠措施。就农村对城市的联系而言，中国许多偏远地区的农村经济还停留在非常狭窄的农村"小块"市场，对城市市场缺乏了解，农产品流通不畅。

（6）城乡素质禀赋假设。城市作为人类社会的集成，农村作为自然界的依托，各有其要素禀赋优势和要素特质。因而城市和农村互为要素市场，互为产品市场，城乡可以有资源门类的差别，但可能没有资源贵贱的高低。应该消除不合时宜的城乡差别观念，正如男女平等追求中不能消除自然因素的差别，但能够消除社会权利的不平等。农村在经济发展中没有必要完全参照工业模式，否则农村的独特禀赋优势将被破坏。比如引进污染工业只会对农村生态环境造成破坏。城市和农村发挥各自资源优势，实现城乡和工农业互补共赢应是城乡协调发展的基本方针。

（7）城乡市场差异假设。在城市倡导的完全市场机制可能在农村行不通。相比城市，农村更多地受自然的主宰。农业具有自然依赖性、风险高发性、供给波动性和需求必要性的特点。农业生产关系到人的基本需求满足，因而是国计民生的大事业。许多农业产品已经不再是单纯的私人品，更具有公共品性质。由于供给的外部性，粮食生产不单纯是农民自己的事，更是整个社会的大事。当粮食供给不足时，其带来的外部负效应远远比农民收入下降本身严重。改革开放以来，我国政府对农村要素资源向城市的流动可以不作为，因为市场经济在起着关键的协调作用。但是，在以工补农、消除城乡差别的年代，政府不能再采取类似的不作为政策，农村投资和农村发展需要政府的更多投入、更多引导、更多促进、更多保障。

三　小城镇促进城乡一体化发展的跳板理论总结

小城镇是农村进入城市，或者城市进入农村的门户之地，对协调城乡发展、工农业发展有着举足轻重的作用。在图 6-2 中，两个圆圈分别代表城市和农村，两条竖线分别代表城乡分界线，虚线代表城乡之间不能联通的距离。因为距离远，信息不通，在小城镇没有发展起来之前，也就是沟通的门户没有建立时，城市很难和农村取得联系，农村也很难和城市取得联系，彼此隔绝。

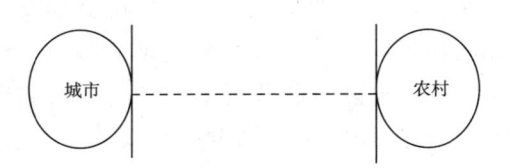

图 6-2　小城镇没有发展起来之前的城市和农村

城市和农村各自拥有独特的资源禀赋优势，两者互为要素市场，但农村的要素市场不能在城市形成，城市的要素市场也不能在农村形成，因而城乡之间的资源配置机制失效。结果是城市累积的多余要素资源闲置严重，剩余资本找不到出路，剩余劳动力找不到工作，技术需求不足；

而农村的要素资源也大量富余,人均生产能力和产值都很低。两者的要素回报率都呈下降趋势。同时,城市和农村之间各有自己的特色产品,两者互为产品市场,但农村的产品市场不能在城市形成,城市的产品市场不能在农村形成,因而城乡之间的产品市场交换机制失效。结果是城市的内需增长乏力,而同时大片农村消费市场处于闲置状态。农村的农产品因为外需不足,卖不出去,农民种粮、开展副业的积极性受挫。

这里所说的城乡不同于一般的城市和郊区,其典型内涵是指中心城市和偏远农村。城乡之间因为缺乏有效的连接中转站,即使彼此试图向对方靠拢,但效率也可能很低。如果没有亲戚朋友的介绍和帮助,改革开放之初,中国大批农民工很可能难以在沿海地区实现就业,即使有巨大的需求,当信息不通时,这种需求无以实现。但刚开始有沿海地区亲戚朋友的中国农民毕竟是少数,因而小城镇作为信息中转站曾经起到过重要作用。以南方山区为例,农民很少走出山区,最远的活动距离,或者最远的信息半径是小城镇。许多偏远山村的农民是因为到镇上赶集时才知道外面招工信息的。小城镇不仅是许多农村居民观察外界的窗口,还是他们通往外界的必要中转站。因为山路遥远,农民往往先要赶一天路,才能到达小城镇,安顿一宿后,第二天再启程赶路。可见,中国的小城镇一端连接广大农村,另一端连接远方的城市(见图 6-3)。

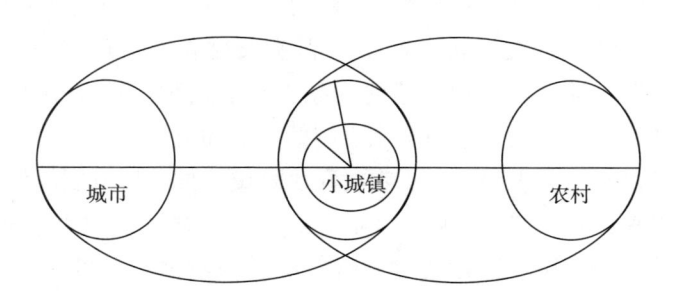

图 6-3 小城镇跳板理论

图 6-3 中小城镇建设是一个由点到面、由小到大的过程。小城镇的初始发展可能只是一个由农村到城市或者由城市到农村的旅途暂停点,有旅馆、饮食和必要的交通工具。随着城市连接与服务农村和城市功能的增加,这个小点可能壮大成集市镇,以至小城市。图 6-3 中有两个大的椭圆,左边的椭圆为小城镇对城市的影响面,右边的椭圆为小城镇对

农村的影响面。随着小城镇的发展壮大,其网络张力也在扩大,从而直接增加了小城镇对城市的影响力,或者对农村的影响力。

城市和农村不断发展的过程也是小城镇不断发展壮大的过程。没有小城镇,偏远的农村和远方的城市之间难以连接起来,城市的经营范围也不可能扩张,农村的生存空间也难以向外延伸,因而小城镇不仅是城市发展的跳板,更是农村发展的跳板。小城镇协调城乡发展的理论可概括为"跳板理论"。农村要素和产品供应城市,城市要素和产品供应农村时,都需要小城镇这块跳板。小城镇这块跳板建设得越好,"弹跳"能力就越强,城市资源要素和产品越容易进入农村的纵深地带,农村资源要素和农产品供应就能延及更远的城市和地区。当小城镇不断发展壮大时,城市向农村或农村向城市会走得更近,城乡差距就越来越小。

在小城镇的"撮合"下,城市和农村发展关系将更加友好,互为掠夺的关系将得到有效消除。根据科斯的交易成本理论,在交易成本为零时,资源的最初投入配置都不是重要的,因为通过市场的力量,资源将配置到其价值有效发挥的地方。这给我们启示:现有的社会发展水平并不重要,尽管我国城镇化水平还很低,但如果加强制度变革,以制度促进市场机制,以制度保护市场机制,建设好小城镇这个"跳板"市场,最终我国的城镇化水平和农村发展水平将可能迎头赶上工业发达国家。随着小城镇的发展,城乡差别的消除,交易门槛的消失,国家资源无论是投在农村,还是投在城市,都不会影响农村和城市最终获得的资源。传统意义上以农补工、工业反哺的现象将不会出现。这在很大程度上得益于小城镇的发展、城乡之间交流机制的恢复和促进。

四 理论应用:中国城市、农村和小城镇三位一体发展战略研究

长期以来,我国偏重于城镇发展,或者更严格说是偏重于城市发展,对工农和城乡差距拉大问题相对重视不够。以城镇居民可支配收入与农民人均纯收入为例,两者之比,1997年为2.47:1,2003年为3.23:1,到2007年扩大到3.33:1;1998—2008年,农民人均收入的增量仅为城镇居民人均可支配收入增量的12.2%;2007年,农村居民人均生活消费支出为3223.85元,比城镇居民人均生活消费支出的9997.47元少6773.62元,仅为城市居民的32%。教育、卫生、社会保障等公共产品分配也偏重于城市。以2000年为例,城镇小学在校生人均预算内经费为658元,农村仅为479元,只相当于城镇的72%;农村人口占全国总人口的

63.78%，但农村卫生总费用却只占全国卫生总费用的 32.07%，人均卫生费用农村只是城镇的 1/3；城镇居民医疗保障覆盖面达 52.5%，农村只有 9.9%，两者相差 40 多个百分点。我国城乡差距明显，长期以来，无论是以农促工政策还是以工补农政策，对城乡协调发展的作用均有限，这与小城镇的作用没有得到有效发挥有很紧密的关系。

改革开放以来，在发挥的影响面方面，小城镇的城市影响面相对较大，而对农村影响面则相对较小，因而更多的是农村要素资源不断地向城市流动，具体体现为大批农民工外出。与此同时，小城镇的城市服务功能在不断加强，如外出技术培训、信息咨询。更明显的是交通服务功能方面，目前中国的小城镇基本上建成了连接城市的公路，往城市的交通便捷，但在内联村庄和偏远居民点方面，小城镇的交通基础设施还需要大力发展。在城市、农村和小城镇三者的发展方面，我国以往没有厘清城乡发展思路，将城乡发展简单地理解为城市发展，忽视农村发展，忽视协调、服务和中介主体小城镇的建设。几十年来，我国的大城市无论是产业经济还是城市规模都获得了巨大的发展，但是，由此也造成了资源要素紧张，资本边际回报递减。近年来，我国提出要解决"三农"问题，大力发展农村经济，因而农村获得了很多实惠。但是，小城镇的发展一直没有得到重点关注，因此可以预计，如果不改变小城镇发展滞后的状况，未来中国城乡不协调问题可能还是得不到彻底解决。

有必要实施城市、农村和小城镇三位一体发展战略，发展目标为：变"加快发展城市和工业"，城市变"粗"，"加快农村发展，倾斜'三农'问题的解决"，农村变"粗"，为"同时发展小城镇"，"不但城市一头变粗，农村一头变粗，更是小城镇这个中间部分变粗"。最终通过"减少城市要素资源拥挤的重负，减少农业人口问题"，变"城市和农村两头大、小城镇发展中间小"的格局，为"城市和农村两头小、小城镇发展中间大"的新格局（见图 6-4）。即变城乡镇失调的"枕头"形为城市、农村和小城镇平稳的"纺锤"形，变中间细为中间粗，变两端膨胀为中间壮大。

需要探讨如何使小城镇这一中间环节"变粗"的策略。从主观能动性角度来看，小城镇发展既要靠自己的资源整合能力，同时也离不开国家的外力支撑。从业态来看，小城镇有其自身特点，应实施既不同于城市也不同于农村的产业发展路子。从小城镇的长期竞争力提升来看，资源能力和经营素质具有基础性作用，培育很重要。此外，小城镇的发展还应是一个由小到大的过程，不仅是地域范围扩大，还应是功能扩大，服务项目扩大。为推进城市、农村和小城镇三位一体发展战略，我国有必要实施若干子战略，具体如图6-5所示。

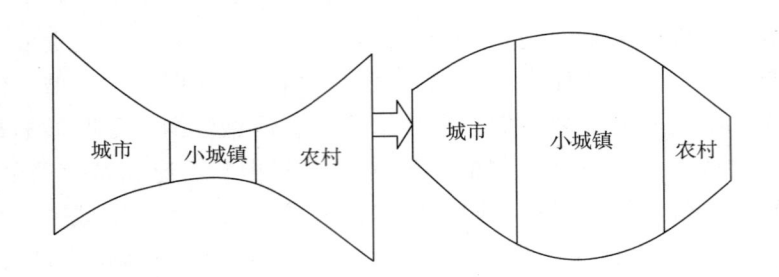

图6-4 城市、农村和小城镇三位一体化的发展

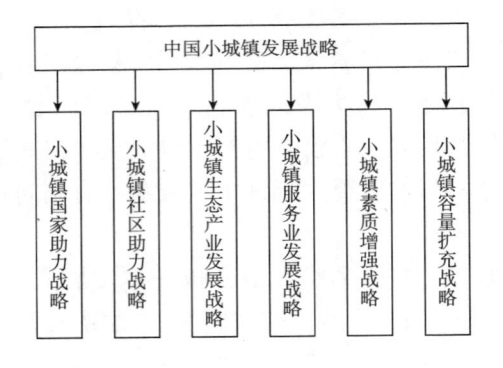

图6-5 中国小城镇发展战略

（1）小城镇国家助力战略。小城镇的功能主要是协调和服务城乡，严格意义上说，它既不归属于城市，也不归属于农村，它在为城市和农村的服务中获得自身的价值和发展。小城镇很少具有生产和制造功能。因为工业的规模化和分工化要求，偏远小城镇不适合大工业的发展。农业也不是小城镇的强项，尽管是其发展的依托。此外，小城镇提供的服务具有城乡发展的外部性，小城镇发展不好，对其自身影响事小，但对城市发展、农村发展，以及工业发展、农业发展影响深远。因而小城镇

的发展需要有国家的助力战略。国家应从工农业收入中拿出一些转移支付来支持小城镇建设。

（2）小城镇社区助力战略。要在小城镇中形成稳定的职业群体、消费群体和居民群体，这是小城镇持续稳定发展的重要基础。因而要加强小城镇的基础设施和社会文明建设，让小城镇具备越来越多的自我支持能力。变被动"为农村和城市服务"为"主动为农村和城市服务"。由于农村的分散和偏远，农村的许多行政功能也将集中在小城镇，因而小城镇的公共服务能力发展具有很大的空间。

（3）小城镇生态发展战略。很多小城镇在未来的发展中可望成为大城市的后花园。对生态水平要求高的产业将要依托小城镇才可能发展。就休闲业而言，农村生态旅游和特色旅游正越来越成为一些小城镇的支柱产业。就宜居而言，小城镇的房地产也能迎合一些城市居民的健康环境保护需求。工作在城市，居住在小城镇，早已在工业发达国家出现，也已经在中国的一些地区出现。

（4）小城镇服务产业发展战略。小城镇的主要功能在于协调城乡发展，因而围绕农村资源、要素和农产品，以及城市资源、要素和产品的生活服务业、生产服务业、公共服务业都有很大的发展余地。在某种程度上说，小城镇服务业发展只要紧紧抓住"城乡交流"这个关口，其商机就不会缺少，来自农村和城市的财富将会在这里汇集，小城镇没有贫困之理。

（5）小城镇素质增强战略。小城镇要变被动服务为主动服务，变不稳定的市场契机为稳定的商业合作，就必须建立起自己的经营能力，提高基础设施水平。小城镇要服务好农村，就必须有相对农村更加优化的要素资源基础，如人才、技术、资本和管理能力。小城镇要服务好城市，就必须有与城市对接的资源能力，因此，小城镇素质提升关系到小城镇服务水平的提升。

（6）小城镇容量扩充战略。小城镇服务能力提升、服务功能细化与其规模发展分不开。亚当·斯密说，分工来源于规模增长。就小城镇而言，其早期发展起来的粗线条服务与其服务规模和范围有限分不开。如果能够由小集市变成小集镇，小集镇再变成小城镇，小城镇变成小城市，小城镇就能在当地经济发展中担负起更大的责任。目前，我国的许多县城就是由曾经的小城镇发展而来的。

根据许毅等的观点，农村城镇化与农业生产方式的革命是互相促进的，两者不可偏废。工业、农业和城镇的发展是经济发展的同一个问题，是紧密联系、不可分割的三个有机组成部分，农业发展关系着经济全局；我国城市化的合理道路是区域型特大城市，大、中、小城市，小城镇协同发展，形成层次结构合理、功能互补的城市网络。笔者认为，农村城镇化、农业生产方式革命和工业生产方式转型是互相促进的关系，三者都不可偏废，工农业发展占据着启动全局的特殊地位。我国社会化的合理道路是全国特大城市，区域大、中、小城市，城乡接合部的小城镇和广大农村地区协调发展，形成层次结构合理、功能互补的空间网络。其中，小城镇起着承上启下、承前启后的跳板作用。

第三节　政府经营主导下的内外需逆关联效应及其综合治理

政府经营主导下的经济具有国家集中经营、供给主导、消费保障、需求有限满足、市场不相容、国际贸易不和谐和过剩危机转嫁的特征，极易出现"促出口目标不能实现，反而形成抑制出口的局面；促内需目标不能实现，反而出现压内需"的内外需逆关联效应。综合相关经济理论，有必要借鉴治水的原理。在投资疏导方面，实施积极的"排水"投资战略；在社会保障方面，实施积极的"保水"防护战略；在消费疏导方面，实施积极的"吸水"消费战略；在海外疏导方面，实施积极的"通水"贸易战略。

一　引言

政府是社会的核心治理者，政府的施政性质、组织结构、职能配置和价值导向对社会进步与经济发展起着决定性作用。近年来，人们普遍认为，服务型政府是现代政府改革的主要目标。但服务型政府本质上是后工业社会的治理模式。与服务型政府相对的则是经营型政府（或企业型政府）。如戴维·奥斯本和特德·盖布勒等国外学者主张将市场机制引入公共领域，注重成本效益分析，通过实行全面质量管理和绩效管理，使公共资源效用最大化；近年来发展起来的城市经营说也主张地方政府应该在资金筹措和城市功能培育方面有所作为。此外，还有干预型政府，认为政府是国家的代表。国家干预经济最有说服力的理由在于：如果没有国家，人们就不能卓有成效地相互协调，以实现他们的共同利益，尤其是不能为自己提供某些特定的公共产品。干预的不断加强会提高政府的干预收益，进而刺激政府干预的进一步加强。从经济学角度来看，服务型政府是自由市场主义者倡导的政府功能，干预型政府是国家干预主义者所倡导的政府角色，而经营型政府更多的是两者的结合。

中国政府被认为担当了经营型政府角色，从计划经济到当前国有企业主导的经济，在经济的各个部门，政府都体现了其强势经营地位。在许多领域，中国政府的公益性和经营性职能并重。比如农业技术推广是以政府为主体建立和发展起来的，长期按照政府投资、行政管理和各级政府所属农业技术推广机构具体承办的方式运作，政府包揽了公益性和经营性农业技术推广活动。那么，经营型政府有哪些特征和表现形式？中国的政府经营又有哪些成就和短板？基于扩大消费的视角，如何看待我国政府经营主导下的内外需关联逆效应并进行综合治理？以下笔者对此进行逐一分析。

二 政府经营主导及其内外需逆关联效应

（一）政府经营主导的含义及表现

政府主导在世界各国经济发展中都不可或缺。在政府主导的经济中，不一定所有部门都由政府主导，但政府一般在关系国计民生的关键性经济部门掌握了不同程度的剩余控制权，以投资为主导，带动基础设施、重点项目和重点行业的发展，以获得国民经济发展水平的整体提升。早年日本和韩国都采取了"政府主导型"的经济发展模式。当前，我国许多地方政府通过引进外部资本和发展本地资源来主导经济，政府除做成熟市场经济下政府应该做的事，比如提供制度和维护市场环境外，还通过制定非常明确的区域规划和发展战略来引导市场进入，特别是引导外部资源和企业家资源的进入。即以强势政府和有效行政为基础，以招商引资为手段，以土地换资金，以空间求发展。

尽管政府在各类经济中的主导作用都不可缺少，但在不同国家、部门、领域，政府主导作用发挥的范围、强度和具体表现是不同的。在市场经济条件比较好的国家、部门或者领域，政府的主导作用仅体现于提供公共产品和制度法规，但在大多数国家，尤其是发展中国家，在众多部门和领域，政府的主导作用更是由政策层面延伸到具体的经营层面。

后者即政府经营主导。比如美国宽带产业的发展,就是在政府主导下完成的。通过实施综合全面管理和财政政策,美国政府有效地降低了宽带发展门槛,使宽带产业取得了跨越性发展。又如1993年克林顿政府提出的"信息高速公路计划"和2008年奥巴马政府提出的"美国新能源政策"也是在政府主导下进行的,它们都不仅深刻地影响了美国当代的经济与社会发展,而且对国际经济的内外供需平衡也产生了深远影响。

（二）政府经营主导型经济的特征

综合已有文献和经验事实,本节概括出政府经营主导下经济的一般特征。

1. 国家经营的集中

在政府主导的经济或者部门中,初次分配的比重相对不大,二次分配占有较大比重。政府对收入分配的控制能力是国家经营集中的基础。通过掌握剩余分配权,政府能够先将大量财富掌握在自己手中,然后再进行投资或者转移支付。在政府主导下,全社会受控产业的比重也很大,产业对民营企业和外资企业的开放程度有限。目前尤其在服务业,许多服务部门因为社会和政治敏锐性,各国无论是对民营企业还是对外资企业都有严格限制,国家集中经营的色彩浓厚。

2. 经济发展的供给主导

政府通过国有部门主导投资,或者引导和刺激民营企业投资,能够带动生产供给的发展。而且政府的资本积累能力强,能够在较短的时间内发展起基础经济部门。以苏联为例,通过国家主导经济,苏联在一个非常贫穷落后的农业社会的基础上迅速地建设起重工业体系。

3. 需求满足的保障性

政府对于社会过度剩余供给可以采取生产剩余部分"一揽子"采购协议,让庞大的政府机构和人员消化,或者向社会弱势群体和落后地区进行转移支付,从而带动消费需求。还可以通过援外项目,消化本国的过剩产品。同时,可以通过各类消费刺激计划,如发放配套补贴,向全民推销产品。

4. 需求满足的有限性

在政府经营主导下,民营经济资本积累能力较差,要素收入分配水平较低。富了国有部门,但穷了私人部门。富了一部分特权阶层,但广大的民营阶层收入微薄。在少数人富多数人穷但多数穷人生产能力并不比富人差、富人收入消费弹性低于穷人的情况下，社会需求难以消化生产供给。需求难以满足的原因不在产品供给方面，而在可支配收入的可得性方面。

5. 与市场机制不相容

政府因为对市场的广泛参与、主导和干预，其配置资源的机制必然与市场机制相冲突。"一家独大"必定影响其他主体的平等参与，在以命令干预取代价格机制的情况下，公开、公平、公正的市场环境很难保证，企业自生能力难以形成，经济发展的比较优势难以实现。

6. 国际贸易的非和谐性

不同国家的政府从其不同党派、不同行政思维、不同集团利益出发，很难在利益上取得一致。经济政策受到选举和政党政治干预的例子在国际经济舞台上屡见不鲜。美国的经济政策经常受到政党政治的干扰，2010年2月，奥巴马就中美贸易和人民币汇率发出强硬表态，就是由于美国国内经济面临着一系列困境，需要通过打击中国来转移国内矛盾。每逢美国选举，各党派都要对中国进行责难，挑起经贸摩擦。

7. 转嫁过剩危机

马克思说，资本主义生产方式必然产生过剩危机。对于政府而言，它有非常强烈的动机将本国的过剩危机转嫁到别国。干预型经济不像纯市场经济，前者在出现经济波动时，首先需要找"替罪羊"，因而出现危机时频频拿别国说事。美国政府在2007年次贷危机爆发后，为推脱自己经济政策失误的责任，频频指责中国操纵汇率，就是在找借口，转嫁危机。

（三）应警惕经营型政府带来的经济发展内外需逆关联效应

在政府服务下，一个理想经济的内外关联目标是：对内调节经济，有效地促进内需增长；对外出口顺利，能够获得有效的国外需求。总结起来说，可以是"内调外顺促需求"，各国经济互动，良性运行。而政府经营主导容易产生的负面经济影响是：促出口目标不能实现，反而出现抑制出口的局面；促内需目标不能实现，反而出现压内需的情况。其结果是生产过剩，各国经济互动机制失效，各国都处于内外受压的不利形势之中，笔者称其为"内外需逆关联效应"。经营型政府之所以会产生这一逆关联效应，与其有限理性相关。诺斯认为，有限理性包括两个方面：一是经济环境是复杂的；二是人对环境的计算能力和认识能力是有限的，人不可能无所不知。威廉姆森认为，只要或者是不确定性或者是复杂性的存在达到了必要的程度，有限理性就会产生。逆关联效应也与政府目标的短期性有关。任何一届政府都有任期的限制，政府也是理性人。逆关联效应更与政绩导向和拉选票有关。

另外，国际因素也是逆关联效应产生的重要原因。在国内矛盾激化时，政府有拿外国做替罪羊、转移本国视线的倾向。

国内经济一般由成熟的政府进行强有力的协调，这种协调自国家诞生起已经有几千年的历史。但即使从第一次世界大战后的联大算起，国家之间的国际经济协调和世界范围内的经济协调只有不到100年的历史。国际协调的区域、范围、难度较国内大，但操作的经验却远逊于后者。在全球化的今天，内外需逆关联效应值得世界各国关注。

三 我国政府经营主导经济的主要特征及其内外需逆关联效应的主要表现

（一）我国政府经营主导经济的主要特征

我国央行公布的统计数据显示，"政府存款"项目下的资金额从1999年的1785亿元上升到2008年国际金融危机爆发时的16963.84亿元，猛增了8.5倍。20年来，在劳动报酬和居民储蓄所占比重越来越小的同时，政府储蓄率却在节节攀升，政府预算内财政收入占GDP的比重从1999年的10.95%升至2008年的20.57%，若加上预算外收入、政府土地出让收入以及中央和地方国有企业每年的未分配利润，政府的大预算收入几乎占国民收入的30%。我国经济的政府主导型特征较美国更加明显，主要体现于以下六个方面。

（1）国家经营特征明显。我国分配和投资集中于政府。国内生产总值首次分配中用于居民个人收入的比重不高。据中华全国总工会的数据，中国居民劳动报酬占GDP的比重22年间下降了近20个百分点。

（2）经济发展依靠投资驱动，经营型明显。改革开放以来，我国的经济发展长期依赖政府投资驱动，对经济供给形成了巨大的压力。但是，我国经济30多年来之所以有平稳快速的发展，在包括亚洲金融危机和国际金融危机在内的历次金融危机中之所以表现相对平稳，政府主导投资功不可没。

（3）政府对消费的保障作用明显。近年来，我国通过家电下乡等农村消费刺激政策、信用卡工程、消费信贷，以及城市消费补贴项目，客观上起到了拉动的消费作用。2009年，全国家电下乡产品销售3450万件，销售金额 647 亿元，累计发放补贴资金 75.4 亿元，有效地刺激了农村消费。我国对城市消费的补贴分为"明补"和"暗补"，前者包括发放消费券、提供免费服务项目等。比如广东亚运会期间，发放公交补贴、上网免费等惠民政策。后者主要是我国政府财政补贴性支出，主要是用于粮棉油、储备糖、肉食以及其他产品的价格补贴，受益者主要是城镇居民。

（4）消费扩张乏力。1952—2003 年，居民消费支出比重始终高于资本形成总额比重，但比重差距在不断缩小。从 2004 年起，资本形成总额比重开始高于居民消费支出比重，并且比重差距在不断扩大。因为消费不足，目前我国产品过剩风险累积严重。

（5）市场机制不够健全。我国在许多基础性行业由国有企业垄断经营，政府经济运行的自律性差，符合经营型政府的市场机制损害特征。市场机制的损坏导致政府调节经济的压力增大和担子加重，目前政府在处理由经济问题而引发的社会事件方面已经不堪重负。

（6）面临贸易摩擦、出口受阻的严峻形势。由于实施投资拉动增长的经济发展模式，以积累来牺牲消费，导致内需不足，大量的产能必须通过外需来消化。过去十几年来，美国对中国的贸易逆差增长了 4 倍，中国在 2000 年后取代日本成为对美国享有最大贸易顺差的国家，对美国的贸易顺差成为中美贸易摩擦的一个重要因素。

（二）内外需逆关联效应在我国的主要表现

政府主导对我国经济造成了典型的内外需逆关联效应。在投资方面，我国投资增速远高于消费增速，从生产方面加重了产品过剩危机。在经营方面，政府垄断经营导致垄断产品高价，民营企业过度竞争导致产品低价，财富向国有企业、政府倾斜，国家整体消费不足，从消费方面导致产品严重过剩。在出口方面，因为低价竞争损害了国外的就业机会而引致国外的贸易保护，以及国际贸易中的保守主义重新抬头，许多中国需要的高技术产品或者要价过高，或者禁止供应中国而引致中国对国外的需求不足，两种引致效应加剧了国内外贸易的不平衡，中国产品出口的出海通道受阻，从而加重了产品过剩。投资、消费和出口三个方面都导致了中国经济的内外需逆关联效应，其中尤以消费的逆关联效应为最。改革开放以来，我国的投资需求占总需求的比重保持了相对平衡的态势，基本维持在 30%—40%，但是，消费需求比重呈下降趋势，特别是进入 21 世纪以来，消费需求比重快速下降。

四 我国内外需逆关联效应的综合治理

(一) 内外需逆关联效应的治理机制

为了纠正和转换这种逆效应，有必要探讨逆关联效应的形成机制。内外供给、内外需求互相促进的良性机制如同有效的治水机制。当河水从一国上游奔流而下时，该国中下游应有足够多的河流疏导，足够多的森林吸纳，足够坚固的土壤容纳，有更充分的出海通道来排解。出海通道将一国河水导入别国海域。本国河流、土壤、森林对本国洪水的吸纳相当于内需实现，水流出海相当于外需实现（见图 6-6）。在很多情况下，一国的河水还不需要经由出海口疏导就能被本国的河流、土壤和森林吸纳。这相当于一国的生产供给能够被内需所消化。而内外需逆关联效应的形成机制则好比过大的洪水奔流而下，现有的河流无法疏导洪水，现有的土壤没有足够的空间容纳洪水，现有的树木没有足够的数量和足够的能力吸纳洪水，现有的出海口堵塞或者泄洪有限。剩余产品就好比这个洪水，树木数量就好比消费者的数量，树木吸纳水分的能力就好比消费者的消费能力，出海通道就好比外贸能力。产品过剩危机如同爆发的滔滔洪涝灾难。国内消费不足、供给过剩如同洪水累积，出口不足、产品积压如同出海口水流不畅。各国为了转嫁危机，纷纷采取降低税率，或者增加出口补贴等手段，刺激出口。其结果是造成倾销，如同内涝增加。由内涝造成出海口的关闭相当于各国采取反倾销手段，或者实施贸易保护主义，保护本国产业。各国都想从危机中解脱，但是，无论是国内生产部门还是国际生产部门，在原有的内外关联机制被破坏后，谁都不能从危机中解脱。

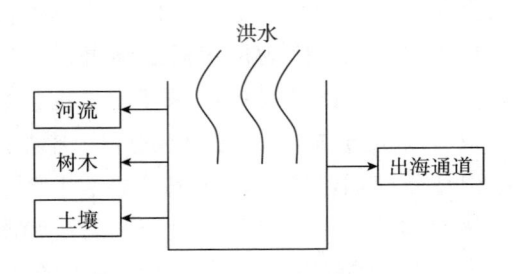

图 6-6 有效的治水机制

为化解由经营型主导所引致的内外需逆关联效应，有必要借鉴治水的原理，实施积极的经济"治水"战略，挤掉由供给过度和内外需不足而形成的经济泡沫。面对产品过剩的严重"洪涝"效应,从经济长期、有效和可持续发展的角度来看,我国有必要实施积极的化解内外需不足的"治水"策略。目前的过剩危机是系统性风险,需要多管齐下,群防群治。

(二) 内外需逆关联效应的综合治理措施

1. 在投资疏导方面,实施积极的"排水"战略

要通过实施"排水"战略,从根本上理顺我国产品供给的经济结构,以便首先从供给的源头上不给过剩风险留下存在的空间。

(1) 实施国民均等投资战略。投资主体多元化能够带动产业生产的多样性,并发挥好各类资本的创新潜力,从而避免因产业结构不合理而造成的产品结构性过剩和创新乏力。此外,投资主体多元化是实现工业文明共享的重要机制,能够使不同成分的资本所有者都能获得资本收益和要素报酬。

(2) 实施地区平衡投资战略。实施地区平衡投资战略能够有效防止一个地区生产过多、分配过多而其他地区生产不足、消费不足的问题。在经济全球化时代,通过物流系统,尽管一个地区可以不生产就能获得产品供给,但就劳动机会的获得及劳动力的流动而言,其配置的弹性总是有限的。

(3) 实施领域开放投资战略。在洪水的治理中,不能仅仅开通一些河流,而另一些河流则封闭起来。如果人为地封闭一些投资领域,则会使整体经济的就业机会创造潜力、收入创造潜力不能发挥出来。受到限制的领域本来可以吸收大量过剩资本,其资本回报率也高,对国民经济能够做出更大贡献。

2. 在社会保障方面,实施积极的"保水"战略

我国在投资安全和消费安全方面已经出台了不少举措,但其功效与人民群众放心投资、放心消费仍有距离。要通过"保水"战略的实施,使我国经济发展的过程少留溢出漏洞,改善经济绩效。比如农民把钱藏起来,不敢花、不投资、不消费,从微观经济学角度来看,就是一种经济的漏出现象。

(1) 实施投资安全战略。在产品剩余治理中,要充分发展产业预警机制,建设产业监控能力,加强质量安全检测。质量安全工作能够将不安全的产品排除在市场之外,产品过剩在很多情况下都与次品泛滥有关,

如果没有标准和质量限制，大量小规模、不达标的企业将会出现，甚至以假冒伪劣产品充斥市场。产品过剩与产业预警机制不健全有关，往往在市场价格高时，企业一窝蜂上项目，或者盲目增产扩容，而没有考虑到未来总体的市场规模。

（2）实施消费安全战略。为促进消费，需要实施无后顾之忧的消费安全战略。水灾泛滥要靠土壤和树木吸收才能平息。而要保证土壤和树木吸收有效就必须建设好护堤和水坝。收入增加并不必然带来消费，根据生命周期假说和持久收入假说，只有让消费者有未来的安全感时，他们才敢在当前消费。因而确保疾病、灾难和其他各种风险预防的社会保障设施建设对于提振消费十分重要。

3. 在消费疏导方面，实施积极的"吸水"战略

"吸水"战略是我国防治产品过剩的根本，应从收入多样化、收入总量、消费者发展、消费促进方面大力提高国民的消费能力和素质，以使我国经济从最终需求角度消除过剩风险存在的可能空间。

（1）实施提高收入比例战略。经济发展后，财富分配要更多地向劳动者报酬和消费倾斜，提高国民对剩余产品的消费能力。在国民财富的分配中，投资增加的比重归根结底决定于收入分配的比重。对于发展中国家而言，可能在早期通过更多的投资积累和更少的消费能够促进增长，因为这时的剩余产品被出口部门所消化，但是，从长期来看，必定引起贸易摩擦，使出口难以为继，因而提高国内消费比重是其进一步增长的必由之路。

（2）实施多数人富起来的收入普惠战略。让少数人富，不如让多数人的收入均等。大多数过剩产品都属于一般用品，这类产品在人均 GDP 不是很高时，有着较好的收入消费弹性，往往收入稍微增加后就能带来较大的消费增长效应。相反，对于富人而言，其收入消费弹性不高，因而增加富人收入无助于解决产品过剩问题。

（3）实施人素质发展的分配促进战略。要消化更多的投资，还需要积极引导资本向高技术部门和创新型产业发展。高技术部门和创新型产业往往会创造社会的新需求，对于新产品和新服务，社会供给往往不够，还有充分的社会需求未满足。为获得技术进步和产业创新，人的进步非常重要，唯有素质提高了，经营者和劳动者才能在生产方面创造更多的新产品和新服务。同时，也只有人的素质提高了，消费者对新产品和新

服务的需求才更可能实现。

4. 在贸易疏导方面，实施积极的"通水"战略

从当前的情形来看，各国应将"通水"战略作为化解过剩危机的一个重要机制来看待，照顾彼此所需，合作则"双赢"，保守则双输。此外，随着经济全球化时代的到来，一个国家的经济越来越不再是一个国家的内部经济，一个国家的问题也越来越不再是一个国家的内部问题。要真正解决产品过剩危机，提振内外需，国际合作机制还有待于加强。"通水"战略是在经济全球化时代各国经济发展的必由之路，各国应通过为世界生产、为世界消费来构筑全球经济新秩序。

（1）实施"人无我有"的出口创新战略。通过向已经过剩的国家倾销来转嫁过剩危机往往不能解决一个国家的经济问题，只会引起贸易摩擦。产品倾销往往是生产过剩、低质竞争的结果，往往演变成贸易双方工作机会创造的此消彼长，即使一方赢了，另一方很可能因为失利而导致社会不稳定。为了维护社会稳定，贸易保护政策就会抬头，从而导致贸易双方互有损失。因而在国际贸易拓展中应通过创新产品，创新需求，尽量瞄准贸易对象国产品生产的空档。国家之间有要素禀赋的差异，我国的剩余产品完全可能是另一个国家没有满足的消费。

（2）实施"你中有我"的贸易均等战略。只有在投资中实施"你中有我"的战略，才可能在消费中实现"我中有你"的目标。换句话说，只有能够让别国投资，让别国消费，让别国发展、本国的投资、本国的消费，本国的发展才可能实现。贸易均等原则很早以前就被提出，但因为近视和为了局部利益，这一贸易的基本原则经常被违背。正如中国领导人在第五届亚太经合组织人力资源开发部长级会议讲话所言，在经济全球化深入发展的今天，要推动世界经济可持续增长、有效应对世界经济面临的风险和挑战，各国各地区必须加强交流合作，协力解决经济发展中的深层次、结构性问题。实现包容性增长，切实解决经济发展中出现的社会问题，为推进贸易和投资自由化、实现经济长远发展奠定坚实社会基础。实现包容性增长，根本目的是让经济全球化和经济发展成果惠及所有国家和地区，惠及所有人群，在可持续发展中实现经济社会协调发展。

参考文献

[美]埃比尼泽·霍华德：《明日的田园城市》，商务印书馆 2006 年版。

[德]阿尔弗雷德·韦伯：《工业区位论》，商务印书馆 1997 年版。

安果：《新型工业化的现实基础：用信息技术改造传统产业》，《经济与管理研究》2004 年第 2 期。

安同良、施浩：《中国制造业企业 R&D 行为模式的观测与实证》，《经济研究》2006 年第 2 期。

[美]奥尔森：《集体行动的逻辑》，陈郁等译，上海三联书店、上海人民出版社 1995 年版。

[美]保罗·克鲁格曼：《地理和贸易》，北京大学出版社 2000 年版。

蔡昉：《中国劳动力市场发育与就业变化》，《经济研究》2007 年第 7 期。

程美东：《突发事件的应对与和谐社会的构建》，《马克思主义研究》2008 年第 3 期。

陈铭：《现阶段大学生"只毕业不就业"的原因分析》，《科教文汇》2007 年第 9 期。

陈万日：《鞋机业生意依然红火但利润率下降》，《北京皮革》2005 年第 6 期。

陈宪、程大中：《中国服务经济报告（2005）》，经济管理出版社 2005 年版。

[美]戴维·奥斯本、特德·盖布勒：《改革政府——企业家精神如何改革着公营部门》，上海译文出版社 1996 年版。

[美]戴维·奥斯本、彼德·普拉斯特里克：《摒弃官僚制》，中国人民大学出版社 2000 年版。

杜辉、胡健：《经济转型期的产业断层危机》，《当代经济科学》2001

年第 9 期。

杜润生：《中国农村制度变迁》，四川人民出版社 2003 年版。

段进军：《健康城镇化是推动统筹城乡发展的动力》，《改革》2009 年第 5 期。

方鸿：《财政补贴性支出对城镇居民消费的影响——基于省级面板数据的实证研究》，《发展研究》2010 年第 2 期。

郝亚明：《我国国有商业银行发展个人金融业务的思考》，《内蒙古科技与经济》2005 年第 6 期。

黄立军：《农村剩余劳动力良性转移的制度基础》，《农村经济》2005 年第 1 期。

黄清燕：《加工贸易新政生效保证金台账实转增大企业压力》，《财经周刊》2007 年 6 月 20 日。

黄亚生：《经济增长中的软硬基础设施比较：中国应不应该向印度学习》，《世界经济与政治》2005 年第 1 期。

费孝通：《农村、小城镇、区域发展：我的社区研究历程的再回顾》，《北京大学学报》（哲学社会科学版）1995 年第 2 期。

费孝通：《谈西部人文资源的开发、保护和利用问题》，《文艺研究》2000 年第 4 期。

费孝通：《人文资源在西部大开发中的作用和意义》，《文艺研究》2001 年第 2 期。

［美］福克纳：《美国经济史》上卷，商务印书馆 1964 年版。

高山：《金融创新、金融风险与中国金融监管模式》，《广东金融学院学报》2009 年第 3 期。

广东省发展和改革委员会：《关于落实我省"十一五"节能目标的调查研究报告》，《广东发展动态》2007 年第 5 期。

关秀丽：《改善中美贸易失衡的几点认识》，《宏观经济管理》2010 年第 8 期。

高寅：《我国内需结构变迁路径及展望研究》，《安徽工业大学学报》2009 年第 11 期。

古小松：《2010 年越南国情报告》，社会科学文献出版社 2010 年版。

顾乃华：《生产服务业、内生比较优势与经济增长：理论与实证分析》，《商业经济与管理》2005 年第 4 期。

郭秀丽：《内蒙古人文资源开发利用目标及机理解析》，《理论研究》2005年第2期。

何德旭：《中国服务业发展报告：中国服务业体制改革与创新》，社会科学文献出版社2007年版。

洪银兴：《工业和城市反哺农业、农村的路径研究》，《经济研究》2007年第8期。

杭永宝：《中国教育对经济增长贡献率分类测算及其相关分析》，《教育研究》2007年第2期。

郝克明、马陆亭：《关于培养高素质创新人才的探讨——高新技术企业人才素质和培养模式调研报告》，《教育研究》2007年第6期。

霍司马：《全球化短缺》，《二十一世纪经济报道》2005年3月10日第5版。

侯学钢：《上海城市功能转变和生产服务业的软化》，《上海经济研究》1998年第8期。

胡鞍钢等：《扩大就业与挑战失业》，中国劳动社会保障出版社2002年版。

胡鞍钢、胡联合等：《转型与稳定：中国如何长治久安》，人民出版社2005年版。

胡军、向吉英：《转型中的劳动密集型产业：工业化、结构调整与加入WTO》，《中国工业经济》2000年第6期。

姜超峰：《美国物流业考察报告》，《中国物资流通》1997年第3期。

姜鹏：《国际间统一银行监管形成、缺陷及进展》，《广东金融学院学报》2009年第3期。

江小涓等：《中国经济的开放与增长（1980—2005）》，人民出版社2007年版。

江小涓：《服务全球化的发展趋势和理论分析》，《经济研究》2008年第2期。

［英］康芒斯：《制度经济学》，商务印书馆1962年版。

柯武刚、史漫飞：《制度经济学》，商务印书馆2001年版。

雷蔚真：《中、日、韩网吧发展初步对比研究》，《中国工业经济》2004年第2期。

李光才：《试论开征人文资源保护税的可行性和必要性》，《求索》

1996 年第 5 期。

李货晨：《浅析我国商业银行个人金融业务的发展》，《金融观察》2005 年第 4 期。

李嘉陵：《房地产业界说及房地产统计》，《重庆工业管理学院学报》1995 年第 2 期。

李江帆：《广东第三产业发展特征及其启示》，《南方经济》2003 年第 4 期。

李江帆、毕斗斗：《国外生产服务业研究述评》，《外国经济与管理》2004 年第 11 期。

李迎生：《转型时期的社会政策：问题与选择》，中国人民大学出版社 2007 年版。

李永：《人民币汇率背后的美国全球经济战略分析》，《国际贸易》2010 年第 10 期。

林柯、火召前：《农村土地使用权流转对农业产业化发展的影响》，《贵州社会科学》2008 年第 2 期。

林毅夫：《中国经济专题》，北京大学出版社 2008 年版。

刘冠生、宋燕华、马健：《我国城乡互动发展思想的流变》，《山东理工大学学报》2009 年第 7 期。

刘家顺：《基于可持续发展的资源战略管理机制研究》，博士学位论文，天津大学，2008 年。

刘金贺等：《2010 年下半年中国经济展望》，《当代经理人》2010 年第 7 期。

刘丽：《论高等学校解决大学生就业问题的有效途径》，《黑龙江高教研究》2007 年第 3 期。

刘乃全、孙海鸣：《上海产业结构、人口、就业的互动关系研究》，《财经研究》2003 年第 1 期。

刘平：《物流企业分类与评估国家标准批准发布》，《中国物流与采购》2005 年第 10 期。

刘小玄：《中国工业企业的所有制结构对效率差异的影响》，《经济研究》2000 年第 2 期。

刘湘云等：《中小企业融资力差异与融资制度创新次序》，《财经研究》2003 年第 8 期。

刘顺忠：《知识密集型服务业在创新系统中作用机理研究》，《管理评论》2004年第3期。

刘志彪、陆国庆：《衰退产业及其调整问题研究》，《学术月刊》2002年第7期。

[美] 迈克尔·波特：《国家竞争优势》，李明轩、邱如美译，华夏出版社2002年版。

苗丽静：《人文资源对经济发展的作用》，《中国软科学》2000年第1期。

陆大道等：《中国区域发展报告——城镇化进程与空间扩张》，商务印书馆2007年版。

陆国庆：《论衰退产业调整模式》，《学习与探索》2001年第1期。

陆学艺：《三农论》，社会科学文献出版社2002年版。

骆月亮：《我国排污权交易的立法思考》，硕士学位论文，湖南师范大学，2005年。

马洪潮、张屹山：《国外行为经济理论模式综述》，《经济学动态》2002年第9期。

马晓旭：《家电下乡政策对农村可持续发展的影响》，《价格理论与实践》2010年第7期。

鸣沙：《如何加快后勤服务社会化进程》，《中国机关后勤》2001年第9期。

彭德兵：《中山重点发展制造业，鞋机业迎来机遇》，《北京皮革》2005年第7期。

彭敬：《促进后向联系：跨国企业与当地供应商的发展》，《国际经贸探索》2004年第1期。

沈满洪：《环境经济手段》，中国环境科学出版社2004年版。

施锡铨：《博弈论》，上海财经大学出版社2000年版。

施雪华：《"服务型政府"的基本涵义、理论基础和建构条件》，《社会科学》2010年第2期。

史忠良、何维达：《产业兴衰与转化规律》，经济管理出版社2004年版。

史绍文：《试论保险业在构建社会主义和谐社会中的功能和作用》，《青海金融》2005年第5期。

孙爱萍、娄承、刘克雨：《能源城市休斯敦经济发展之路》，《国际石油经济》2004年第7期。

孙开：《专项转移支付现状考察与管理方式优化》，《财政研究》2010年第8期。

孙覃玥：《论所有制结构的经济增长效应与收入分配效应——以苏南模式和温州模式为例的实证研究》，《江海学刊》2010年第4期。

谭炜、马士华：《第三方物流企业运作模式分类与特征研究》，《物流技术》2005年第5期。

唐灿、冯小双：《减少资源浪费和治理环境污染需重振城市废品回收业》，《再生资源研究》1999年第6期。

唐彦林：《奥巴马政府能源新政背景下的中美能源合作》，《世界经济与政治》2009年第5期。

［美］威廉姆森：《反托拉斯经济学》，张群群、黄涛译，经济科学出版社1999年版。

王昌林等：《我国高技术产业发展现状与问题》，《中国高科技统计年鉴（2001）》，中国统计出版社2002年版。

王春光：《新生代农民工的社会认同与城乡融合之间的关系》，《社会学研究》2001年第3期。

王春光：《农民工：一个正在崛起的新工人阶层》，《社会学研究》2008年第6期。

王国顺、周勇、汤捷：《交易、治理与经济效率——O. E. 威廉姆森交易成本经济学》，中国经济出版社2005年版。

王海龙：《中国民营经济发展存在的问题及对策》，《社会科学战线》2009年第6期。

王菊：《资源依附与高等学校发展定位的类型选择——从社会学的角度看我国高等学校发展定位问题》，《清华大学教育研究》2007年第6期。

王梦奎：《关于"十一五"规划和2020年远景目标的若干问题》，《管理世界》2005年第2期。

王少斌：《从生产资料流通谈生产服务业的创新发展》，《商业研究》2010年第9期。

王胜利、李秉龙：《乡镇企业资本密集型增长及其对农民收入的影响分析》,《中国农业大学学报》(社会科学版) 2004 年第 3 期。

王小映:《我国农地转用中的土地收益分配实证研究》,《管理世界》2006 年第 5 期。

王玉明:《企业型政府与公共经营管理》,《广东行政学院学报》2004 年第 6 期。

王玉明:《公共经营及其制度安排——企业型政府理论的视角》,《理论与现代化》2010 年第 2 期。

王志强、刘波:《如何增强公路客运企业竞争力》,《交通企业管理》2005 年第 6 期。

魏建新:《标杆管理在钢铁企业节能中的应用》,《中国冶金》2005 年第 2 期。

吴春梅:《公益性农技推广中的产业化经营与政府主导型市场运行机制研究》,《科学管理研究》2003 年第 2 期。

武力、温锐:《1949 年以来中国工业化的轻、重之辨》,《经济研究》2006 年第 9 期。

伍世安:《改革和完善我国排污收费制度的探讨》,《财贸经济》2007 年第 8 期。

熊学华:《中国消费率和投资率的合理性判断(1978—2005)》,《广东金融学院学报》2008 年第 1 期。

晓耕:《中国典当业在尴尬中舞蹈》,《时代经贸》2004 年第 8 期。

谢秀芳、钱阔:《纵论我国自然资源的可计算》,《经济研究》1994 年第 12 期。

谢作诗、杨克瑞:《大学生就业难问题探析》,《教育研究》2007 年第 4 期。

徐学军:《助推新世纪的经济腾飞,中国生产服务业巡礼》,科学出版社 2008 年版。

许经勇:《城乡户籍制度下的农村城镇化与"农民工"》,《财经研究》2003 年第 12 期。

许毅、柳文:《农业产业化与城镇化的几个问题》,《中南财经政法大学学报》2004 年第 1 期。

杨建文:《产业经济学》,学林出版社 2004 年版。

姚洋、章奇:《中国工业企业技术效率分析》,《经济研究》2001 年第 10 期。

喻春娇等：《后向产业联系与外商直接投资的技术外溢研究》，《湖北社会科学》2004 年第 10 期。

郁聪、康艳兵：《国内外节能政策的回顾及强化我国节能政策的建议》，《中国能源》2003 年第 10 期。

袁治平等：《我国城市绿色交通物流系统的构建及解析》，《生态经济》2001 年第 1 期。

［美］约翰·克劳什维根：《交易成本经济学及其超越》，上海财经大学出版社 2002 年版。

詹春强：《论新建本科院校的办学类型定位》，《现代教育科学》2007 年第 4 期。

张璟：《政府干预、关系型贷款与干预陷阱》，《世界经济》2006 年第 9 期。

赵勇：《城乡良性互动战略》，商务印书馆 2004 年版。

郑北雁：《战后日本产业结构理论发展摘要》，《日本学论坛》2000 年第 1 期。

郑亚男：《自愿性环境管理理论与实践研究》，武汉理工大学出版社 2004 年版。

钟田丽：《中小企业融资市场失灵的原因及对策》，《财经问题研究》2003 年第 2 期。

钟荣魁：《社会发展的趋势是城市化不是城乡一体化》，《城市问题》1994 年第 4 期。

周凌霄、王新华、陈军：《企业研究》，《跨国战略联盟对中国企业国际化经营的借鉴》2002 年第 3 期。

周牧之：《中国经济论》，人民出版社 2008 年版。

周天勇、张弥：《就业：势态分析、根本出路与中长期方案》，《中国人口科学》2003 年第 4 期。

周维富：《如何面对重化工业时代的来临》，《中国经贸导刊》2005 年第 2 期。

周勇：《中国城市化进程中的非农人口转化与产业转化的均衡调整》，《学术研究》2008 年第 9 期。

周勇：《广东重化工业节能减排问题研究》，《中国科技论坛》2008

年第 8 期。

周勇：《要素角度的产业划分》，《当代财经》2006 年第 3 期。

周振华：《城市转型与服务经济发展》，上海人民出版社 2009 年版。

周志雄：《农村土地市场化的改革走向》，《河北学刊》2007 年第 7 期。

张海洋：《R&D 两面性/外资活动与中国工业企业生产率增长》，《经济研究》2005 年第 5 期。

张建国：《中国居民劳动报酬占 GDP 比重连降 22 年》，《新京报》2010 年 5 月 12 日。

张景玲：《我国排污权交易实施和研究进展》，《兰州大学学报》（社会科学版）2007 年第 5 期。

张景奇：《战略联盟与我国企业国际化经营进入方式的选择》，《商业研究》2002 年第 12 期。

张沛：《政府主导，巨资推动——美国宽带发展战略分析》，《通讯世界》2009 年第 21 期。

张平：《基于合作的中药国际化战略思考》，《科学学与科学技术管理》2006 年第 1 期。

张强、赵万里：《大学生就业难的原因、社会影响及解决对策》，《辽宁教育研究》2007 年第 4 期。

张帏、高建：《斯坦福大学创业教育体系和特点的研究》，《科学学与科学技术管理》2006 年第 9 期。

张延锋、刘益、李垣：《国内外战略联盟理论研究评述》，《南开管理评论》2002 年 2 月。

祝志勇：《统筹城乡发展中农村土地流转的多边利益平衡问题思考》，《探索》2008 年第 1 期。

中共重庆市委党校统筹城乡发展研究中心：《我国工业化进程中的农村土地流转》，《探索》2008 年第 3 期。

中国经济增长与宏观稳定课题组：《劳动力供给效应与中国经济增长路径转换》，《经济研究》2007 年第 10 期。

朱锋：《中方回应美强硬表态：望双方相向而行》，《新京报》2010 年 2 月 5 日。

朱力：《突发事件的概念、要素与类型》，《南京社会科学》2007 年第 11 期。

朱全涛:《心理经济学若干学术思想述评》,《经济学动态》2001 年第 10 期。

朱欣民、[英] David Shaw:《欧盟产业衰落区域的综合治理——英国默西郡案例研究》,西南财经大学出版社 2001 年版。

Abdul Ali, Robert Krapfel Jr. and Douglas La Bahn, "Market Flow", *Journal of Product Innovation Management*, Vol. 12, No. 1, January 1995, pp. 54 – 69.

Adele Bergin and Ide Kearney, "Human Capital Accumulation in an Open Labour Market: Ireland in the 1990s", *Economic Modelling*, Vol. 24, No. 2, June 2007, pp. 839 – 858.

Akojee, S., *Private Further Education and Training in South Africa: The Changing Landscape*, HSRC Press, Cape Town [available from (http://www. hsrcpress. ac. 3a)], 2004.

Adriana Kugler and Giovanni Pica, "Effects of Employment Protection on Worker and Job Flows: Evidence from the 1990 Italian Reform", *Labour Economics*, Vol. 15, No. 2, January 2007, p. 32.

Alberini, A. and Segerson, K., "Assessing Voluntary Programs to Improve Environmental Quality", *Environmental and Resource Economics*, No. 22, June 2002, pp. 157 – 184.

Amacher, G. S. and Malik, A. S., "Instruments Choice When Regulators and Firms Bargain", *Journal of Environmental Economics and Management*, Vol. 35, No. 2, June 1998, pp. 225 – 241.

Antle, J., "Economic Analysis of Food Safety". In B. Gardner and G. Rausser eds., *Handbook of Agricultural Economics*, Vol. 28, No. 2, June 1998, pp. 152 – 178.

Arora, S. and Gangopadhyay, S., "Toward a Theoretical Model of Voluntary Overcompliance", *Journal of Economic Behaviour and Organisation*, Vol. 28, No. 2, June 1995, pp. 289 – 309.

Arora, Seema and Timothy Cason, "Why do Firms Volunteer to Exceed Environmental Regulations? Understanding Participation in the EPA's 33/50 Program", *Land Economics*, Vol. 72, No. 4, June 1996, pp. 413 – 432.

Pashigian B. Peter, "Environmental Regulation: Whose Self - Interests Are Being Protected?", *Economic Inquiry*, Vol. 23, October 1985, pp. 551 - 584.

Baden - Fuller, C. and Stopford, J., "Globalization Frustrated", *Strategic Management Journal*, Vol. 12, No. 2, June 1991, pp. 493 - 507.

Barde, J. Ph., "Environmental Policy and Instruments", in Folmer, H., Gabel, L. H. and Opschoor, H. eds., *Principles of Environmental and Resource Economics*, Edward Elgar, London, 1995, pp. 201 - 227.

Barney, J. B., "Strategic Factor Markets: Expectations, Luck, and Business Strategy", *Management Science*, Vol. 32, No. 1, June 1986a, pp. 1231 - 1241.

Barney, J. B., "Organizational Culture: Can It be a Source of Sustained Competitive Advantage?", *Academy of Management Review*, Vol. 32, No. 1, June 1986b, pp. 1231 - 1241.

Bartel, Ann P. and Lacy Glenn Thomas, "Predation through Regulation: The Wage and Profit Effects of the Occupational Safety and Health Administration and the Environmental Protection Agency", *Journal of Law and Economics*, Vol. 30, 1987, pp. 239 - 264.

Barney, J., "Firm Resources and Sustained Competitive Advantage", *Journal of Management*, Vol. 17, No. 1, June 1991, pp. 99 - 120.

Barney, J., "Firm Resources and Sustained Competitive Advantage", *Journal of Management*, 1998, 17 (1), pp. 99 - 120.

Bartlett, C. A. and Ghoshal, S., "Going Global: Lessons from Late Movers", *Harvard Business Review*, Vol. 78, No. 2, June 2000, pp. 133 - 142.

Barney, J., "Is the Resource - based 'View' a Useful Perspective for Strategic Management Research? Yes", *Academic of Management Review*, Vol. 2, No. 1, January 2001, pp. 41 - 56.

Beata K. Smarzynska, "Does Foreign Direct Investment Increase the Productivity of Domestic Firms. In Search of Spillovers through Backward Linkages", *World Bank Policy Research Working*, Vol. 12, No. 2, June 2002, pp. 29 - 23.

Blanchflowe, D. G. and Levine, P. B., "Discrimination in the Small Business Credit Market", *Review of Economics and Statistics*, Vol. 85, No. 4, Nov. 2003, pp. 930 – 943.

Bogner, W. and Thomas, H., "The Role of Competitive Groups in Strategy Formulation: A Dynamic Integration of Two Competing Models", *Journal of Management Studies*, Vol. 30, No. 2, June 1993, pp. 51 – 68.

Bogner, W., Thomas, H. and McGee, J., "A Longitudinal Study of the Competitive Positions and Entry Paths of European Firms in the U. S. Pharmaceutical Market", *Strategic Management Journal*, Vol. 15, No. 2, June 1996, p. 45.

Borjas, G., "The Labour Demand Curve is Downward Sloping: Re – examining the Impact of Immigration on the Labor Market", *Quarterly Journal of Economics*, Vol. 15, No. 2, November 2003, p. 32.

Bruce M. Owen and A. Giroud, "Transnational Corporations, Technology and Economic Development: Backward Linkages and Knowledge Transfer in South East Asia, Edward Elgar, Cheltenham", *Journal of Asian Economics*, Vol. 17, No. 2, June 2006, pp. 189 – 191.

Carolyn Petersen, "Educating and Training out of Poverty? Adult Provision and the Informal Sector in Fishing Communities, South Africa", *International Journal of Educational Development*, Vol. 27, No. 2, June 2007, pp. 446 – 457.

Chie I. Guchi, "Backward Linkages and Knowledge Creation", *Regional and Institutional Analysis*1 *EAMSA 20th Annual Meeting*, 2003.

Child, J. and Rodrigues, S. B., "The Internationalization of Chinese Firms: A Case for Theoretical Extension?", *Management and Organization Review*, Vol. 1, No. 2, June 2005, pp. 381 – 418.

Coase, "The Federal Communications Commission", *J. Econ. Hist*, Vol. 12, No. 3, June 1959, pp. 1 – 40.

Cohen, W. M. and Levin, R., "Empirical Study of Innovation and Market Structure", Schmalensee, R. D. (eds.) *Handbook of Industrial Organization*, Vol. 2, No. 2, June 1989, pp. 1059 – 1107.

Commons, John R., "American Shoemakers, 1648 – 1895, A Sketch of

Industrial Evolution", *Quarterly Journal of Economics*, Vol. 26, No. 2, June 1909, pp. 39 – 84.

Collier, K. , *Social Work With Rural Peoples*, Vancouver, New Star Books, 2006, pp. 36 – 148.

Cool, K. and Schendel, D. , "Strategic Group Formation and Performance: The Case of the U. S. Pharmaceutical Industry, 1963 – 1982", *Management Science*, Vol. 33, No. 2, June 1987, pp. 1102 – 1124.

Criliches, Z. , "Hybrid Corn: An Exploration in the Economics of Technical Change", *Econometrica*, Vol. 25, No. 2, June 1957, pp. 501 – 502.

Danish Standards Association, "Energy Management – Guidance on Energy Management", *Biomass Co – firing Technology*, Charlottenlund, Denmark DS/INF 136, 2001.

David J. Telfer and Geoffrey Wall, "Linkages between Tourism And Food Production", *Annals of Tourism Research*, Vol. 23, No. 3, June 1996, pp. 635 – 653.

Decker, Christopher S. , "Implications of Regulatory Responsiveness to Corporate Environmental Compliance Strategies", Working Paper, Department of Business Economics and Public Policy, Kelley School of Business, Indiana University, 1998.

De – Chih Liu, "The Entry and Exit of Workers in Taiwan", *Economics Letters*, Vol. 92, No. 3, June 2006, pp. 330 – 332.

Deng, P. , "Outward Investment by Chinese MNCs: Motivations and Implications" , *Business Horizons*, Vol. 47, No. 2, June 2004, pp. 8 – 16.

Elisa Montaguti, Sabine Kuester and Thomas S. Robertson, "Entry Strategy for Radical Product Innovations: A Conceptual Model and Propositional Inventory", *International Journal of Research in Marketing*, Vol. 19, No. 1, March 2002, pp. 21 – 42.

Emel Laptali Oral and Gulgun Mistikoglu, "Competitive Analysis of the Turkish Brick Industry—A Case Study for Developing Countries", *Building and Environment*, Vol. 42, No. 1, January 2007, pp. 416 – 423.

European Commission Dgxvi, *Merseyside Single Programming Document 1994 – 1999*, Luxembourg: Office for Official Publication of the European Union, March 1995.

European Commission Dgxvii, *The Structural Funds and the Reconversion of Regions Affected by Industrial Decline in the United Kingdom*, 1994 – 1999, Luxembourg: Office for Official Publication of the European Union, May 1995.

Federico Bonaglia, Andrea Goldstein and John A. Mathews, "Accelerated Internationalization by Emerging Markets' Multinationals: The Case of the White Goods Sector", *Journal of World Business*, Vol. 42, No. 2, June 2007, pp. 369 – 383.

Federico Biagi and Claudio Lucifora, "Demographic and Education Effects on Unemployment in Europe", *Labour Economics*, Vol. 15, No. 2, June 2007, p. 41.

Fengliang Li, W. John Morgan and Xiaohao Ding, "The Expansion of Higher Education, Employment and Over – education in China", *International Journal of Educational Development*, Vol. 7, No. 3, June 2006, pp. 259 – 276.

Ginsberg, L. H. (ed.), *Social Work in Rural Communities: A Book of Readings*, New York: Council on Social Work Education, 1976, pp. 223 – 229.

Gordon H. Hanson, "Regional Adjustment to Trade Liberalization", *Regional Science and Urban Economics*, Vol. 28, No. 2, June 1998, pp. 419 – 444.

Gorg Holger and Frances Ruane, "An Analysis of Backward Linkages in the Irish Electronics Sector", *The Economic and Social Review*, Vol. 31, No. 2, June 2000, pp. 215 – 235.

Grossman, Gene M. and Alan B. Kruger, "Economic Growth and the Environment", *Quarterly Journal of Economics*, Vol. 118, 1995, pp. 353 – 387.

Grannovetter, M., "Economic Action and Social Structure: The Problem of Embeddedness", *American Journal of Sociology*, Vol. 91, No. 3, June 1985, pp. 481 – 510.

Hamilton, James T., "Pollution as News: Media and Stock Market Reactions to the Toxics Release Inventory Data", *Journal of Environmental Economics and Management*, Vol. 28, No. 2, June 1995, pp. 98 – 113.

Hirschman, A. O., *The Strategy of Economic Development*, Yale University Press, New Haven CT., 1958.

Ishtiaq P. Mahmood and Chang – Yang Lee, "Business Groups: Entry Barrier – Innovation Debate Revisited", *Journal of Economic Behavior & Organization*, Vol. 54, No. 4, June 2004, pp. 513 – 531.

Jones, J., "Training and Development, and Business Growth: A study of Australian Manufacturing Small – Medium Sized Enterprises", *Asia Pacific Journal of Human Resources*, Vol. 42, No. 1, June 2004, pp. 96 – 121.

Khanna, Madhu et al., "Motivations for Voluntary Environmental Management", *Policy Studies Journal*, Vol35, No. 4, June 2007, pp. 751 – 772.

Klass, "Professional Employer Organizations and Their Role in Small and Medium Enterprises", *Entrepreneurship: Theory and Practice*, Vol. 28, No. 1, June 2003, pp. 43 – 61.

Knight, G. A. and Cavusgil, S. T., "The Born Global Firm: A Challenge to Traditional Internationalization Theory", *Advances in International Marketing*, Vol. 15, No. 2, June 1987, p. 32.

Kogut, B. and Zander, U., "Knowledge of the Firm and the Evolutionary Theory of the Multinational Corporation", *Journal of International Business Studies*, Vol. 24, No. 4, June 1993, pp. 625 – 646.

Lall, S., "Industrial Strategy and Policies on Foreign Direct Investment in East Asia", *Transnational Corporations*, Vol. 4, No. 2, June 1995, pp. 1 – 26.

Larry Willmore, "Export Processing Zones in the Dominican Republic: A Comment on Kaplinsky", *World Development*, Vol. 23, No. 3, June 1995, pp. 529 – 535.

Luostarinen, R. and Gabrielsson, M., "Finnish Perspectives of International Entrepreneurships", In L. P. Dana (ed.), *Handbook of Research on International Entrepreneurship*", Cheltenham: Edward Elgar, Vol. 43, No. 4, June 2004, pp. 45 – 52.

Maloney, M. and McCormick, R., "A Positive Theory of Environmental Quality", *Journal of Law and Economics*, Vol. 25, April 1982, pp. 99 – 124.

Mary Ann Suppes and Carolyn Cressy Wells, *The Social Work Experience: An Introduction to the Profession and Its Relationship to Social Welfare Policy* (second edition), The McGraw – Hill Companies, 1996, pp. 207 – 233.

Maxwell, John W. and Christopher Decker, "Voluntary Environmental Investment and Regulatory Flexibility", *Working Paper*, Department of Business Economics and Public Policy, Kelley School of Business, Indiana University, 1998.

Maxwell, J. W., Lyon, T. P. and Hackett, S. C, "Self – Regulation and Social Welfare: The Political Economy of Corporate Environmentalism", *Nota di Lavoro* 55.98, Fondazione Eni Enrico Mattei, Milano, Italy, 1998.

McDougall, P. and Oviatt, B., "International Entrepreneurship: The Intersection of Two Research Paths", *Academy of Management Journal*, Vol. 43, No. 5, June 2000, pp. 902 – 906.

Michael Talyor, *The Possibility of Cooperation*, Cambridge: Cambridge University Press, 1987.

Mohamad S. Iman and Akiya Nagata, "Liberalization Policy Over Foreign Direct Investment and the Promotion of Local Firms Development in Indonesia", *Technology in Society*, Vol. 27, No. 2, June 2005, pp. 399 – 411.

Mueller, Spitz, "Managerial Ownership and Firm Performance in German Small and Medium – Sized Enterprises", Centre for European Economic Research (Mnannheim), Vol. 146, No. 1, June 2001, pp. 1 – 72.

Murall Patibandla and Bent Petersen, "Role of Transnational Corporations in the Evolution of a High – Tech Industry: The Case of India's Software Industry", *World Development*, Vol. 30, No. 9, June 2002, pp. 1561 – 1577.

Nair, A. and Kotha, S., "Does Group Membership Matter? Evidence from the Japanese Steel Industry", *Strategic Management Journal*, Vol. 22, No. 2, June 2001, pp. 221 – 235.

Nola Reinhardt, "Back to Basics in Malaysia and Thailand: The Role of Resource – Based Exports in Their Export – Led Growth", *World Development*, Vol. 28, No. 1, June 2000, pp. 57 ±77.

OECD, "Voluntary Approaches for Environmental Policy: Effectiveness, Efficiency and Usage in Policy Mixes, Paris, France", *Policy Studies Journal*, Vol. 28, No. 2, June 2003, pp. 289 – 309.

O'Farrell, P. N. and O'Loughlin, B., "New Industry Input Linkages in Ireland: An Econometric Analysis", *Environment and Planning*, Vol. 13, No. 2, June 1981, pp. 285 – 308.

Oviatt, B. and McDougall, P., "Toward a Theory of International New Ventures", *Journal of International Business Studies*, Vol. 25, No. 1, June 1994, pp. 45 – 64.

Oviatt, B. and McDougall, P., "Challenges for Internationalization Process Theory: The Case of International New Ventures", *Management International Review*, Vol. 37, No. 2, June 1997, pp. 85 – 99.

Stephen Lippmanna and Jeffrey E. Rosenthal, "Do Displaced Workers Lose Occupational Prestige?", *Social Science Research*, Vol. 23, No. 2, June 2007, pp. 315 – 339.

Peter, Pashigian B., "Environmental Regulation: Whose Self – Interests Are Being Protected?", *Economic Inquiry*, Vol. 28, No. 23, October 1985, pp. 551 – 584.

Porter, Michael E., *Competitive Strategy: Techniques for Analyzing Industries and Competitors*, New York: Free Press, 1980, pp. 286 – 292.

Porter, M. E., "The Competitive Advantage of Nations", *Harvard Business Review*, Vol. 2, No. 2, June 1990, pp. 73 – 93.

Rabah Amir and Val E. Lambson, "Imperfect Competition, Integer Constraints and Industry Dynamics", *International Journal of Industrial Organization*, Vol. 15, No. 2, June 2006.

Rauch, Frese and Utsch, "Effects of Human Capital and Long – term Human Resources Development and Utilization on Employment Growth of Small – scale Businesses: A Casual Analysis", *Entrepreneurship: Theory and Practice*, Vol. 29, No. 6, June 2005, pp. 681 – 698.

Rennie, M., "Global Competitiveness: Born Global", *The McKinsey Quarterly*, Vol. 17, No. 2, June 1993, pp. 85 – 107.

Richard B. Freeman and Morris M. Kleine, "The Last American Shoe Manufacturers: Decreasing Productivity and Increasing Profits in the Shift from Piece Rates to Continuous Flow Production", *Industrial Relations*, Vol. 38, No. 2, June 2000, pp. 334 – 355.

Riku Laanti, Mika Gabrielsson and Peter Gabrielsson, "The Globalization Strategies of Business – to – business Born Global Firms in the Wireless Technology Industry", *Industrial Marketing Management*, Vol. 36, No. 2, June

2007, pp. 1104 – 1117.

Robb, Wolken, "Firm, Owner and Financing Characteristics: Differences between Female and Male – Owned Businesses", *World Development*, Vol. 18, No. 1, June 2002, pp. 3 – 12.

Rodney L. Stump, "Antecedents of Purchasing Concentration: A Transaction Cost Explanation", *Journal of Business Research*, Vol. 34, No. 2, June 1995, pp. 145 – 157.

Roverta Rarellotti, "Is There an 'Industrial District Model'? Footwear Districts in Italy and Mexico Compared", *World Development*, Vol. 23, No. 1, June 1995, pp. 29 – 41.

Rubin, *Managing Business Transactions, Controlling the Cost of Coordinating, Communicating and Decision Making*, New York: Free Press, 1990, pp. 121 – 135.

Saleebey, D. (ed.), *The Strengths Perspective in Social Work Practice*, Boston, MA: Allyn and Bacon, 2004, pp. 186 – 192.

Scherer, "Size of Firm, Oligopoly and Research: A Comment", *Canadian Journal of Economics and Political Science*, Vol. 20, No. 5, June 1965, pp. 423 – 429.

Sigbjørn Sødal, "Entry and Exit Decisions Based on a Discount Factor Approach", *Journal of Economic Dynamics and Control*, Vol. 30, No. 11, June 2006, pp. 1963 – 1986.

Sukti Dasgupta and Ajit Singh, "Manufacturing, Services and Premature Deindustrialization in Developing Countries", *Information & Management*, Vol. 42, No. 1, June 2005, pp. 261 – 274.

Tor Eriksson and Johan Moritz Kuhn, "Firm Spin – offs in Denmark 1981 – 2000 Patterns of Entry and Exit", *International Journal of Industrial Organization*, Vol. 24, No. 5, June 2006, pp. 1021 – 1040.

Tyteca, D., Carlens, J., Berkhout, F., Hertin, J., Wehrmeyer, W. and Wagner, M., "Corporate Environmental Performance Evaluation: Evidence from the Mepi Project", *Business Strategy and the Environment*, Vol. 11, No. 2, June 2002, pp. 1 – 13.

Ugo Pagano, "Public Markets, Private Orderings and Corporate Governance", *International Review of Law and Economics*, Vol. 20, No. 2, June 2000, pp. 453 – 477.

Unnevehr, L. J. and Jensen, H. H., "HACCP as a Regulatory Innovation to Improve Food Safety in the Meat Industry", *American Journal of Agricultural Economics* 78 (3), Vol. 28, No. 2, June 1996, pp. 764 – 769.

Wayne A. Neu and Stephen W. Brown, "Forming Successful Business – to – Business Services in Goods – Dominant Firms", *Journal of Service Research*, 2005, pp. 5 – 20.

Weeden, Kim A., "Why do Some Occupations Pay More than Others? Social Closure and Earnings Inequality in the United States", *American Journal of Sociology*, Vol. 108, No. 2, June 2002, pp. 55 – 101.

Wernerfelt, B., "A Resource – based View of the Firm", *Strategic Management Journal*, Vol. 5, No. 1, June 1984, pp. 171 – 180.

Werner Hölzl and Andreas Reinstaller, "The Impact of Productivity and Demand Shocks on Structural Dynamics: Evidence from Austrian Manufacturing", *Structural Change and Economic Dynamics*, Vol. 15, No. 2, December 2006.

Xinshen Diao, "Learning by Exporting and Structural Change: A Ramsey Growth Model of Thailand", *Journal of Policy Modeling*, Vol. 28, No. 2, June 2006, pp. 293 – 306.

Williamson, O. E., "The Vertical Integration of Production: Market Failure Consideration", *The American Economic Review*, Vol. 61, No. 2, June 1971.

Williamson, O. E., *The Economic Institutions of Capitalism*, New York: Free Press, 1985.

Williamson, O. E., "Comparative Economic Organization: The Analysis of Discrete Structural Alternatives", *Administrative Science Quarterly*, Vol. 36, No. 1, June 1991, pp. 269 – 296.

Williamson, O. E., "Transaction Cost Economics: How It Works: Where It Is Headed", *De Economist*, Vol. 146, No. 1, June 1998, pp. 1 – 12.